编译文库

马克思恩格斯经典细读丛书

鲍 金 主编
徐艳如 著

《1844年经济学哲学手稿》细读

Detailed Reading of Economic and Philosophic Manuscripts of 1844

图书在版编目（CIP）数据

《1844 年经济学哲学手稿》细读／徐艳如著. —北京：中央编译出版社，2024.1（2024.6 重印）
 ISBN 978-7-5117-4385-5

Ⅰ.①1… Ⅱ.①徐… Ⅲ.①《1844 年经济学哲学手稿》–马克思著作研究 Ⅳ.①A811.21

中国国家版本馆 CIP 数据核字（2023）第 249391 号

《1844 年经济学哲学手稿》细读

责任编辑	周孟颖
责任印制	李　颖
出版发行	中央编译出版社
网　　址	www.cctpcm.com
地　　址	北京市海淀区北四环西路 69 号（100080）
电　　话	（010）55627391（总编室）　（010）55627318（编辑室）
	（010）55627320（发行部）　（010）55627377（新技术部）
经　　销	全国新华书店
印　　刷	北京文昌阁彩色印刷有限责任公司
开　　本	850 毫米×1168 毫米　1/32
字　　数	189 千字
印　　张	10.25
版　　次	2024 年 1 月第 1 版
印　　次	2024 年 6 月第 2 次印刷
定　　价	98.00 元

新浪微博：@中央编译出版社　微　信：中央编译出版社（ID: cctphome）
淘宝店铺：中央编译出版社直销店（http://shop108367160.taobao.com）
　　　　　（010）55627331

本社常年法律顾问：北京市吴栾赵阎律师事务所律师　闫军　梁勤
凡有印装质量问题，本社负责调换，电话：（010）55627320

总 序

无论是对于马克思主义理论研究和教学的深入推进,还是对于马克思主义理论学科专业人才的规范化培养,抑或是对于坚持马克思主义在哲学社会科学领域的指导地位,阅读马克思主义经典著作始终是一项极为重要、久久为功、持久见效的基础性工作。习近平总书记多次强调阅读马克思主义经典著作的重要性,"党的各级领导干部特别是高级干部,要原原本本学习和研读经典著作,努力把马克思主义哲学作为自己的看家本领",[1] "共产党人要把读马克思主义经典、悟马克思主义原理当作一种生活习惯、当作一种精神追求,用经典涵养正气、淬炼思想、升华境界、指导实践"。[2]

---

[1] 习近平:《推动全党学习和掌握历史唯物主义 更好认识规律更加能动地推进工作》,载《人民日报》,2013年12月5日。
[2] 习近平:《在纪念马克思诞辰200周年大会上的讲话》,载《人民日报》,2018年5月5日。

对于阅读马克思主义经典著作这一问题,学界和教育界伴随着马克思主义理论研究与建设工程的实施、马克思主义理论学科建设的加强而形成越来越多的共识,从而孕育出阅读马克思主义经典著作的良好氛围。

然而,领导人的重视、宏大工程的实施和读书氛围的培育,更多地是为阅读马克思主义经典著作奠定政策支持和外部环境,接下来重要的工作是深入开展阅读马克思主义经典著作的工作。我们发现,从20世纪80年代起至今,国内已经出版上百本关于马克思主义经典著作的解读性著作,这些著作对马克思主义经典著作已经从宏观和中观层面做了比较系统的背景梳理、内容介绍、思想评析、意义阐发等工作,但是多数著作还没有深入到马克思主义经典著作的重要概念、重要语句、重要段落等层面的微观工作,而如果没有经典著作解读的微观工作,那么经典著作解读的宏观和中观工作都是不踏实、不稳固的。众所周知,马克思主义经典著作常读常新,但是读经典的困难之处不在于宏观上把握经典著作的主要内容和思想大意,而在于微观上解读出重要句段的文本原意和思想意蕴,这是最考验解读者学术功力的方面,更是对阅读者阅读经典最有价值的文本"梯子"和思想"拐杖"。马克思主义经典著作博大精深,蕴含着巨大的思想力量和广博的思维宽度,再加上众多专业化的学术术语和繁杂的背景知识,这对于快餐阅读时代成长起来的读者以及多数想要读懂马克思主义经典著作的人来说，都不啻一场相当难度的阅读挑战。人们阅读马克思主义经典著作过程中的一个常见现象是，经典著作的每一个字词都认识，但是把这些字词连成一句话之后，人们不知道马克思在说什么。这一困难是马克思主义经典著作阅读的常见困难，这就要求我们需要针对阅读者的实际困难来编选和撰写马克思主义经典著作的解读。正是出于解决读者实际困难的初衷，我们重点针对马克思和恩格斯的经典著作——马克思主义创始人的著作是马克思主义经典著作中理解最困难的——进行解读。在解读过程中，本丛书力求遵循以下两个原则：

一、坚持"文本细读"的解读方法。文本细读是指对马克思恩格斯经典著作进行深入细致的解读，突出经典著作的微观解读和思想辨析，深入挖掘、立体呈现马克思恩格斯经典著作的文本内容、思想意蕴和当代价值。具体来说，文本细读需要实现两种细：一是解读层次上的"细致"，即对经典的重要部分，如重要概念、重要语句和重要段落等进行细读。经典的重要部分不仅包括马克思恩格斯经典中高引用率的语句或段落，而且包括具有比较重要思想意蕴的语句或段落，哪怕这些部分的引用率不是很高。不难看到，马克思主义经典的多数解读性著作是在文本大意、思想主旨和整体内容上进行解读，但本丛书将解读层次从文本整体落实到文本细节，这是本丛书之所以是"细读"的依据所在。二是解读结构上的"详细"，即不仅对经典著作的文本原意进行细读,而且对其思想史和学术史的意蕴进行阐发,对其在现代社会中的效应进行辨析。马克思主义经典的很多解读性著作虽然也有思想史意蕴和现代价值的阐发,但这些内容均是大而化之,着眼于文本整体的,而本丛书的解读部分均是着眼于每一个概念、每一个语句和每一个段落,这使得本丛书的解读更加丰富、立体和多面。

二、坚持"深入浅出"的表述方式。本丛书定位于经典的解读,面向具有一般阅读水平或大学阅读水平的阅读者,而不是定位于经典的研究,不是面向具有较深和较高理解水平的经典专业研究者,这就要求本丛书在保证学理性和准确性的前提下,力争从深奥晦涩的马克思恩格斯经典原文中解读出读者一看就明白、一想就理解的通俗理论语言。为实现此目标,对每一部分的细读均在起始处以简明扼要的论断来概括经典的原意或意蕴。这一论断有两重作用:一是揭示出该经典部分的核心意旨,以便读者能够一目了然地掌握该经典部分;二是将马克思恩格斯非常精深、非常拗口的表述转化成通俗易懂的语言,以便读者能够比较快速地理解该经典部分。与很多同类著作相比,本丛书着眼于经典阅读者在实际阅读过程中出现的困难、障碍和不足之处,针对阅读者面对马克思恩格斯经典时常常出现的跳读、浅读、泛读、不求甚解地阅读等方式,力求以比较通俗的语言表达出经典中的深刻思想和丰富意蕴,从而为解决读者的实际阅读困难提供一个可以依靠、愿意依靠的解读著作。

习近平总书记指出:"马克思主义经典作家眼界广阔、知识丰富,马克思主义理论体系和知识体系博大精深,涉及自然界、人类社会、人类思维各个领域,涉及历史、经济、政治、文化、社会、生态、科技、军事、党建等各个方面,不下大气力、不下苦功夫是难以掌握真谛、融会贯通的。"① 我们深知,阅读和解读马克思主义经典著作绝非一时之事,而是一生一世之大事。如果说当代社会因其各类资源的相对匮乏而难言无限的话,那么马克思主义经典著作则是可以言说"取之不尽、用之不竭"的极为有限的事物之一,而对马克思主义经典著作的解读则更是永无止境、永远在路上的一项工作。本丛书在马克思恩格斯经典著作的解读方面进行了一定的探索和创新,希望对读者有所助益、有所启迪。

是为序。

编者

2022 年 3 月 12 日

---

① 习近平:《在哲学社会科学工作座谈会上的讲话》,载《人民日报》,2016年5月17日。

目录

第一部分　导言 ……………………………… （ 1 ）
　　一、写作背景 ……………………………… （ 3 ）
　　二、主要内容 ……………………………… （ 5 ）

第二部分　文本细读 …………………………… （ 14 ）
　　异化劳动和私有财产 ……………………… （ 14 ）
　　私有财产和劳动 …………………………… （ 84 ）
　　私有财产和共产主义 ……………………… （104）
　　对黑格尔的辩证法和整个哲学的批判 …… （189）

后　记 ………………………………………… （316）

第一部分　导言

在马克思、恩格斯的相关著作中,《1844年经济学哲学手稿》(以下简称《手稿》)无疑是其中较有争议的一部。这不仅是因为其思想内容的庞杂、语言表达的新旧参差,更重要的则在于此时马克思思想境遇的"难以确定"。因此,当我们初读《手稿》时,总是会为其中的一些语词、一些表达所困惑,也多少会因为这些困惑而将其弃之一旁。

因此,本书旨在向初读《手稿》的读者阐述《手稿》的主要内容和基本精神。然而,本书并没有就目前学界关于《手稿》的诸多争议做出确定无疑的回应,也并没有试图将《手稿》中的马克思思想还原为一种确凿无疑的真理,而只是试图将自身成长的这些年来,《手稿》中的马克思带给我的砥砺前行的力量和反思的勇气以文字的形式还原到大家面前,并在此基础上,把握在《手稿》新旧参差、内容庞杂的表象之下马克思的"言中之意"。对此,我很难宣称它是有意义的,因为"思想"与任何一门知性科学都不同,它没有任何既定的、现成的标准来衡量其价值;但正如马克思在《手稿》中所说,"非对象性的存在物是非存在物",就是说,我们所有的情感、思想与活动,都是有对象的、都是具有普遍性的,因而我想我自身对于《手稿》中的马克思的理解,它由于植根于我生存的大地,也必然多多少少地具有一定的普遍性可言。正是基于这一前提,我方"胆大妄为"地将这本书拿来出版,以希冀其中记载着的成长中的努力、挣扎和教训,能为此书的读者带来一定的反思和借鉴之处。

回看我进入《手稿》的领地,最初翻过几页,一知半解,似懂非懂。然而,随着年岁的增长与阅历的增加,再次将它打开时,我却仿佛进入了一个从未见过的新天地——这里有青年马克思的挣扎与冒险,有他消解一切遮蔽的清醒与自明,更有他明知不可为而为之的"仁者无惧"的勇气。以《手稿》为镜,我看到的是自己的有限和渺小、混沌和无知;也正是《手稿》提示着我,对人的生存之根和生命意义的不断拷问和反思。若是曾经我进入哲学是为了寻求一个固定的答案,那么是《手稿》告诉我,发问过程远远比固定答案更加重要,因为若是答案得到确定,思考也就往往随之终止,"感性必须是一切科学的基础",马克思如是说。因此,我想,《手稿》的真正意义也许不在于提供一个既定的见解和结论,也不在于确定一个固定的真理体系，而毋宁说是提供了一种自我认识和自我成长的眼界和动力。正因如此，若是《手稿》的读者朋友们想从《手稿》中寻求一个固定答案，那么大概率要败兴而归。相反，恰恰是由于马克思把所有的问题都交还给人自身，我们才看到了马克思因其深刻的诚挚而拥有的崇高的灵魂。侈谈脱离大地是形而上学家的任务，而非马克思。

现实的个人若是可能通达那绝对的逻各斯，无他，唯实践尔。

一、写作背景

《1844年经济学哲学手稿》是青年马克思在1844年流亡巴黎时写成的。这一手稿在马克思的公开作品中一直隐匿不见，并且在恩格斯关于马克思思想的回顾中也未见踪迹。一直到1932年，《手稿》原文全文才第一次得到公开发表。

《手稿》一经发表，就在马克思主义的研究中产生了重大且持久的影响，并且触发了学界关于这一著作的持续论争。或是认为这一著作与马克思后来的政治经济学批判文献相比，仍然属于未成熟、不科学的著作；或是宣称《手稿》中的马克思是"真正的马克思"，是人道主义的马克思。这些论争在复旦大学出版社出版的《西方学者论

〈1844年经济学哲学手稿〉》的编译说明中,都有过较为详细的阐述。然而,无论如何也无法否认的是,《手稿》无疑是马克思思想发展过程中的一次巨大的综合和艰难的创造,是马克思唯物史观确立之前的一个具有重要奠基意义的步骤。尽管各种庞杂的思想材料汇集其中,且其语言表达新旧不齐,甚至其中多次出现重复、错杂的表达,但是,这部《手稿》仍然具有严整的基本结构和深刻的思想启示。可以说,这部著作的重要性,并不在于完成一个固定的体系,或是得出一个确定的结论,而是各种重要且必要的思想材料开始汇集其中,且日益形成某种新的思想的过程,而思考的过程往往比确立一个固定的结果更加重要。除此之外,恰恰是因为其思想材料的庞杂,所以它意蕴丰富且充满张力,艺术、审美、爱情、政治、阶级斗争等等都可以在其中找到对应的内容。因此,不同身份、不同成长背景的人来读《手稿》必然会读出不同的理解,也正是如此,《手稿》才能够成为不朽的手稿。

这一著作的写作背景大致可以概括为以下三个方面:首先,《德法年鉴》时期的马克思已经通过对黑格尔法哲学和国家哲学的批判以及费尔巴哈的启示达成了这样的认识,即市民社会的自我矛盾和自我分裂才是"本质的矛盾",而国家与法不过是从市民社会中得出的抽象,因此得出了物质力量只能用物质力量来摧毁的结论,明确了解剖市民社会的必要性。其次,市民社会有一门现有的科学即国民经济学，这门科学无论其形式还是内容都反映了市民社会的异化性质，因此对市民社会的解剖必须到政治经济学中去寻求。而真正构成马克思开始他的政治经济学批判之契机的是恩格斯在《德法年鉴》上发表的"天才的大纲"——《国民经济学批判大纲》。这一大纲促使马克思明确了政治经济学批判的必要性，从而迫不及待地开启他的政治经济学研究，并从中寻求对市民社会的本质矛盾的揭示。最后，法国形形色色的社会主义思想的蔓延，为马克思的共产主义和社会主义思想提供了丰富的思想材料，并且巴黎的流亡生活为马克思研究法国革命、阶级斗争和唯物主义提供了直接的材料和广阔的机会，这些对马克思的唯物主义和共产主义思想的建构也具有一定的积极意义。

因此，《手稿》尽管是各种思想材料的汇集和融合，但这些汇集和融合并不是偶然的、无来由的，而是有其思想逻辑上的必然性和连贯性的。青年马克思正是通过这些思想材料的冲突、融合和批判，从而直接指向了唯物史观的创建。

二、主要内容

出于解剖市民社会的必要性之考虑，《手稿》首先把研究和批判的对象锁定为英国古典政治经济学，并通过对这门科学本身的矛盾性质的揭示,阐述了国民经济学的全部非批判性和敌视人的特质从根本上都来源于被国民经济学视为天然合理前提的,同时也是作为私有财产关系之感性前提的异化劳动。也就是说,以人的异化劳动为基础的私有财产关系,在国民经济学的理论体系中,却成为规定着人的劳动的先验形式。因此,无论是对私有财产关系的解剖,还是对作为私有财产关系之观念表达的国民经济学的解剖,在马克思看来,其出发点都应当是对异化劳动的深入解剖。

因此,异化劳动学说可以说是马克思《手稿》中最为重要的组成部分。在《手稿》中,马克思将异化劳动把握为人的对象性本质力量的异化,那么这里涉及的问题就必然有三点:首先,何为人的本质;其次,人的本质何以会异化;最后,扬弃人的本质之异化何以可能。以这三个问题为核心,马克思的《手稿》可以简要地划分为这几个部分:以异化劳动学说为核心的政治经济学批判;以扬弃异化劳动为核心的共产主义思想;对以黑格尔的辩证法为代表的整个哲学的批判;以及在以上三个部分都显著地包含着的关于人的本质的思考。下面,我主要对这几个部分分别予以说明:

第一,异化劳动学说。马克思既然需要从政治经济学批判中去寻求对于市民社会的解剖,那么首要的就在于对政治经济学本身的异化性质的揭示。马克思指出,"以劳动为原则的国民经济学表面上承认人，毋宁说，不过彻底实现对人的否定而已"，这就是说，这门"严谨的"科学，一方面承认劳动是一切财富的价值源泉，是形成价值的唯一要素；另一方面却认为只有私有财产才是最自然合理的存在，而劳动的价值只是工资。在这里，理论上的矛盾仿佛是劳动价值论和工资规律的矛盾，但马克思却指出，国民经济学之所以陷入这一矛盾和异化，就在于它把私有财产关系作为自己理论的出发点。所以，以劳动为前提的国民经济学最终仍是以私有财产关系的先验性为其出发点。对此，马克思指出，私有财产关系不是出自于人的某种先天本质，不论是理性本质，抑或是感性本质，相反，私有财产关系是人的异化劳动的结果。正是由于人的活动之异化，才生成了私有财产关系，也才生成了作为私有财产关系之合理表达的科学——政治经济学。因此，国民经济学的矛盾和异化性质，从来不是理论内部的不自恰，也不是由于任何一种外在的偶然性，而是人的异化劳动带来的必然的、不可避免的结果。

需要注意的是，"异化劳动"是马克思批判私有财产关系以及政治经济学的一个基本的出发点。尽管马克思在阐述异化劳动的四个规定，尤其是第三规定时，仍然大量地沿用了费尔巴哈的表达，但是语词上的沿用并不代表着思想境域上的直接承袭。尤其是当马克思将人的劳动之异化而非某种先天本质的"背离"理解为私有财产关系的感性基础,并且将人的类本质表达为人的活动的对象时,"人是类存在物,不仅因为人在实践上和理论上都把类——他自身的类以及其他物的类——当作自己的对象;而且因为——这只是同一种事物的另一种说法——人把自身当作现有的、有生命的类来对待,当作普遍的因而也是自由的存在物来对待",可以说,马克思在一定的程度上超出了对费尔巴哈人本学的依赖。

第二,以自我异化的积极扬弃为核心的共产主义思想。马克思在"私有财产和共产主义"章明确指出,"自我异化和自我异化的积极扬弃走的是同一条道路",这句话无疑是马克思"共产主义"思想的核心所在。这就是说,现实的个人处在异化、对立的历史性生存中始终包含着扬弃异化的辩证要求,并且人在异化劳动中创造的本质力量同时是人扬弃异化的现实基础和感性条件,因此人的活动终将会走向它的反面。在此基础上,马克思指出,共产主义是"人向自身、向社会的即合乎人性的人的复归,这种复归是完全的、自觉的和在以往发展的全部财富的范围内生成的"。马克思认为,私有财产运动尽管以否定的、异化的形式存在着,但它发展的每一步都会生成出否定自身的感性力量,生成出积极的、肯定的环节,因而人在私有财产的运动中创造的本质力量,尽管是异化的性质,但同时是人扬弃异化的现实基础和感性条件。因此,当马克思将私有财产运动看作是人的活动的自我异化,而共产主义运动则是人的自我异化的积极扬弃，这就意味着，在马克思的视域中，共产主义不是人的发展的目标，也不是悬设的应当，更不是向原初状态的复归，相反，共产主义运动是私有财产运动本身所包含的必然的实践趋向，它和私有财产运动走的是同一条道路，这条道路即人的历史运动之路。人的历史运动是辩证的，它在创造着自己的特定形态的同时，也必然创造着消灭着这种形态的感性力量。

可见，马克思在对私有财产运动的批判中，并未使自己与这一对象抽象地对立起来，而是始终在揭示这一对象之本质的前提下，揭示它的积极性质及其存在界限，即揭示这一对象在其自我分裂和自我异化的过程中将产生出怎样的感性力量和现实条件，从而使人扬弃异化的活动得以可能。因为马克思清楚地知道，这些在私有财产运动中发展起来的感性力量，同时是解决一切社会对抗的现实条件。对私有财产运动的辩证发展的理解，是马克思同任何粗陋的共产主义和任何改良的、空想的社会主义的原则区别；也体现着马克思超出费尔巴哈的爱的宗教和感性直观的原则高度。

第三，对黑格尔的辩证法和整个哲学的批判。对于黑格尔的辩证法和整个哲学的批判，从来不是理论内部的问题，相反，它向来是人的实际生活的问题。当黑格尔这样的形而上学家们试图通过理性的无限性来规定和保证一切，即不仅保证人对自然界的认识，而且保证人的社会存在的绝对真理的时候（一般将这种观点称之为唯心史观），马克思却指出这种理性形而上学不过是现代世界的观念表达和合理解释，"普遍意识是现实生活的抽象"，这种形而上学构成了资本发展的支架，构成了资本无原则积累自身的理念前提。因此，马克思对黑格尔辩证法的批判不仅意味着马克思能否真正超越或者终结理性形而上学这一现代世界的神秘的神学支柱，更重要的是能否将形而上学还原进人的历史运动中，并在人的历史运动中把握私有财产的来历、本质及其界限，由此开始他的唯物史观转向。

在马克思看来，费尔巴哈的主要功绩在于对黑格尔的思辨哲学进行了唯物主义的批判，即恢复人的感性存在的"本体"地位，并在人的感性存在中追问纯粹思维的来历和根据。然而，当费尔巴哈把人的感性存在视作人的先天本质，并与黑格尔的纯粹思维进行非此即彼的对立的时候，马克思却在一个新的高度上指出了黑格尔的辩证法的主要成果，即黑格尔"把人的自我产生看作一个过程"，尽管是以抽象的、逻辑的、思辨的形式。在此基础上，马克思要求以"对象性活动"的原则拯救黑格尔的辩证法，从而消解黑格尔辩证法的非对象性的、唯灵论的神秘主义气质。马克思的做法是，在批判性地运用费尔巴哈的感性对象性原则的基础上，把黑格尔的自我意识的纯粹活动还原为现实的个人的真实的对象性的活动，即现实的个人在其感性活动中的自我认识和自我创造的过程。在马克思看来，历史发展的真正动力，不是任何既定的先天本质，既非理性本质，亦非感性本质，而是人的感性对象性活动。

对黑格尔辩证法的这一批判，不仅意味着马克思超出了黑格尔，也必然意味着他决定性地超出了费尔巴哈。几个月后写成的《关于费尔巴哈的提纲》，更是标志着马克思与费尔巴哈的原则区别。此外，马克思对"对象性活动"原则的发现，无疑主导着马克思哲学变革的原则高度，也主导着马克思唯物史观的基本性质。这样一个广大的非理性的领域，以及现实的个人在这样一个领域中的自我实现，在马克思看来，是历史的真正起点，也是人实现自由的唯一路径。

第四，人的本质：对象性活动。马克思关于人的本质的思考在以上三个部分都有所体现。与黑格尔和费尔巴哈等形而上学家不同，马克思并未将人的本质视作人的先天本质，而将其还原为人的对象性活动的结果。这一点，马克思在《手稿》中有过多处阐述，"正是由于他是类的存在物，他才是有意识的存在物，也就是说，他本身的生活对他说来是对象"，"首先应当避免重新把'社会'当作抽象的东西同个体对立起来"，"设定并不是主体，它是对象性本质力量的主体性"，等等。在马克思看来，若人的本质是先天的，而人的活动则是这一本质在时间中的展开的话，那么人的活动有什么意义呢？人又能从自己的活动中学到什么呢？人与动物又有什么区别呢？人作为"人"，必须自我实现、自我创造、自己形成自己的本质属性；此外，人的自我实现必须以人的感性对象性关系为前提，只有预设的主体才能真实地想象它的对象世界不存在。

在此基础上，马克思指出，无论在怎样的条件下，人的对象性活动都是必要的，哪怕这一活动是异化的性质。尽管在人的异化劳动的条件下，人的对象性本质力量从人的感性存在中分离了出去，而反过来成为一种压迫人、奴役人的力量，但是由于这种力量是人自身的本质力量，因而也必然同时是人从这种压迫和奴役中解放出来的现实力量。这样一来，关于人所固有的先天本质的种种形而上学的理论表达都成了虚幻的观念想象。

总而言之，《手稿》是青年马克思思想发展过程中一次巨大的融合和艰难的创造，尽管各种庞杂的思想材料汇集其中，语言表达也新旧参差，但却是马克思唯物史观创建过程中一个具有决定性意义的步骤。首先，马克思通过对国民经济学本身异化性质的批判，阐述了异化劳动学说，并通过对"异化劳动"的深入剖析，揭示了私有财产的本质、来历、表现以及扬弃异化的现实道路；其次，马克思通过对黑格尔哲学的基本原则即辩证法的批判，发现了"对象性活动"的原则，即将人的能动的活动原则注入一个广大的非理性的领域、注入人的感性存在的领域，并在这一领域中把握一切以理性法则建构的科学的来历和界限；最后，尽管马克思在《手稿》中多次沿用了费尔巴哈的表达，但如果仔细解析其内容，会发现马克思与费尔巴哈的原则分歧已经非常明显地表现了出来，批判费尔巴哈的基本理由也已经酝酿成熟。

在当前这样一个理性形而上学占据统治地位的时代，仿佛任何属人的意义的努力都容易归于虚无。然而，若是人的一切理性文明的创造，都以遗忘和遮蔽人的生命存在为代价的话，或者用马克思的话说，以人的劳动之异化为代价的话，那么一切理性文明的成就其意义又在何处呢？如果我们企图寄身于理性的知识构造中，并企图以理性的完善来一劳永逸地达成自我认识、自我实现，那么人之去向人的生成恐怕就走向了一条截然相反的道路。若是人自身没有反思的力量，没有立足于大地的勇气，那么我们就可能面临着被自己亲手创造出来的感性力量所取代的风险，我们作为人的生命存在的家园，就有被消除的可能。人之为人，总是乡愁一般地寻找家园的；而人作为人，寻找自己的家园只能依靠自身。对此，马克思的"自我异化和自我异化的积极扬弃走的是同一条道路"，或许可以为我们提供一定的砥砺前行的勇气。

第二部分　文本细读

异化劳动和私有财产

　　[XXII] 我们是从国民经济学的各个前提出发的。我们采用了它的语言和它的规律。我们把私有财产，把劳动、资本、土地的相互分离，工资、资本利润、地租的相互分离以及分工、竞争、交换价值概念等等当作前提。我们从国民经济学本身出发，用它自己的话指出，工人降低为商品，而且是降低为最贱的商品；工人的贫困同他的产品的力量和数量成反比；竞争的必然结果是资本在少数人手中积累起来，也就是垄断的更惊人的恢复；最后，资本家和地租所得者之间、农民和工人之间的区别消失了，而整个社会必然分裂为两个阶级，即有产者阶级和没有财产的工人阶级。

【论断】市民社会有一门现有的科学,即"国民经济学",必须以这门科学为基础对市民社会的自我矛盾和自我分裂进行实际的批判。

马克思在《德法年鉴》时期通过对黑格尔法哲学和国家哲学的批判,已经得出了这样的结论:宗教、法以及政治国家的世俗基础即市民社会。而政治经济学作为市民社会的科学,无论其形式和内容都是市民社会的,在最大程度上反映了市民社会的自我矛盾和自我分裂。于是马克思在1843年秋到达巴黎以后,立刻以极大的热情转向了政治经济学的研究,为的就是找到解剖市民社会的钥匙。正如马克思晚年在《〈政治经济学批判〉序言》中所回顾的那样,"对市民社会的解剖应该到政治经济学中去寻求"①,这就是说,马克思之所以从事政治经济学批判是与解剖市民社会的必要性联系在一起的。

古典政治经济学作为市民社会现有的科学,提出了关于劳动的作用和资本生产过程的客观条件等富有价值的观点,考察了劳动、分工、竞争等重要的经济学范畴,并探讨了商品交换的一般规律。尤其是其关于"劳动价值论"的发现,即将劳动把握为一切财富的价值源泉,而非自然界的恩赐,这不能不说是巨大的进步。因为在国民经济学之前,重商主义将流通中增加的金银货币额视作价值的来

---

① 《马克思恩格斯选集》第2卷,北京:人民出版社2012年版,第2页。

源，而重农主义则将具体劳动，特别是农业劳动中增加的使用价值的量视作价值的来源，而只有古典政治经济学正确地说明了劳动是价值的来源。这一发现不仅仅是由于国民经济学家自身能动思维的意识，更重要的是社会历史发展的结果。在这一时期，由于资本主义生产的发展，流通过程已经发展成为资本总生产过程中的一个环节，换言之，商业资本已经屈从于产业资本，于是经济学家们的关注点很自然地就从流通领域转向了生产领域；随着分工和机器化生产带来了社会生产力的显著提高，经济学家们清楚地看到了使用价值和价值的区别：在同一时间内生产的使用价值的量增加，价值却没有发生改变。这样一来，国民经济学家自然就可以做出关于使用价值和价值的区分，同时也就可以在抽象形态上把握劳动，从而能够发现劳动是构成价值的唯一要素。

然而，在对现有的国民经济学进行理论研究时，马克思却立即发现了这门科学自身的异化性质，即"把私有财产，把劳动、资本、土地的相互分离，工资、资本利润、地租的相互分离以及分工、竞争、交换价值概念等等当作前提"。"劳动、资本、土地的相互分离，工资、资本利润、地租的相互分离"意味着工人作为社会劳动的主要承担者只能依靠工资来获得基本的生活资料；而资本家和土地所有者却能够通过地租和资本利润占有大量的物质财富。这意味着，国民经济学家一方面肯定了劳动是一切财富的价值源泉，是形成价值的唯一要素；另一方面却认为私有财产才是最自然合理的存在，而劳动的价值只是工资。马克思认为，国民经济学之所以陷入这样的理论上的矛盾，是因为在国民经济学看来，资本拿出自己的一部分（工资），跟活劳动进行平等交换，这是资本主义生产显而易见的进步之处，而马克思却发现，正是在这样的平等交换中，却藏着资本价值增值的奥秘，藏着私有财产运动的矛盾性质。

在马克思看来，国民经济学之所以陷入诸多的理论上的矛盾，是因为国民经济学及其全部理论表达是以私有财产的先验性为前提的。

国民经济学从私有财产这个事实出发。但是，它却不给我们说明这个事实。它把私有财产在现实中所经历的物质过程，放进一般的、抽象的公式，然后把这些公式当作规律。它不理解这些规律，就是说，它没有指明这些规律是怎样从私有财产的本质中产生出来的。国民经济学没有给我们提供一把钥匙，去理解劳动和资本的分离以及资本和土地的分离的根源。

【论断】国民经济学以私有财产的先验性为起点，因而回避了私有财产的来由及其本质这样一个问题。

当国民经济学提出劳动价值说时，它首先承认财富是人的劳动的产物，而非自然界或者神意的恩赐，因此它确证了人的劳动的主体本质。然而，它随即就丢弃了这一前提。因为国民经济学作为私有财产关系的理论表达,其目的不过是"替一大堆的偶然性找到规律"①(黑格尔言)而已。这意味着:首先,国民经济学把私有财产关系当成一个既定的、现成的"经济事实"接受下来,"却不给我们说明这个事实";其次,国民经济学所探究的经济事实,例如劳动与资本的分离、资本与土地的分离,以及竞争与垄断带来的资本的愈加集中等等完全出于外在的偶然性。国民经济学非但不去说明这些经济事实的来源和本质,还要求将这些"偶然性"放进一般的、抽象的公式,并将其制作成一种先天的、永恒的规律,从而为私有财产关系进行合理的、科学的论证。

因而可以说,国民经济学不过是现代私有财产关系基础上产生的若干以理性法则建构的科学的一门,其所把握的"劳动"也不过是理性范畴规定的对象,是可以量化的劳动的抽象形式,它的全部意义都在于作为私有财产之积累的材料。在此意义上,马克思认为,以劳动为起点的国民经济学,最终仍旧是以私有财产的先验性为其起点,私有财产关系在其理论视域中成为规定着人的劳动的先验形式。因此,以私有财产关系为前提的国民经济学最终回避了私有财产的来历和本质问题,其全部理论成果就在于将

---

① 〔德〕黑格尔:《法哲学原理》,范扬、张企泰译,北京:商务印书馆2014年版,第205页。

现实的私有财产关系及其诸多表现形式固定为一个又一个抽象的理论范畴，抽象为从外部作用于人的先天而原始的自然规律，进而为私有财产关系的合理性进行论证。

例如，当它确定工资和资本利润之间的关系时，它把资本家的利益当作最终原因，就是说，它把应当加以阐明的东西当作前提。同样，竞争到处出现，对此它则用外部情况来说明。至于这种似乎偶然的外部情况在多大程度上仅仅是一种必然的发展过程的表现，国民经济学根本没有向我们讲明。我们已经看到，交换本身在它看来是偶然的事实。贪欲以及贪欲者之间的战争即竞争，是国民经济学家所推动的仅有的车轮。

【论断】任何一门以理性法则建构的科学必然要寻求一个先天本质作为其理论的出发点，以便为它的理论对象进行合理的论证。对于国民经济学来说，这一先天本质是人的先天的"贪欲"或者说抽象的"经济人"，而它的理论对象即私有财产关系。

国民经济学作为现代私有财产关系基础上产生的若干以理性法则建构的科学的一门，它必然要求通过一个先行的"本质"来建构它的对象，以便获得某种抽象的、普遍的、超历史的规定性，诚如神学家通过"原罪"来说明罪恶的起源一般。那么这个先行的本质是什么呢？用马克思的话说，"贪欲以及贪欲者之间的战争即竞争，是国民经济学家所推动的仅有的车轮",在国民经济学那里,抽象个体对物的占有关系被假定为最初的历史事实(依据马克思下文的表达,即原始状态),也就是说,抽象的"经济人"的预设是国民经济学的先验前提,国民经济学正是从这一先验前提出发去论证其理论的合理性的。所以,在马克思看来,尽管这一理论已经是从人的理性而非神学中去引出某种一般规律了,但当其通过某种原初的、超历史的东西来建构其学说的"科学事实"时,无疑又走向了神秘的"神学"的怀抱。

正因为国民经济学不理解运动的联系,所以才把例如竞争的学说同垄断的学说,经营自由的学说同同业公会的学说,地产分割的学说同大地产的学说重新对立起来。因为竞争、经营自由、地产分割仅仅被阐述和理解为垄断、同业公会和封建所有制的偶然的、蓄意的、强制的结果,而不是必然的、不可避免的、自然的结果。

【论断】国民经济学理论中的诸多矛盾和对立是有其内在的必然性的,这种内在的必然性是私有财产运动带来的必然结果。

马克思认为,国民经济学家之所以将竞争和垄断的学说、经营自由和同业公会的学说、地产分割和大地产的学说对立起来,是因为他们不了解"运动的联系",即不了解这些形式上对立的东西不过是私有财产运动所带来的必然的结果，因而彼此之间具有内在的必然关联。我们这里以国民经济学学说中的一个显而易见的矛盾，即劳动价值论和工资规律的矛盾举例：一方面，他们承认劳动是一切财富的价值源泉，一方面却由于没有区分出劳动和劳动力，认为工人的工资即劳动的价值。这样，按照他们的平等交换原则，劳动的价值（工资）应该等同于劳动形成的全部价值。这样一来，又如何说明剩余价值的形成根据呢？并且如果存在剩余价值的话，那么劳动的价值又如何能够不等同于劳动形成的全部价值呢？

在国民经济学家所处的时代，劳动者的贫困状况是一个显而易见的经验事实，无论怎样正义、合理的经济学规律，恐怕都无法抹杀这一事实，然而正是由于国民经济学家自身的阶级眼界和立场的限制，他们没有看到工人实际付出的是劳动力而非劳动，也没有进一步地追问这一矛盾产生的根源。在马克思看来，国民经济学家之所以陷入这样的矛盾，并非由于一种外在的偶然性，也并非由于其理论内部的不自洽，而是因为这一理论乃是作为私有财产关系的理论表达，而私有财产关系的所有矛盾和异化性质都是由私有财产运动带来的必然的、不可避免的结果。

因此，我们现在必须弄清楚私有制、贪欲以及劳动、资本、地产三者的分离之间，交换和竞争之间、人的价值和人的贬值之间、垄断和竞争等等之间以及这全部异化和货币制度之间的本质联系。

【论断】以一种想象中的先天本质去描述私有财产关系的国民经济学无疑从根本上回避了私有财产的来源和本质问题。

以私有财产关系为前提的国民经济学回避了私有财产的来源及其本质的问题。尽管国民经济学以一种先天的、抽象的"经济人"预设来说明这一问题,但是难道私有财产关系中的诸种矛盾和冲突仅仅是因为人的利己性么?人的利己性的展开难道没有其现实基础么?国民经济学的这一回答无疑仍然是不思的状态。基于此,马克思则要求重新追问私有财产的本质根据。

我们不要像国民经济学家那样,当他想说明什么的时候,总是置身于一种虚构的原始状态。这样的原始状态什么问题也说明不了。国民经济学家只是使问题堕入五里雾中。他把应当加以推论的东西即两个事物之间的例如分工和交换之间的必然关系,假定为事实、事件。神学家也是这样用原罪来说明恶的起源,就是说,他把他应当加以说明的东西假定为一种具有历史形式的事实。

【论断】国民经济学以一种虚构的原初状态来说明私有财产的起源和本质问题,诚如神学家以原罪说明罪恶的起源一般。

既然国民经济学虚构了一个先天本质(即原初状态)

作为私有财产关系由之而出的根据,那么马克思如若可能超越国民经济学,如若可能对私有财产关系进行实际的批判,则必须消解任何一个既定本质的设定,而将私有财产关系把握为历史的产物。

前文说过,国民经济学依据一种虚构的原初状态即人的先天的私欲或者说抽象个体对物的先天的占有关系来说明私有财产的合理性。因而对于马克思来说,如果要揭示私有财产的本质根据,不仅无法借助现成的国民经济学,而且首先恰恰就在于对国民经济学之前提的批判。在此前提下,马克思要追问的是,私有财产的本质根据究竟是什么,既然它不是神意的产物,不是作为人的先天本质,也不是作为历史起点的虚构的"原始事实",那么使私有财产得以形成的那个本源的东西究竟是什么呢?对这一问题的追问是否又必须如国民经济学一般形而上地设置一个"先天的本质"呢?正是这两个问题之发问,构成了马克思异化劳动学说的缘起。

我们且从当前的国民经济的事实出发。

【论断】对私有财产之来源和本质的追问既然不能从某种形而上学的先验规定入手,那便只能从实际呈现的"经济事实"出发。

如果说作为以理性法则建构的科学之一种的国民经济学所把握的"经济事实"是根据抽象思维去扬弃"表象中

的具体",进而获得一种"表象背后的本质",获得一种固定的、普遍的逻辑范畴的规定性的话,那么马克思这里所说的"经济事实"则是作为诸种逻辑范畴所由之生发的那个具体的、切身的、感性的社会历史领域。此时的马克思由于受到费尔巴哈的启发,发现了一个广大的"非理性"的领域即人的感性存在的领域,马克思注意到,这个世界是不能被还原到理性的逻辑架构中去的,不仅不能如此还原,它还是一切以理性法则建构的知识、逻辑和范畴的现实基础。

马克思的这一发现无疑和存在主义的基本原则"存在先于本质"有异曲同工之处。这一原则说明了:首先,"存在"背后再无什么可以被称之为"本质"的东西了;其次,"存在"是"本质"之存在的前提,是一个前逻辑、前概念的领域。从这一原则出发,马克思认为,一切以理性法则建构的科学根据"表象背后的本质"去直观"存在",反而将"存在"置于遮蔽状态中了,因为那被假定的本质原本是作为"存在"的抽象的观念表达,或者说,它原本就根源于产生这种假定的"存在"本身,根源于一个具体的、感性的社会历史情境。这就是说,一切抽象的理论范畴,一切大而无当的理论预设,从根本上都来自于一个具体的社会历史情境,它的神秘性也只能在这一具体的社会历史情境中得到解释和解决。

从这样一个前逻辑、前理性的"经济事实"出发,意味着马克思要求消解一切形而上学的预设（譬如国民经济学预设一种原初状态作为私有财产由之生发的根据），而完全从现实的、具体的社会历史出发追问私有财产的现实根据。

工人生产的财富越多，他的生产的影响和规模越大，他就越贫穷。工人创造的商品越多，他就越变成廉价的商品。物的世界的增值同人的世界的贬值成正比。劳动生产的不仅是商品，它还生产作为商品的劳动自身和工人，而且是按它一般生产商品的比例生产的。

【论断】这个经济事实是说工人通过自己的劳动生产着自己的贫穷，并且他生产的劳动产品越多，他就越贫穷。

这个经济事实对国民经济学家来说，固然也是承认的。但是，诚如笔者上文所说，国民经济学家眼中的劳动是以私有财产关系的先验性为其前提的劳动，是私有财产运动中的一个必要环节，因此尽管它增加了资本对人的支配，但这是十分天然且合理的事，这里不存在什么异化。

然而，在马克思看来，如果将这一经济事实还原到人的现实的社会历史情境，或者说，去除私有财产关系对人的劳动的遮蔽的话，那么这里无疑会出现极致的荒诞与悖谬。我们试想一下，如果去除"工人"范畴对人的遮蔽，如果人之为人的天职就是通过生产劳动产品的同时再生产着劳动产品对自己的规定性，所谓"物的世界的增值同人的世界的贬值成正比"的话,那么这一"经济事实"从根本上难道不是"劳动的对象化"(劳动产品是人的劳动之对象化的产物)反过来与"劳动"本身相对立,或者说,劳动与劳动本身相对立吗?

劳动竟然与劳动本身相对立,这无疑是任何合理的经济学原理都无法掩盖的荒谬。这里不妨以现代技术和人的关系举例:现代技术分明来自于人的具体的感性生活,是人的劳动之对象化的产物,却颠倒成为人的活动的先验前提,它一方面成为一种统治人的现实力量,一方面又使人陷入技术拜物教的宗教幻象之中,以至于人们相信只要技术足够完善,人的现实生活中的一切问题都可以随之而解。现代技术与人的这种颠倒难道不是异化而是合理的么?难道不是来自于人的具体的活动方式而是来自于人的某种先天的人性么?

这一事实无非是表明:劳动所生产的对象,即劳动的产品,作为一种异己的存在物,作为不依赖于生产者的力量,同劳动相对立。劳动的产品就是固定在某个对象中、物化为对象的劳动,这就是劳动的对象化。劳动的实现就是劳动的对象化。在被国民经济学作为前提的那种状况下,劳动的这种实现表现为工人的失去现实性,对象化表现为对象的丧失和被对象奴役,占有表现为异化、外化。

【论断】劳动产品与劳动者相对立本质上是劳动的对象

化反过来反对劳动。

在国民经济学对劳动与劳动产品之间的关系加以肯定的地方，马克思却把这种关系现实地还原为"劳动与劳动的对象化"之间的关系。马克思认为，"劳动产品与劳动者相对立"从根本上是"劳动的对象化反过来反对劳动"，在这里马克思阐述了其异化劳动学说的第一个规定。

"劳动所生产的对象，即劳动的产品，作为一种异己的存在物，作为不依赖于生产者的力量，同劳动相对立。"这就是说，劳动所生产的产品，作为人的劳动的对象化反过来与人的劳动本身相对立。这里马克思无疑受到了费尔巴哈感性本体论的启发，从而能够把人的劳动还原进人的感性存在的领域，并且把劳动的对象看作是人的感性的对象性存在。诚如费尔巴哈在《未来哲学原理》中所说："感觉的对象不只是'外在的'事物。人只是通过感觉成为自己的对象——他是作为感觉对象而成为自己的对象的。主体和对象的同一性，在自我意识之中只是抽象的思想，只有在人对人的感性直观中，才是真理和实在。"[①] 这就是说，首先，对象是作为人的对象，并且人只有在直接的感觉对象上直观到自身，这个对象才真正成为人的对象；其次，人的感性对象性是抽象的思想或者说抽象思维的前提（这

---

① 北京大学哲学系外国哲学史教研室：《西方哲学原著选读》下卷，北京：商务印书馆1982年版，第501页。

一点，下文将会具体阐述）。不同的是，费尔巴哈是依据一种先天的感觉直观来建构其感性对象性的，而马克思则是将活动原则置于其感性对象性的中心位置。这就是说，在费尔巴哈将人的感性对象性视作人的先天本质的地方，马克思则将人的感性对象性视作人的活动的历史的产物。这种原则区别，意味着马克思将异化看作是"活动之异化"，而不是某种既定的主体之异化。

在此基础上，马克思指出，国民经济学之所以陷入诸多的矛盾和异化，乃在于它以之作为前提的东西是人的异化劳动。国民经济学虽然承认人的劳动是一切财富的价值源泉，但是他们所说的劳动是以私有财产关系为前提的、以理性范畴规定的劳动；而马克思所说的异化劳动则是作为私有财产关系之前提的人的非理性的感性活动。马克思认为，国民经济学的全部非批判性和敌视人的性质都来源于被国民经济学视为天然合理前提的，同时也是作为私有财产关系之存在前提的异化劳动。因此，以异化劳动为前提的私有财产，在国民经济学的理论体系中，反而成为规定着劳动的先验形式，这是国民经济学陷入诸多矛盾和异化性质的根本原因。

劳动的现实化竟如此表现为非现实化，以致工人非现实化到饿死的地步。对象化竟如此表现为对象的丧失，以致工人被剥夺了最必要的对象——不仅是生活的必要对象，而且是劳动的必要对象。甚至连劳动本身也成为工人只有通过最大的努力和极不规则的间歇才能加以占有的对象。对对象的占有竟如此表现为异化，以致工人生产的对象越多，他能够占有的对象就越少，而且越受自己的产品即资本的统治。

这一切后果包含在这样一个规定中：工人对自己的劳动的产品的关系就是对一个异己的对象的关系。因为根据这个前提，很明显，工人在劳动中耗费的力量越多，他亲手创造出来反对自身的、异己的对象世界的力量就越强大，他自身、他的内部世界就越贫乏，归他所有的东西就越少。宗教方面的情况也是如此。人奉献给上帝的越多，他留给自身的就越少。

【论断】所谓"劳动的现实化"也就是上文所说的劳动的对象化，当对象化表现为对象的丧失，也就是劳动的异化。

既然劳动的现实化（对象化）表现为劳动的异化，那么人的对象性活动的产物从人的劳动之中分离出去，反过来成为一种支配人的存在，也就不是什么令人惊异的现象了。不仅如此，既然劳动的现实化表现为劳动的异化，那么人在劳动中耗费的力量越多，他亲手创造出来反对自身的、异己的力量就会越强大。诚如宗教方面的情况，上帝本来不是什么先天而原始的存在，而是作为人的活动的对象化的产物，但是人在上帝这一人的对象性存在中凝固的对象性本质力量越多,属于他自身所有的东西就越少。

工人把自己的生命投入对象,但现在这个生命已不再属于他而属于对象了。因此,这种活动越多,工人就越丧失对象。凡是成为他的劳动的产品的东西,就不再是他自身的东西。因此,这个产品越多,他自身的东西就越少。工人在他的产品中的外化,不仅意味着他的劳动成为对象,成为外部的存在,而且意味着他的劳动作为一种与他相异的东西不依赖于他而在他之外存在,并成为同他对立的独立力量;意味着他给予对象的生命是作为敌对的和相异的东西同他相对立。

【论断】正是由于人的劳动的异化,人的对象性存在才成为与人自身相敌对的、相异的东西。

"工人在他的产品中的外化,不仅意味着他的劳动成为对象,成为外部的存在",这里劳动的"外化"即上文所说的劳动的对象化。劳动的对象化不仅意味着对象是作为人的对象性存在,而且在现实的社会历史中,还意味着"他的劳动作为一种与他相异的东西不依赖于他而在他之外存在,并成为同他对立的独立力量;意味着他给予对象的生命是作为敌对的和相异的东西同他相对立",也就是说,劳动的对象化在现实的社会历史中表现为劳动的异化,并且正是由于劳动的异化,人的对象性存在才成为与人自身相敌对的、相异的东西。

这就是说,首先,人的劳动是对象化的劳动,对象是作为人的对象,这说明了对象从来不是什么自在的、独立的存在;其次,对象化的劳动在现实的社会历史中表现为劳动的异化,因此异化劳动是作为人的对象化活动的异化形式。这说明正是由于人的异化劳动,对象才仿佛成为一种形式上自在的、独立的存在。这里就以现代科学和技术为例,任何现代科学和技术的创造都是基于具体的社会历史的创造,都是人的对象性活动的产物,只是由于人的活动之异化,这些人的活动的产物才与人相脱离,而具有了某种神秘的独立性的外观。法的形式、国家的形式亦是如此。用马克思在《德意志意识形态》中的表达即"如果没有工业和商业,哪里会有自然科学呢?甚至这个'纯粹的'自然科学也只是由于工业和商业,由于人们的感性活动才达到自己的目的和获得自己的材料"[1]。

[XXIII] 现在让我们来更详细地考察一下对象化,即工人的生产,以及对象即工人的产品在对象化中的异化、丧失。

没有自然界,没有感性的外部世界,工人什么也不能创造。自然界是工人的劳动得以实现、工人的劳动在其中活动、工人的劳动从中生产出和借以生产出自己的产品的材料。

---

[1] 《马克思恩格斯选集》第1卷,北京:人民出版社2012年版,第157页。

【论断】人的本质是在作为人的感性的自然界中通过自己的劳动而自我产生的结果。

这段话意味着,首先,自然界从来不是以理性法则建构的科学意义上的那种"自在的自然界",而是作为人的"感性的外部世界",是人的感性的对象性存在;其次,"没有自然界,工人什么也不能创造",就是说,人被作为人的感性的对象性存在的自然界所规定。在马克思看来,人的活动之所以是"活动",乃是因为它执行着"人与自然的本质的关系",哪怕这一活动是异化的性质(马克思后来将这种人的本质力量的生产称之为生产力的生产)。

马克思在这段话中说明了两点:首先,自然界从来不是自在的存在,而是作为人的对象性活动的产物;其次,人被自然界这一人的对象性存在所规定。这意味着,首先,既然自然界是人的活动的产物,那么任何基于自然界的创造都不是独立的存在,这就突破了理性形而上学将自然界和一切基于自然界的创造(譬如说自然科学)视作某种独立的、自在的存在的认识。而理性形而上学家们之所以陷入这种认识,是因为他们认为理性是人的先天本质,而自然科学从根本上是以理性法则建构的科学,所以它理所应当是独立的、自在的。其次,当马克思指出人被自然界所规定,这就说明了理性形而上学关于理性是人的先天本质或者说"主体"的看法不过是一种观念想象。当理性形而上学预设理性是主体,并认为人的活动是理性在时间中的展开时，这无疑从根本上预设了人的对象性活动或者人的对象世界的非存在。而马克思却指出，人为自然界所设定，"没有自然界，没有感性的外部世界，工人什么也不能创造"，这里的自然界不是理性形而上学所讲的抽象的、自在的自然界，而是作为人的活动之对象的感性的自然界，是"生而为人"的自然界。除此之外，正是在与自然界打交道的对象性活动中，才派生出了理性以及以理性法则建构的诸多科学。这就是说，理性绝不是什么人的先天本质或者说"主体"，理性的产生前提恰恰是人被对象、被感性的自然界所设定。这段话无疑包含着超越形而上学，超越以理性法则建构的科学的维度。

所以，当马克思说人与自然处于对象性的关系之中，这不仅意味着人通过活动生产对象，同时也意味着人被对象所设定，也就是说，人设定对象的前提已经是被对象所先行设定，所谓"主体"不过是人的观念想象。因此，不仅是生产对象的人存在，而且是作为人的对象的自然界存在，并且后者同时也将前者作为自己的对象，人与自然处于对象性的关系之中。在其中，并未出现主体的先行预设。

但是，自然界一方面在这样的意义上给劳动提供生活资料，即没有劳动加工的对象，劳动就不能存在，另一方面，也在更狭隘的意义上提供生活资料，即维持工人本身的肉体生存的手段。因此，工人越是通过自己的劳动占有外部世界、感性自然界，他就越是在两个方面失去生活资料：第一，感性的外部世界越来越不成为属于他的劳动的对象，不成为他的劳动的生活资料；第二，感性的外部世界越来越不给他提供直接意义的生活资料，即维持工人的肉体生存的手段。

【论断】在现实的社会历史中，人与自然的关联体现在：一方面，自然界是作为人的劳动的对象，并且人的劳动只有以自然界作为对象方能实现；但是另一方面，人在自然之中只是动物式的存活，自然只是维持人的肉体生存的手段。

自然界是作为人的劳动的对象，这意味着，人通过自己的劳动将自然转化为了人的对象性存在，并且只有通过这一"转化"才能实现自己的劳动。这就是说，人的劳动以感性的自然界为前提，但同时又是创生这一前提的活动本身。人的活动以自然界为前提，这说明了不仅在人的生物存在的层面上，还是在人的生命意义之完成的层面上，都无法离开自然而单独存在。因此，在马克思看来，人之为人的存在，从来不是直接自在和现成的，人不可能像"神"一样一蹴而就地解决人的生命存在中的所有问题，哪怕是在理性的抽象形式中也不行，人之为人的本质、人的生命意义的实现只能是人在自然界中通过自己的活动而自我产生、自我创造的结果。

然而在现实的社会历史中,自然界却只是完成人的生物生存或者说"肉体生存"的手段,人在自然之中只是"动物式"的存活。这种"动物式"的存活,不仅是物质财富意义上的"无产",更重要的是人的生命意义的丧失,是人的生命存在的"无根"状态,所谓的"无根"状态意味着人在现有的异化劳动之中没有任何主体性和能动性可言,而只是跟在既定的"真理"架构之后亦步亦趋。当今的生活世界,随处可见的动物式的麻木和动物式的感官刺激,已经十分生动地说明了人的生命存在的"无根"状态。

因此,工人在这两方面成为自己的对象的奴隶。首先,他得到劳动的对象,也就是得到工作;其次,他得到生存资料。因此,他首先是作为工人,其次是作为肉体的主体,才能够生存。这种奴隶状态的顶点就是:他只有作为工人才能维持自己作为肉体的主体,并且只有作为肉体的主体才能是工人。

【论断】 劳动者将自然对象化的前提是成为工人(得到工作),并且只有得到工作,才能获得生存资料,以实现作为人的存活。

这里极致的异化和矛盾在于:劳动者只有作为工人方能维持他基本的肉体生存,并且只有维持基本的肉体生存才能将自己作为工人持续不断地生产下去。因此,作为"工人"这一私有财产关系中的固定范畴而存在是人作为人而存活的基本前提。这种活动不断地循环、机械地重复,在马克思看来,无疑达到了奴隶状态的顶点。

国民经济学由于不考察工人(劳动)同产品的直接关系而掩盖劳动本质的异化。当然,劳动为富人生产了奇迹般的东西,但是为工人生产了赤贫。劳动生产了宫殿,但是给工人生产了棚舍。劳动生产了美,但是使工人变成畸形。劳动用机器代替了手工劳动,但是使一部分工人回到野蛮的劳动,并使另一部分工人变成机器。劳动生产了智慧,但是给工人生产了愚钝和痴呆。

【论断】国民经济学由于不考察工人同产品的直接关系而掩盖了劳动本身的异化。

前文说过,国民经济学家把劳动看成是一个固定的经济学范畴,其本质在于资本的价值增值。因此他便不自觉地以"工人"范畴来遮蔽"劳动者",以"工资"范畴来遮蔽"劳动力的价值",以作为商品的"产品"范畴来遮蔽作为人的"劳动的对象化"的产物,以"等价交换原则"来遮蔽资本对人的劳动的支配。因此,人的劳动之异化就被诸多的理性范畴所掩盖、所遮蔽了。

劳动对它的产品的直接关系,是工人对他的生产的对象的关系。有产者对生产对象和生产本身的关系,不过是这前一种关系的结果,而且证实了这一点。对问题的这另一个方面我们将在后面加以考察。因此,当我们问劳动的本质关系是什么的时候,我们问的是工人对生产的关系。

【论断】 劳动与它的产品的直接关系从根本上是人的劳动与劳动的对象化之间的关系。

这段话是马克思对其异化劳动学说第一个规定的总结,即劳动与它的产品的直接关系从根本上是人的劳动与劳动的对象化之间的关系。这一结论是马克思清除了私有财产关系对人的劳动的遮蔽而得出的,因而这里的"劳动"并非作为任何一个私有财产关系内部的理性范畴。而有产者与劳动本身和劳动对象之间的关系,马克思主要是在异化劳动的第四个规定中进行讨论。

以上我们只是从一个方面,就是从工人对他的劳动产品的关系这个方面,考察了工人的异化、外化。但是,异化不仅表现在结果上,而且表现在生产行为中,表现在生产活动本身中。如果工人不是在生产行为本身中使自身异化,那么工人活动的产品怎么会作为相异的东西同工人对立呢?产品不过是活动、生产的总结。因此,如果劳动的产品是外化,那么生产本身必然是能动的外化,活动的外化,外化的活动。在劳动对象的异化中不过总结了劳动活动本身的异化、外化。

【论断】 如果劳动的对象化反过来否定劳动及劳动者,那么,这只能用劳动本身的异化来说明。

马克思在这里指出了其异化劳动学说的第二个规定，即劳动本身的异化。在这段话中马克思做了一个直接的推论，即从活动的结果与活动的关系出发推导出活动本身的性质。"如果工人不是在生产行为本身中使自身异化，那么工人活动的产品怎么会作为相异的东西同工人对立呢？产品不过是活动、生产的总结。"在马克思看来，劳动者之所以会和自己对象性活动的产物处于对立状态，是因为劳动者在自己的活动本身中已经发生了异化。

那么，劳动的外化表现在什么地方呢？

首先，劳动对工人来说是外在的东西，也就是说，不属于他的本质；因此，他在自己的劳动中不是肯定自己，而是否定自己，不是感到幸福，而是感到不幸，不是自由地发挥自己的体力和智力，而是使自己的肉体受折磨、精神遭摧残。因此，工人只有在劳动之外才感到自在，而在劳动中则感到不自在，他在不劳动时觉得舒畅，而在劳动时就觉得不舒畅。因此，他的劳动不是自愿的劳动，而是被迫的强制劳动。因此，这种劳动不是满足一种需要，而只是满足劳动以外的那些需要的一种手段。劳动的异己性完全表现在：只要肉体的强制或其他强制一停止，人们就会像逃避瘟疫那样逃避劳动。外在的劳动，人在其中使自己外化的劳动，是一种自我牺牲、自我折磨的劳动。最后，对工人来说，劳动的外在性表现在：这种劳动不是他自己的，而是别人的；劳动不属于他；他在劳动中也不属于他自己，而是属于别人。在宗教中，人的幻想、人的头脑和人的心灵的自主活动对个人发生作用不取决于他个人，就是说，是作为某种异己的活动，神灵的或魔鬼的活动发生作用，同样，工人的活动也不是他的自主活动。他的活动属于别人，这种活动是他自身的丧失。

【论断】劳动本身的异化在于人自身的生命活动中包含了异己的、反生命的要素。

首先，"劳动对工人来说是外在的东西，也就是说，不属于他的本质"。这就是说，劳动对人来说成为了与其生命本质相对立的、外在的东西。如果劳动本身是人作为人的生命活动，即执行着人与对象之间的非异化的本质关联，那么，这种劳动无疑应使劳动者获得肯定、获得幸福、获得生命意义的彰显，然而对现实的劳动者来说，他在劳动中"不是肯定自己，而是否定自己，不是感到幸福，而是感到不幸"，这样的劳动，对劳动者而言无疑是否定的、异化的劳动。其次，"这种劳动不是满足一种需要，而只是满足劳动以外的那些需要的一种手段"。这就是说，在这种异化性质的劳动中，劳动本身不是满足人作为人的需要，而是满足人作为动物式的需要，动物式的满足和享受成为人的劳动的唯一目的。最后，"这种劳动不是他自己的，而是属于别人；劳动不属于他；他在劳动中也不属于他自己，而是属于别人"。既然人的劳动本身出现了异化，这无疑意味着劳动者的劳动不再是作为他的"属己的活动",而是作为"某种异己的、不属于他的活动",成为否定劳动者自身的活动,因此这种劳动不是自由的活动,而是一种纯粹消极的受动。诚如在宗教活动中,人成为他亲手创造的对象性力量——"上帝"的掌中物,因此,无论人的肉体活动还是精神活动就必然成为人的异己的、对立的活动。

  需要注意的是,马克思在这里仿佛做出了关于人的本质的预设,连他自己都说出了"劳动对工人来说是外在的东西,也就是说,不属于他的本质"这样的语词,仿佛在现实的异化劳动之外还"应当"有一种非异化的本质的劳动。从形式上看,这里仿佛的确出现了活动之为"活动的本质"的先验设定。但是,从另一个角度看,如果马克思是从现实的社会历史出发而非是从任何一个既定的主体出发的,那么这里所谓的"劳动的本质"不过是揭示了现实的异化劳动中所包含的某种突破异化的现实根据,揭示了人在扬弃异化劳动的过程中向着人的本质之生成的历史必然性。因此,在理解此时的马克思关于"本质"的表达时,并不能一看到"本质"一词就宣称马克思陷入了人本学,即将"本质"一词理解为一种先天的、既定的东西。语词的沿用并不能说明思想境遇的一致,在马克思看来,人之为人,或者说,人的活动如果可能具有主体性和能动性,那么人的"本质"就只能是人在自己的劳动中自我创造的结果,哪怕这一劳动的性质是异化。

因此，结果是，人（工人）只有在运用自己的动物机能——吃、喝、生殖，至多还有居住、修饰等等——的时候，才觉得自己在自由活动，而在运用人的机能时，觉得自己只不过是动物。动物的东西成为人的东西，而人的东西成为动物的东西。

吃、喝、生殖等等，固然也是真正的人的机能。但是，如果加以抽象，使这些机能脱离人的其他活动领域并成为最后的和唯一的终极目的，那它们就是动物的机能。

【论断】既然人的生命活动已经具有了异己的、反生命的性质，那么其结果是"吃、喝、生殖"等动物式的存活成为人的活动的唯一目的，而人之为"人"的本质活动则被遮蔽、被掩盖。

动物式的存活意味着人的活动并无任何主体性可言，他的活动不取决于他，而是由种种外部力量对之起作用的结果。诚如动物，动物尽管也会经历时间中的变化，也会经历从生到死的变化，但是它的变化并不取决于它，而是由某种神秘而复杂的自然力量对之起作用的结果。如果人的活动只是跟在既定的真理或某种先天本质之后亦步亦趋，那么人的活动有什么"主体性"或者说人之为人的本质属性可言呢？用马克思这里的话说，"吃、喝、生殖"已经成为人的活动的唯一目的。而人之为人的本质活动意味着人的活动必须取决于自身，意味着人必须自我成长、自我完善，这意味着，人只有发挥自己的主体性和能动性并使得自己的活动原则成为对象世界的本质内容，人才能自己形成自己的本质属性。人与其他一切存在物不同，只有人，才可以自己形成自己的本质属性。

需要注意的是，马克思并未将动物式的存活和人之为人的本质活动抽象地对立起来。马克思说："吃、喝、生殖等等，固然也是真正的人的机能。"这就是说，动物式的存活也是人的本质活动，只不过是异化了的本质活动。换言之，人的本质活动从来不是与人的异化劳动（动物式的存活）的非此即彼的对立，从来不是在人的异化劳动的彼岸世界，而正是对人的异化劳动加以扬弃的需要，才推动着人去实现他的下一个步骤，异化劳动是人扬弃异化的真正动力。人之为人，永远不可能脱离定在，而只有在定在中发光，用马克思在其博士论文中的表达即"抽象的个别性是脱离定在的自由，而不是在定在中的自由。它不能在定在之光中发亮"[①]。

我们从两个方面考察了实践的人的活动即劳动的异化行为。第一，工人对劳动产品这个异己的、统治着他的对象的关系。这种关系同时也是工人对感性的外部世界、对自然对象——异己的与他敌对的世界——的关系。第二，在劳动过程中劳动对生产行为的关系。这种关系是工人对

---

① 《马克思恩格斯全集》第1卷上，北京：人民出版社2002年版，第50页。

他自己的活动——一种异己的、不属于他的活动——的关系。在这里，活动是受动；力量是无力；生殖是去势，工人自己的体力和智力，他个人的生命——因为，生命如果不是活动，又是什么呢？——是不依赖于他、不属于他、转过来反对他自身的活动。这是自我异化，而上面所谈的是物的异化。

【论断】综上，劳动的异化包含着两个方面：第一，劳动产品与劳动者相异化；第二，劳动过程本身的异化。

这段话是对异化劳动前两个规定的总结。首先，劳动产品与劳动之间的异己关系即劳动的对象化与劳动之间的异己关系，马克思在这里将其表述为"物的异化"；其次，劳动的对象化与劳动之间的异己关系不过表明了劳动过程本身的异化性质，或者说，人的生命活动本身所包含的反生命的性质，马克思在这里将其表述为"自我异化"。

[XXIV] 我们现在还要根据在此以前考察的异化劳动的两个规定推出它的第三个规定。

人是类存在物，不仅因为人在实践上和理论上都把类——他自身的类以及其他物的类——当作自己的对象；而且因为——这只是同一种事物的另一种说法——人把自身当作现有的、有生命的类来对待，因为人把自身当作普遍的因而也是自由的存在物来对待。

【论断】异化劳动的第三个规定即人同自己的类本质相

异化。

"人是类存在物",这是一个典型的费尔巴哈式的表达。相较于旧哲学,即从笛卡尔到黑格尔的理性形而上学而言,费尔巴哈的突破就在于将人的类本质还原为人的感性存在(所谓"类",如果给其一个僵硬的定义的话,指的就是人作为"人"的普遍共相或者说普遍本质)。当旧哲学将理性视作人的先天本质,而人的活动则是这一理性在时间中的展开时;费尔巴哈却恢复了人的感性存在,并指出人的感性存在是一切理性的前提和基础。这意味着,一方面,费尔巴哈在概念、理性、逻辑之外发现了一个广大的非理性的领域,即人的感性存在的领域;另一方面,这个感性存在的领域是一切概念、理性、逻辑的前提和基础。这就是说,人的感性存在才是人的真正的类本质,并且这一类本质是作为抽象思维的基础。"纯粹理智的实体,交互影响的秘密,只有感性才能打开,只有感性的实体才能互相影响。"[①]

其中的区别在于:如果说旧哲学将理性、概念和逻辑视作人的先天本质,那么人的感性存在对其而言,不过是作为理性的规定物,是抽象的逻辑范畴。而费尔巴哈恢复了人的感性原则,这意味着他意识到了人的感性不能被还

[①] 〔德〕费尔巴哈:《未来哲学原理》,洪谦译,上海:三联书店1957年版,第57页。

原到概念中去，不仅不能如此还原，恰恰是由于人的感性的分裂和异化，才生成出了理性、逻辑和范畴，这里存在着一个根本的颠倒。除此之外，费尔巴哈注意到，当旧哲学将理性视作人的先天本质，那么其本质上是将理性视作主体，并从一开始就预设了对象世界的非存在，因此主客对立是这一哲学的必然结果。在此基础上，费尔巴哈指出，抽象的理性并不能消解主客对立，即使是再完美的理性也不能，而只有恢复人的感性，尤其是人的感性直观，譬如说爱和友情，才能扬弃主客对立，实现人与对象的统一。

遗憾的是，费尔巴哈只是抽象地恢复了人的感性存在，换言之，他重新将人的感性存在还原为人的一种先天的、既定的类本质。在费尔巴哈看来，人的类本质或者直接来说，人的爱与友情是先天的。譬如说，在音乐家与音乐的感性关系中，费尔巴哈认为，音乐只有作为音乐家的类本质之实现，或者说音乐家在音乐中直观到了自身，音乐才真正成为他的对象，他与音乐才真正实现了统一。但是费尔巴哈却将音乐家对音乐的直观视作人的先天本质的产物，或者说音乐家有一双先天的音乐的耳朵。因此，费尔巴哈又重新退回到旧哲学的窠臼中去了，即构建了一个绝对的、先验的主体，并认为人的活动的全部根据都在于这一主体的设定。如果人的类本质是先天的，那么人的感性活动有什么意义可言呢？除了确证这一类本质的真实性之外，人又能从这样的类本质中真正学到什么呢？反正最后的胜利者始终是这一本质。正是基于这一原因，马克思后来在《关于费尔巴哈的提纲》中评价费尔巴哈的"类"是原始沉默的（其实类似于费尔巴哈这样的观点很多，人性本善，人性本恶，人有先天的利己主义需要，等等）。

可以说，马克思在这里使用的"类本质"一词无疑受到了费尔巴哈极大的影响，但是语词上的沿用是否意味着思想境域上的直接承袭呢？这点我们在下面的解读中进行讨论。

无论是在人那里还是在动物那里，类生活从肉体方面来说就在于人（和动物一样）靠无机界生活，而人和动物相比越有普遍性，人赖以生活的无机界的范围就越广阔。从理论领域来说，植物、动物、石头、空气、光等等，一方面作为自然科学的对象，一方面作为艺术的对象，都是人的意识的一部分，是人的精神的无机界，是人必须事先进行加工以便享用和消化的精神食粮；同样，从实践领域来说，这些东西也是人的生活和人的活动的一部分。人在肉体上只有靠这些自然产品才能生活，不管这些产品是以食物、燃料、衣着的形式还是以住房等等的形式表现出来。在实践上，人的普遍性正是表现为这样的普遍性，它把整个自然界——首先作为人的直接的生活资料，其次作为人的生命活动的对象（材料）和工具——变成人的无机的身体。自然界,就它自身不是人的身体而言,是人的无机的身体。人靠自然界生活。这就是说,自然界是人为了不致死亡而必须与之处于持续不断的交互作用过程的、人的身体。所谓人的肉体生活和精神生活同自然界相联系,不外是说自然界同自身相联系,因为人是自然界的一部分。

【论断】人之所以是类存在物,并非因为人的类本质(普遍本质)是先天的、既定的,而是因为人的活动生成了人的普遍本质。也就是说,人的类本质是人的活动的产物。

前文说过,费尔巴哈一方面将人的类本质从理性的架构中解脱出来,而还原为人的感性存在;一方面却将人的感性存在视作人的先天本质,从而重新陷入旧哲学的窠臼之中,即重新悬设了一个既定的、先天的主体。因此,马克思如果可能超越费尔巴哈、超越旧哲学,就在于消解任何一个既定的、先在的主体(无论是思维主体还是感性主体),而将人的类本质还原为人的感性活动的产物。

在马克思看来,人的类本质是人的活动的产物。"在实践上,人的普遍性正是表现为这样的普遍性,它把整个自然界——首先作为人的直接的生活资料,其次作为人的生命活动的对象(材料)和工具——变成人的无机的身体。"这意味着,首先,人为自然界所设定,无论是作为人的生活资料之意义上的自然,还是作为人的生命意义之完成意义上的自然;其次,人与动物不同,并非纯粹的、直接的自然存在物,并非只是受动性的存在物,人还将自然存在物作为自己的对象,作为自己无机的身体,从而创造出原初自然所不包含的新的可能性。这一过程中,人的活动超出了动物个别性的狭隘范围,超出了动物"原始沉默"的类属性,从而具有了人之去向人的"类本质"(普遍性)之生成的意义。

既然马克思认为人的类本质是人的活动的产物,而自然界则是人的无机的身体,这就意味着,马克思意义上的自然界不再是一个抽象的、僵死的逻辑范畴的规定物(近代理性形而上学),也不再是费尔巴哈意义上的作为人的感性直观的自在的自然界,而是作为人的一切活动之前提的感性的、生而为人的自然界。对此,马克思说道:"从理论领域来说,植物、动物、石头、空气、光等等,一方面作为自然科学的对象,一方面作为艺术的对象……这些东西也是人的生活和人的活动的一部分。人在肉体上只有靠这些自然产品才能生活……。"对于自然科学来说(自然科学作为近代理性形而上学之一种),植物、动物、石头、空气、光等等不过是抽象物质,是抽象的理性范畴的规定物;而对于艺术来说,近代理性形而上学(譬如黑格尔)视域中的艺术不过也是作为人的理性精神的表现。在这样的视域中,理性是人的活动的先天本质,而人的活动则是理性在时间中的展开;而马克思则指出,"这些东西也是人的生活和人的活动的一部分。人在肉体上只有靠这些自然产品才能生活",一切自以为是的先天的、既定的本质,无论是理性本质还是感性本质，都不过是人的活动的产物，是人在自然界中通过自己的活动而自我产生的过程，这就在很大程度上突破了形而上学关于先在的"主体"的理论幻想。

异化劳动，由于（1）使自然界同人相异化，（2）使人本身，使他自己的活动机能，使他的生命活动同人相异化，因此，异化劳动也就使类同人相异化，对人来说，异化劳动把类生活变成维持个人生活的手段。第一，它使类生活和个人生活异化；第二，它把抽象形式的个人生活变成同样是抽象形式和异化形式的类生活的目的。

【论断】劳动结果的异化、劳动本身的异化也必然同时是人同人的类本质相异化。

所谓自然界同人相异化，即异化劳动的第一个规定"劳动结果的异化"；所谓"使人本身相异化"即异化劳动的第二个规定"劳动过程本身的异化"，在马克思看来，劳动结果的异化、劳动本身的异化也必然同时是人同人的类本质相异化，因为人的劳动的类本质必然凝结在人的劳动的结果和劳动过程本身之中。

劳动结果、劳动本身的异化必然意味着人在对象性活动中凝聚起来的类力量从人的生命存在中分离了出去，成为与人相对抗甚至支配人的一种东西，也就是人与人的类本质的异化。很简单的道理，如果人的活动的对象化（劳动产品）不是与人相分离的东西，而是作为人之为人的本质力量之实现,那么他的劳动产品无疑地具有超出个人之个体性的感性存在的"类意义"。同样的,如果人的活动过程是人之为人的本质力量的实现活动,那么,他的活动就超出了动物式的原始沉默的类本质,而能够自己产生自己的本质属性,即真正发挥了主体性和能动性。就以贝多芬的音乐作品举例,如果贝多芬创造音乐作品的过程不是作为他作为人的本质力量之实现,而只是满足于一种动物式的存在,即跟在某种既定的"本质"之后亦步亦趋的话,那么他的活动怎么可能是集古典主义之大成,又开浪漫主义之先河呢?正是因为他的活动是他作为"人"的本质力量之实现,即真正发挥了他的主体性和能动性,他的音乐作品才超越了个体之个体性,才具有了普遍性的立法意义,即"类意义"。

然而,现有的异化劳动却使人的类本质同人相异化,这意味着:首先,人的类生活同人的个人生活相对立、相分裂;其次,个人生活的实现成为人的类生活的唯一和最终目的,而人的类生活则成为维持人的个人生活之实现的手段。在其中,仿佛有一种脱离类生活的抽象的个人生活似的,所以马克思这里用的是"抽象形式的个人生活"进行阐述(马克思用"抽象"一词明白无误地告诉我们,人是社会性的存在物,他设定对象的前提必然是他被对象所先行设定,因而所谓的"抽象形式的个人生活"不过是观念世界中的东西)。

因为，首先，劳动这种生命活动、这种生产生活本身对人来说不过是满足一种需要即维持肉体生存的需要的一种手段。而生产生活就是类生活。这是产生生命的生活。一个种的整体特性、种的类特性就在于生命活动的性质，而自由的有意识的活动恰恰就是人的类特性。生活本身仅仅表现为生活的手段。

【论断】要揭示人的活动的异化，必须揭示人的生命活动的特殊的类性质，即类特性，而揭示人的活动的类特性则必须从人与动物的区别着手。

马克思认为，自由的有意识的活动就是人的类特性，就是相较于人与动物的本质区别。这就是说，人与动物的生命活动的本质区别在于人能够自己创造自己的生命活动，自己生成自己的本质属性，而动物与它的生命活动是直接同一的；此外，人的生命活动和他的生命活动有意识性是同一回事，而动物的意识则为其先天本质所设定。这一点马克思在下文中进行了详细阐述。

动物和自己的生命活动是直接同一的。动物不把自己同自己的生命活动区别开来。它就是自己的生命活动。人则使自己的生命活动本身变成自己意志的和自己意识的对象。他具有有意识的生命活动。这不是人与之直接融为一体的那种规定性。有意识的生命活动把人同动物的生命活动直接区别开来。正是由于这一点，人才是类存在物。或者说，正因为人是类存在物，他才是有意识的存在物，就是说，他自己的生活对他来说是对象。仅仅由于这一点，他的活动才是自由的活动。异化劳动把这种关系颠倒过来，以致人正因为是有意识的存在物，才把自己的生命活动，自己的本质变成仅仅维持自己生存的手段。

【论断】人与动物的生命活动的区别在于人能够自己创造自己的生命活动，并且人的生命活动和人的生命活动有意识性是同一回事。

这段话可以说是马克思异化劳动学说第三规定中最重要的一个段落，因为其集中体现了马克思超越近代形而上学的原则高度。首先，马克思以人同自然的关系阐述了人与动物的生命活动的本质区别："人将自己的生命活动变成自己意识的对象"，而"动物与自己的生命活动是直接同一的"。这就是说，动物式的关联是永恒地受制于直接的当下性的关联，即为其先天的类本质所决定、所设定，因此，动物的"类本质"与动物的生命活动是直接同一的，是原始沉默的；而人则通过自身有意识的生命活动打破了自身作为自然存在物的存在界限，将自在的自然转化为属人的自然，从而在作为人的自然界中完成自身本质属性的自我生成。正是由于这点，马克思说，人才是类存在物，这里的"类"不是由自然赋予的、原始沉默的生物共同性，也不是任何一种先天的理性本质或者感性本质，而是人的活动的产物，是人在自然中的通过自己的劳动而自我产生的结果。

在此基础上,马克思说:"正因为人是类存在物,他才是有意识的存在物,就是说,他自己的生活对他来说是对象。"这就是说,人的生命活动与其生命活动的有意识性是同一回事。正如海德格尔的表达,"我们向来生活在一种存在之领会中",我们在追问存在与我们在追问的存在状态是同一回事。用马克思在《德意志意识形态》中的表达即"意识在任何时候都只能是被意识到了的存在,而人们的存在就是他们的现实生活过程"[1]。这就是说,人始终在其现实生活过程中领会着存在,并通过对存在的领会而将自身的存在源源不断地再生产出来。这意味着,意识从一开始就在人的现实生活过程之中,脱离了人的现实生活过程的意识或者说"纯粹意识"不过是人的观念想象。

这一表达,无疑标志着马克思对近代形而上学的极大突破。在近代形而上学中,所谓意识即以理性的先验性为基础的意识,因此它对存在的领会,是以理性为先天本质的人对于与理性相同构的存在者的概念把握,因此从一开始就假设了思维是主体,并假设了存在本身在根本上的虚无性。因为如果人的存在本身被视作出自思维的知识本性所规定的"对象世界",那么理性就必然成为人的存在的本质基础和先验前提。那么在理性之外的"非理性"又是什

---

[1] 《马克思恩格斯选集》第1卷,北京:人民出版社2012年版,第152页。

么呢？只能是虚无。这种脱离了存在的意识一般被称之为"纯粹意识"。当马克思将人的类生活与类意识，即将人的类意识还原到人的类生活中，这意味着，人的类生活从来不是被意识规定的，相反，意识始终在人的类生活之中。只是由于人的类生活之分裂，意识才从人的类生活之中分离出去，而成为一种形式上独立的存在。

当马克思将纯粹意识的根据还原到人的类生活中，这无疑包含着对人的类生活的逻辑前、理性前的领会。马克思告诉我们，人只有在向着自身类本质之生成的类生活中，才有可能达成自身类生活之自觉；而只有达成自身类生活之自觉，人才有可能将自己的类生活源源不断地再生产出来。如果人的活动只是某种先天本质在时间中的展开，那么人如何可能达成自己的类生活之自觉，又如何可能再生产自己的类生活呢？至此，马克思与近代形而上学的区别已然是泾渭分明。

通过实践创造对象世界，改造无机界，人证明自己是有意识的类存在物，就是说是这样一种存在物，它把类看作自己的本质，或者说把自身看作类存在物。诚然，动物也生产。动物为自己营造巢穴或住所，如蜜蜂、海狸、蚂蚁等。但是，动物只生产它自己或它的幼仔所直接需要的东西；动物的生产是片面的，而人的生产是全面的；动物只是在直接的肉体需要的支配下生产，而人甚至不受肉体需要的影响也进行生产，并且只有不受这种需要的影响才进行真正的生产；动物只生产自身，而人再生产整个自然界；动物的产品直接属于它的肉体，而人则自由地面对自己的产品。动物只是按照它所属的那个种的尺度和需要来构造，而人却懂得按照任何一个种的尺度来进行生产，并且懂得处处都把固有的尺度运用于对象。因此，人也按照美的规律来构造。

【论断】人与动物的区别在于人把类看作自己的本质，即人在自己的生命活动中创生并自觉自己的类本质。

这一段落仍然是在承接上一段落阐述人与动物的区别，即从人的感性活动中所包含的需要、目的、产品、尺度等方面的类特性出发同动物的本能活动进行对比，从而进一步揭示人与动物的生命活动的区别。

在马克思看来，人的生命活动是人的类本质的自我生成的活动，那么，具体来说，就是创生出属人的需要（将对象作为人的需要的对象）、属人的目的（将对象作为人的对象再生产出来）、属人的产品（生成出劳动产品之属人的价值）、属人的尺度（比如说艺术的、美的尺度）。这些方面是人区别于直接的自然存在物、区别于动物的具体规定，所谓"属人"正是这个意思。因此，这些本质属性不是人的原始沉默的"类本质"，而是人在劳动过程中通过自己的劳动而生成的结果。只有人，才可能扬弃某种先天本质对人的活动的先验设定，而自己形成自己的"属人的"本质属性。

因此，正是在改造对象世界的过程中，人才真正地证明自己是类存在物。这种生产是人的能动的类生活。通过这种生产，自然界才表现为他的作品和他的现实。因此，劳动的对象是人的类生活的对象化：人不仅像在意识中那样在精神上使自己二重化，而且能动地、现实地使自己二重化，从而在他所创造的世界中直观自身。因此，异化劳动从人那里夺去了他的生产的对象，也就从人那里夺去了他的类生活，即他的现实的类对象性，把人对动物所具有的优点变成缺点，因为人的无机的身体即自然界被夺走了。

同样，异化劳动把自主活动、自由活动贬低为手段，也就把人的类生活变成维持人的肉体生存的手段。

因此，人具有的关于自己的类的意识，由于异化而改变，以致类生活对他来说竟成了手段。

这样一来，异化劳动导致：

（3）人的类本质，无论是自然界，还是人的精神的类能力，都变成了对人来说是异己的本质，变成了维持他的个人生存的手段。异化劳动使人自己的身体同人相异化，同样也使在人之外的自然界同人相异化，使他的精神本质、他的人的本质同人相异化。

【论断】人的类本质不是人的先天本质，而是人的生命活动的产物。这一过程，"人不仅像在意识中那样在精神上使自己二重化，而且能动地、现实地使自己二重化，从而在他所创造的世界中直观自身"。

所谓"人像在意识中那样在精神上使自己二重化"是一个黑格尔的命题。黑格尔要求扬弃以往形而上学囿于思维内部的规定性，而要求将思维的活动原则贯彻到对象中去，从而赋予纯粹思维以真正的主体性，并恢复对象世界的真实存在。因而"精神上的二重化"是指思维通过外化，将自己实现在对象中，并且通过扬弃这种外化而回到自身的过程。尽管这一过程在黑格尔那里最终被还原为纯粹思维自我实现的中介，但是给马克思的启发则在于，人的思维从来不能是囿于自身内部的发展，而必须进入对象世界，并成为对象世界的真实内容，才有可能获得真正的主体性和能动性。

而所谓"能动地、现实地使自己二重化，从而在他所创造的世界中直观自身"，就是说人既创造了属人的对象，又在创造了属人的对象的基础上再创造了人自身，人对自身的直观正是在这样的对象性活动中方能实现。这一观点无疑消解了费尔巴哈的痕迹。当费尔巴哈将人的感性直观视作人的先天本质，这就意味着费尔巴哈认为音乐家之所以能够直观到音乐是因为他先天地具有了音乐家的耳朵；而马克思将人的感性直观还原为人的对象性活动的产物，这就是说，并不是因为音乐家先天地具有了音乐家的耳朵才能直观到音乐，而是因为音乐家将音乐作为他的感性活动的对象生成出来，从而生成出了音乐家的耳朵，生成了音乐家对音乐的感性直观。

在此前提下，马克思指出，当异化劳动将人的类生活变成了人的动物式的生存的手段，这意味着，"人具有的关于自己的类的意识，由于异化而改变，以致类生活对他来说竟成了手段"。前文说过，在马克思看来，人的类生活与生命活动的有意识性是同一回事，但是由于人的劳动的异化，人的类意识（马克思下文所说的精神的类能力、精神本质都是类似的表达）便会从人的类生活中抽象出来，而成为一种形式上独立的存在。当类意识遗忘了自身的来历，而自以为自己是某种先天的主体，便会从自身当中规定出自己的对象，而将对象设定为自身的产物。经验的表达是：面对着异化劳动对人的生活世界的规定，现实的个人便会预设一个想象中的自由的主体，并以这个想象中的主体的理念来设定人的现实生活，以便在理念的世界中完成自身有限性的超越，人与宗教、与科学的关系都说明了马克思的这一观点：科学分明来自于人的类生活，却颠倒成为人的类生活的先验前提，以至于人们相信科学是先天的、原始的，相信只要科学足够完善，人的所有问题就可以迎刃而解；但是如果科学本身就来自于人的感性的类生活，那么怎么可能有一种先天的科学知识呢？科学又怎么可能一劳永逸地帮助人们解决人的生存的所有问题呢？

(4) 人同自己的劳动产品、自己的生命活动、自己的类本质相异化的直接结果就是人同人相异化。当人同自身相对立的时候，他也同他人相对立。凡是适用于人对自己的劳动、对自己的劳动产品和对自身的关系的东西，也都适用于人对他人、对他人的劳动和劳动对象的关系。

总之，人的类本质同人相异化这一命题，说的是一个人同他人相异化，以及他们中的每个人都同人的本质相异化。

【论断】人同自身相异化必然导致人同他人的社会关系相异化。

这是马克思异化劳动学说的第四个规定，即人同人相异化，或者说，人同人之间的社会关系之异化，并且这个规定是前三个规定的结果。这一因果关系具有特别重要的意义，因为只有基于这一因果关系，才能说明私有财产关系不是人的活动的先天本质，而是人的活动的结果，是历史的产物。

按照马克思的阐述，异化劳动的前三个规定是原因，第四个规定是前三个规定的结果。如果说前三个规定分别是人同自己的劳动产品相异化、人的活动过程本身的异化、人同自己的类本质相异化，并且人同自己的类本质相异化总是体现在前两个规定中的话，那么这三个规定从根本上来讲就是一回事，即人同作为人的本质属性相异化，或者说人同自身相异化。

马克思这里无疑也出现了同样的观点："总之，人的类本质同人相异化这一命题，说的是一个人同他人相异化，以及他们中的每个人都同人的本质相异化。"从形式上看，马克思上文刚说人同人相异化是前三个规定的结果，这里却说，人同人相异化是第三个规定"人的类本质同人相异化"的结果，这里仿佛出现了矛盾的表达，即将前三个规定直接地等同于第三个规定。其实我们细细想想，就知道的确如此。前文说过，人的类本质的实现必然凝结在人的劳动的结果或者劳动过程本身之中，而劳动结果的异化和劳动过程的异化，必然意味着人在劳动中创造的类力量与人相分离，也就是人同自己的类本质相异化。因此，第三个规定，人的类本质的异化无疑可以直接地等同于前三个规定，而人的类本质之异化即意味着人同自身相异化。在此基础上，当马克思指出，第四个规定是前三个规定的结果，这就意味着第四个规定"人同人相异化"是人同自身相异化的结果。

人的异化，一般地说，人对自身的任何关系，只有通过人对他人的关系才得到实现和表现。

因此，在异化劳动的条件下，每个人都按照他自己作为工人所具有的那种尺度和关系来观察他人。

【论断】人同自身的任何关系，哪怕是人同自身的异化关系，也必然需要通过人同他人的关系才能得到表现和实现。

"人同他人的关系"就是说人的社会关系，马克思指出，人同自身的任何关系必然需要通过人同他人的关系才能得到表现和实现。这意味着，首先，现实的个人"一开始"就是社会性的存在者，人的活动只有在社会之中才能得到实现。这提示着我们，所谓的抽象个体的存在者只能是一种观念的想象，现实的社会关系是人的活动前提，即使是在异化劳动的条件下，也是如此。很简单的道理，劳动者并不先天是工人，而只是在现有的社会关系的规定下，才作为"工人"的范畴存在，才以工人的尺度和关系来观察他人。

其次，人的活动尽管以人的社会关系为前提，但同时是创生这一前提的活动本身。上一段落中"人同自己的劳动产品、自己的生命活动、自己的类本质相异化的直接结果就是人同人相异化"和这一段落中"人对自身的任何关系，只有通过人对他人的关系才得到实现和表现"，都说明了这样一个结论。如果从形而上学的形式逻辑的角度来看，这仿佛是两个自相矛盾的命题，必然陷入所谓的"循环论证"；但如果从人的现实的历史运动的角度来看，这不过是一个直接的、活生生的经验事实，是现实的个人如其所是地展开自身的实际发展过程。因而可以说，人的活动与人的社会关系的"因果"关系与其说是一种形式逻辑中的因果关系，不如说，人的社会关系是人的劳动的"显现方式"，是人的劳动得以发展和实现的社会形式。需要注意的是，马克思是以一种与近代形而上学的逻辑主义完全不同的视域去揭示这种关联的，因此这种关联是前理性、前逻辑的关联。这意味着，社会关系绝对不是如近代形而上学一般，是纯粹思维预先设定的对象世界，而是作为人的感性活动的"显现方式"。人的活动正是在这样的"显现方式"中，才派生出了概念、思维和逻辑。以人的家庭活动和家庭关系举例，在近代形而上学的视域中，家庭概念是先在的本质，而人的家庭生活则是由家庭概念派生出来的；而马克思则指出，正是在人的家庭活动派生出的异化的家庭关系中，才派生出了家庭的概念。

因此，必须把人的劳动和社会关系的这一关联把握为一种前理性、前逻辑的关联，才能把握马克思的言中之意和原则高度，才不至于抽象地将其误读为一种"循环论证"。

[XXV] 我们的出发点是国民经济事实即工人及其生产的异化。我们表述了这一事实的概念：异化的、外化的劳动。我们分析了这一概念，因而我们只是分析了一个国民经济事实。

现在让我们看一看，应该怎样在现实中去说明和表述异化的、外化的劳动这一概念。

如果劳动产品对我来说是异己的，是作为异己的力量面对着我，那么它到底属于谁呢？

如果我自己的活动不属于我，而是一种异己的活动、一种被迫的活动，那么它到底属于谁呢？

属于另一个有别于我的存在物。

这个存在物是谁呢？

是神吗？确实，起初主要的生产活动，如埃及、印度、墨西哥建造神庙的活动等等，不仅是为供奉神而进行的，而且产品本身也是属于神的。但是，神从来不是劳动的唯一主宰。自然界也不是。况且，在人通过自己的劳动使自然界日益受自己支配的情况下，在工业奇迹使神的奇迹日益变得多余的情况下，如果人竟然为讨好这些力量而放弃生产的乐趣和对产品的享受，那岂不是十分矛盾的事情。劳动和劳动产品所归属的那个异己的存在物，劳动为之服务和劳动产品供其享受的那个存在物，只能是人自身。

如果劳动产品不是属于工人，而是作为一种异己的力量同工人相对立，那么这只能是由于产品属于工人之外的他人。如果工人的活动对他本身来说是一种痛苦，那么这种活动就必然给他人带来享受和生活乐趣。不是神也不是自然界，只有人自身才能成为统治人的异己力量。

【论断】实际呈现的经济事实即"异化的、外化的劳动"，并且由于这一经济事实，导致了人与他人的社会关系相异化。

前文说过，马克思阐述其异化劳动的四重规定是从"当前的经济事实"出发的，所谓当前的经济事实即诸多理性、概念和范畴所由之生发的那个广大的非理性的领域，即人的感性存在的领域。马克思将这一经济事实还原为人的感性活动之异化。

如果劳动的结果、劳动过程、劳动的类本质不属于人本身，也就是说，人的劳动不属于自身，那么又是属于谁呢？马克思在此追问道。他首先问道，难道属于神么？诚如宗教的活动一般。马克思的回答是否定的。这是因为：首先，随着大工业的发展，随着人的劳动的"主体"地位的愈加彰显，神的奇迹和神秘性已经愈加地消逝。因此，人如果为了讨好这些行将消逝的力量而放弃生产的乐趣和对产品的享受，那岂不是十分矛盾的事情。其次，宗教分明是人的活动的产物，却颠倒成为人的活动的先天本质。并且，即使"神"成为了人的活动的先天本质，神也从来不是人的劳动的唯一主宰。马克思指出，"劳动和劳动产品所归属的那个异己的存在物，劳动为之服务和劳动产品供其享受的那个存在物，只能是人自身"，即属于人之外的另一个他人。就宗教来说，人的劳动与其说是属于神，毋宁说是属于神职人员，因为正是神职人员借助着神的名义完成着对人的统治。

同理可得，工人的劳动不属于人自身，难道属于神么？当然不是，与其说是属于现代世界的"神"——资本，不如说是属于为资本"论道"的神职人员，即资本家。

还必须注意上面提到的这个命题：人对自身的关系只有通过他对他人的关系，才成为对他来说是对象性的、现实的关系。因此，如果人对自己的劳动产品的关系、对对象化劳动的关系，就是对一个异己的、敌对的、强有力的、不依赖于他的对象的关系，那么他对这一对象所以发生这种关系就在于有另一个异己的、敌对的、强有力的、不依赖于他的人是这一对象的主宰。如果人把他自己的活动看作一种不自由的活动，那么他是把这种活动看作替他人服务的、受他人支配的、处于他人的强迫和压制之下的活动。

【论断】正是因为人的活动以人的社会关系为前提，同时是创生这一前提的活动本身。因此人同自身相异化必然同时意味着人同他人相异化，意味着人的社会关系之异化。

前文说过，马克思认为，人的劳动一开始就是在现实的社会关系之中的，并且人的劳动之实现必须以他的社会关系为前提才有可能，因此不存在脱离社会关系的抽象意义上的个人。在此前提下，马克思指出，如果人同自己的劳动相异化，那么这必然意味着人的社会关系之异化，意味着有另一个异己的、敌对的、强有力的、不依赖于他的人成为他的劳动的主宰。简而言之，正是因为人的劳动以人的社会关系为前提，因此人同自身劳动的异化关系必然同时意味着有一个他人成为了他的劳动的支配者。

人同自身以及同自然界的任何自我异化，都表现在他使自身、使自然界跟另一些与他不同的人所发生的关系上。因此，宗教的自我异化也必然表现在世俗人对僧侣或者世俗人对耶稣基督——因为这里涉及精神世界——等等的关系上。在实践的、现实的世界中，自我异化只有通过对他人的实践的、现实的关系才能表现出来。异化借以实现的手段本身就是实践的。因此，通过异化劳动，人不仅生产出他对作为异己的、敌对的力量的生产对象和生产行为的关系，而且还生产出他人对他的生产和他的产品的关系，以及他对这些他人的关系。正像他把他自己的生产变成自己的非现实化，变成对自己的惩罚一样，正像他丧失掉自己的产品并使它变成不属于他的产品一样，他也生产出不生产的人对生产和产品的支配。正像他使他自己的活动同自身相异化一样，他也使与他相异的人占有非自身的活动。

【论断】 人的社会关系之异化是人的劳动之异化的结果，或者说"显现方式"。

用马克思这里的话说，"人同自身以及同自然界的任何自我异化，都表现在他使自身、使自然界跟另一些与他不同的人所发生的关系上"。诚如宗教活动中人的自我异化也必然表现为人同作为神的人格化的神职人员的异化关系。

因此，正是因为人是社会性的存在物，人的活动之异化才必然表现为人同他人相异化。所以马克思说"自我异化只有通过对他人的实践的、现实的关系才能表现出来。异化借以实现的手段本身就是实践的"。这里所说的"实践的"即人自身的生产活动,当然也必然同时是人与他人的社会关系的生产活动。因此,异化的活动生产着异化的人自身,即"他对作为异己的、敌对的力量的生产对象和生产行为的关系";也必然同时生产着与人自身相对立的异化的社会关系,即"他人对他的生产和他的产品的关系,以及他对这些他人的关系"。

到目前为止,我们只是从工人方面考察了这一关系,下面我们还要从非工人方面来加以考察。

总之,通过异化的、外化的劳动,工人生产出一个同劳动疏远的、站在劳动之外的人对这个劳动的关系。工人对劳动的关系,生产出资本家——或者不管人们给劳动的主宰起个什么别的名字——对这个劳动的关系。

因此,私有财产是外化劳动即工人对自然界和对自身的外在关系的产物、结果和必然后果。

因此,我们通过分析,从外化劳动这一概念,即从外化的人、异化劳动、异化的生命、异化的人这一概念得出私有财产这一概念。

【论断】人的劳动是因,人的社会关系是果;因此,异化劳动是因,私有财产关系是果。

需要注意的是,这里的因果关系并非作为经验层面的两项前后相继的经验事实,因而不是理性思维意义上的逻辑关联。理解这里的因果联系,必须从理性思维的框架中解脱出来，而将其还原到人的具体的、切身的社会历史情境中，如此才能把握马克思的文中之意。

马克思这里无疑抛出了一个令人疑惑的结论。一般来讲，我们总是这样认为：私有财产是因，异化劳动是果。仿佛正是因为私有财产关系的先行存在，所以人的劳动产品才不属于他自己，人在他的劳动中才感到不幸，人的劳动才丧失类意义，总而言之，人的劳动才成为异化的。但是如果我们仔细想想，首先，人的劳动哪怕停止一天，所谓的自然原始的私有财产关系还会持存下去么？私有财产若不首先作为人的活动的产物，它就不是什么现实的"财产"，而是某种虚构出来的非存在物。其次，如果私有财产关系是人的活动的先验前提，那么人的劳动增加着在人之外的权力（资本）对人自身的支配，是十分必要且天经地义的事，这里无需谈什么人的活动之异化。

可以说，工人确实是在私有财产关系的制约下从事生产劳动的，但也正是他们的生产劳动源源不断地把制约着他们的私有财产关系本身再生产出来。因此，私有财产关系从根本上不是一个理性的逻辑范畴，不是先验理性的产物（经济学的视域正是如此），而是人的异化劳动的产物。当马克思将私有财产关系还原为人的异化劳动的产物，这就提示了一个非常简单的道理：私有财产关系不是永恒的，而是历史的。

总而言之，异化劳动是私有财产关系的感性条件和现实基础。既然人同自身相异化，这必然意味着人同他人相异化，即"资本家——或者不管人们给劳动的主宰起个什么别的名字——对人的劳动的统治关系"。

诚然，我们从国民经济学得到作为私有财产运动之结果的*外化劳动*（外化的生命）这一概念。但是，对这一概念的分析表明，尽管私有财产表现为外化劳动的根据和原因，但确切地说，它是外化劳动的后果，正像神原先不是人类理智迷误的原因，而是人类理智迷误的结果一样。后来，这种关系就变成相互作用的关系。

私有财产只有发展到最后的、最高的阶段，它的这个秘密才重新暴露出来，就是说，私有财产一方面是外化劳动的产物，另一方面又是劳动借以外化的手段，是这一外化的实现。

【论断】异化劳动和私有财产关系的因果联系的秘密只有到私有财产发展到最后的、最高的阶段才会重新暴露出来。

前文说过，当国民经济学家们承认劳动价值说时，它首先承认价值是人的活动的产物，但随即就丢掉了这一前提，因为他们理解的劳动是以私有财产关系为前提的劳动，或者按照马克思这里所说的"作为私有财产运动之结果的外化劳动"。而马克思通过对异化劳动四重规定的揭示，得到了私有财产关系是人的活动之结果的结论。

注意这里的区别，国民经济学所说的劳动是以私有财产关系为前提的劳动，因此是可以通过诸种理性范畴来量化的对象，是抽象形式的劳动；而马克思则要求消解一切理性范畴对人的劳动的遮蔽，而将人的劳动把握为"范畴前"的人的感性活动，是人的感性力量的对象化（执行着人与人、人与自然之间的本质关联），而私有财产关系则是这种对象化的结果。当然诚如我们上文所说，这种因果关系绝不是一种知性的逻辑关联，而是现实的、历史的关联，就是说，人的感性活动之异化是作为私有财产关系的感性条件和现实基础，而私有财产关系则是作为人的异化劳动的显现方式。

那么为什么这一"本质真相"却被遮蔽了呢？诚如马克思说："后来，这种关系就变成相互作用的关系。"人的劳动的异化源源不断地将私有财产关系生产出来，而私有财产关系的发展又加速了人的劳动的异化，因此随着历史的发展，异化劳动和私有财产关系的关系就变成了相互作用的关系，二者的"因果"关系就逐渐地被遮蔽了；并且由于意识形态家的活动，即将私有财产关系表达为一种出自于先天理性的先天的、原始的存在（比如国民经济学的理性经济人），二者的"因果"关系就愈加被遮蔽了。

当然，如果静止地看，的确很难分辨出二者的因果关系；但如果在社会变革时期，何者为因、何者为果就会很鲜明地呈现了，以往的历史都向我们证明了这一点。用马克思这里的话说，"私有财产只有发展到最后的、最高的阶段，它的这个秘密才重新暴露出来"，私有财产关系只有发展到最高的阶段，发展为人的劳动的不堪忍受的强制和桎梏，那么人必然要求推翻这种强制和桎梏。只有到这样的社会变革的时期，人的劳动是私有财产关系的前提的秘密就会重新暴露出来。

这些论述使至今没有解决的各种矛盾立刻得到阐明。

（1）国民经济学虽然从劳动是生产的真正灵魂这一点出发，但是它没有给劳动提供任何东西，而是给私有财产提供了一切。蒲鲁东从这个矛盾得出了有利于劳动而不利于私有财产的结论。然而，我们看到，这个表面的矛盾是异化劳动同自身的矛盾，而国民经济学只不过表述了异化劳动的规律罢了。

【论断】国民经济学理论中的诸多矛盾都不过是异化劳动发展的必然结果。

前文说过，国民经济学首先承认劳动是财富的价值源泉，那么合乎逻辑的是，劳动者理应获得全部价值；然而实际上，国民经济学只是为私有财产提供了一切，因为在国民经济学家看来，私有财产关系对人的劳动的支配是十分合理的事情。仍用前文说过的国民经济学理论中的主导矛盾——劳动价值论和工资规律的矛盾为例：一方面，他们承认劳动是一切财富的价值源泉，一方面由于没有区分出劳动和劳动力，认为工人的工资即劳动的价值。这样，按照他们的平等交换原则，劳动的价值（工资）应该等同于劳动形成的全部价值。这样一来，又如何说明剩余价值的形成根据呢？并且如果存在剩余价值的话，那么劳动的价值又如何能够不等同于劳动形成的全部价值呢？在马克思看来，他们之所以没有区分出劳动和劳动力，不是因为他们的理论水平的限制，而是由于他们的阶级立场的限制。出于他们的阶级立场，他们认为私有财产关系对人的劳动的支配是天然且合理的事情，因此自然会认为工人付出的是劳动而非劳动力，从而无法把握剩余价值的来源。

马克思认为，国民经济学的这一矛盾不仅仅是理论内部的矛盾（表面的矛盾），而是"异化劳动同自身的矛盾"，国民经济学不过是表达了异化劳动的规律而已。经由马克思对异化劳动四重规定的分析，以及通过对异化劳动的批判揭示了私有财产关系的现实基础的前提下，无疑可以清楚地得到这一结论：国民经济学之所以包含着诸多矛盾，根本原因就在于它是作为私有财产关系的理论表达，而作为私有财产关系之存在前提的东西乃是人的异化劳动。也就是说，人的异化劳动派生出了私有财产关系，也派生出了作为私有财产关系之理论表达的国民经济学。

因此，我们也看到，工资和私有财产是同一的，因为用劳动产品、劳动对象来偿付劳动本身的工资，不过是劳动异化的必然后果，因为在工资中，劳动并不表现为目的本身，而表现为工资的奴仆。下面我们要详细说明这个问题，现在还只是做出几点［XXVI］结论。

【论断】"工资"是以私有财产关系为前提的派生物，而既然私有财产是异化劳动的产物，因而"工资"也是异化劳动的必然结果。

国民经济学理论中的"工资"不过是对人的劳动进行量化的一种抽象的、固定的范畴，因此它是以私有财产关系为前提的；而既然私有财产关系本身来自于人的异化劳动，那么国民经济学所设定的诸多范畴也不过是人的异化劳动的必然结果，不管这些范畴是如何隐秘地被包装在一些永恒的、合理的神圣观念之下。

诚如马克思在《哲学的贫困》中所说，"有一个英国人把人变成帽子"，当国民经济学家利用工资范畴来量化人的劳动，这不过意味着把人的劳动商品化了而已（即变成帽子），并且以一种先天的、合理的等价交换的形式遮蔽了人的异化劳动的本质真相。因此马克思说"在工资中，劳动并不表现为目的本身，而表现为工资的奴仆"。

强制提高工资（且不谈其他一切困难，不谈强制提高工资这种反常情况也只有靠强制才能维持），无非是给奴隶以较多工资，而且既不会使工人也不会使劳动获得人的身份和尊严。

甚至蒲鲁东所要求的工资平等，也只能使今天的工人对自己的劳动的关系变成一切人对劳动的关系。这时社会就被理解为抽象资本家。

工资是异化劳动的直接结果，而异化劳动是私有财产的直接原因。因此，随着一方衰亡，另一方也必然衰亡。

【论断】私有财产关系对人的统治，是不可能在不消除异化劳动的情况下被克服掉的。

马克思在这里指出，通过某种"概念"的变革，譬如提高工资的做法，并不会消解私有财产关系中的矛盾，不仅不会如此消解，概念的变革从根本上是为了维护统治阶级的合理统治服务的（可以参照"罗斯福新政"）。而马克思认为，异化劳动既然是私有财产关系的直接原因，那么只有扬弃异化劳动，私有财产关系及其矛盾才能得到真正的扬弃。

马克思认为，在私有财产关系的前提下，蒲鲁东所要求的工资平等不过是一种理论想象。所谓的工资平等，在蒲鲁东看来，意味着社会财富被平均分配到每个社会成员身上，即通过构建一个更加完美的经济学"概念"来消解资本运动的坏的方面，保留其好的方面，从而实现全体社会成员的劳动自由和工资平等。然而，在马克思看来，即便通过构建一个更加完美的概念来变革现有的私有财产关系，从而提高了工人的工资，也不会使工人及其劳动获得属人的身份和尊严。因为人的异化劳动是私有财产关系的本质根据，基于人的异化劳动，人丧失人的本质属性是私有财产关系的前提（这一点，在讨论马克思"异化劳动"的前三个规定时已经进行了十分具体的阐述）。

在马克思看来，如果社会财富实现平等分配，这不过是幻想工人的身份被推广到一切人身上，即"只能使今天的工人对自己的劳动的关系变成一切人对劳动的关系。这时社会就被理解为抽象资本家"，这意味着工人和有产者之间直接的物的交换关系转变为了所有人成为工人、成为物同他的共同体之间的交换关系，这样一来，社会共同体就成了抽象资本家。事实上，只要现有的异化劳动持存下去，私有财产关系就必然继续存在，资本家作为人的活动的主宰关系就必然继续存在。蒲鲁东之所以要求工资平等，是因为他没有看到私有财产关系本身就始源性地根源于异化劳动，而所谓的"工资"范畴本身就是以私有财产关系为前提派生出来的东西。用马克思在《哲学的贫困》中的表达即"经济范畴不过是生产的社会关系的理论表现，即其抽象。真正的哲学家蒲鲁东先生把事物颠倒了，他认为现实关系只是一些原理和范畴的化身"[1]。因此，马克思认为，人如果可能实现自由，不在于通过构建一个更加完美的概念来变革私有财产关系，以消解私有财产关系中的矛盾，比如法的概念、国家的概念、经济学的概念等等，而在于

---

[1] 《马克思恩格斯选集》第1卷，北京：人民出版社2012年版，第222页。

对异化劳动本身做出有原则高度的批判和扬弃。

因此，既然"工资是异化劳动的直接结果，而异化劳动是私有财产的直接原因"，那么私有财产关系中的矛盾和对立，是不可能通过工资的平等化甚至一切概念的完善来得到解决的，是不可能在不消除抽象劳动对人的劳动的统治的情况下来得到克服的，而只有一条路，即扬弃人的劳动之异化。

（2）从异化劳动对私有财产的关系可以进一步得出这样的结论：社会从私有财产等等解放出来、从奴役制解放出来，是通过工人解放这种政治形式来表现的，这并不是因为这里涉及的仅仅是工人的解放，而是因为工人的解放还包含普遍的人的解放；其所以如此，是因为整个的人类奴役制就包含在工人对生产的关系中，而一切奴役关系只不过是这种关系的变形和后果罢了。

【论断】既然异化劳动是作为私有财产关系的感性前提，那么人如果可能从私有财产的奴役中解放出来，则必须对异化劳动本身进行彻底的革命。

彻底革命的现实可能性在什么地方呢？马克思的回答是"工人解放"，因为工人阶级是一个被彻底地戴上了锁链的阶级，是一个人的生命存在"完全丧失"的阶级，对于这个阶级而言，他的自由的实现不可能通过任何理论的想象，而只能通过实际的革命。诚如洛维特所说，"并非因为无产者是'神灵',而是因为他们体现着处于异化极端的人的类本质,无产阶级才拥有一种世界历史的作用,并且对整个事情的发生过程具有一种基础的意义"①。由于无产阶级体现了人的生命存在的极端异化,因而在其异化了的生命存在中也必然包含了其他一切人的异化状态。因此,只有无产阶级才有可能产生彻底的革命意识和革命需要,它要求消灭人的活动迄今所具有的异化性质,要求作为一个"人"占有自身全面而自由的本质。因此工人的解放中必然包含着普遍的人的解放。

正如我们通过分析从异化的、外化的劳动的概念得出私有财产的概念一样,我们也可以借助这两个因素来阐明国民经济学的一切范畴,而且我们将重新发现,每一个范畴,例如买卖、竞争、资本、货币,不过是这两个基本因素的特定的、展开了的表现而已。

【论断】私有财产关系中的一切范畴都不是先天而原始的东西,而是人的异化劳动带来的历史的产物。

消解一切理性范畴对人的活动过程的遮蔽,而始终在感性活动过程中追问诸种理性范畴的存在根据和存在界限,是马克思从《手稿》时期就确立的看待历史的眼界。诚如

---

① 〔德〕洛维特:《从黑格尔到尼采》,李秋零译,北京:三联书店2006年版,第424页。

马克思上文所说的,"我们且从当前的经济事实出发",用马克思在《德意志意识形态》中的表达更为准确,"不是意识决定生活,而是生活决定意识"①。理性以及以理性法则建构起来的科学知识从来不是先天的、自在的,而是由人的感性活动派生出来的历史的产物,因此必须在人的具体的感性活动过程中把握一切知识、概念、逻辑的来源及其界限。马克思认为,正是在人的感性活动之异化中产生了理性在形式上的独立性,以及它对人的感性活动的本质真相的遮蔽。由于这种遮蔽,就形成了纯粹理性对真理领域的霸占。

这一眼界经由恩格斯的表达,将其表述为历史唯物主义。诚如马克思所说:"我们将重新发现,每一个范畴,例如买卖、竞争、资本、货币,不过是这两个基本因素的特定的、展开了的表现而已。"如果说国民经济学是以理性范畴的先验性来把握现有的生产关系,进而将现有的生产关系把握为一种超历史的、永恒的存在;那么马克思则是要描述现有的生产关系背后的历史运动,即现有的生产关系是如何从人的感性活动中必然地生成出来,以及生成出作为这种生产关系之观念表达的诸多理性范畴的。譬如说,"工资"范畴在国民经济学家那里是先验地规定人的劳动的东西,而在马克思看来则是根源于人的劳动之异化,是作

---

① 《马克思恩格斯选集》第 1 卷,北京:人民出版社 2012 年版,第 152 页。

为人的劳动之异化的观念表现;再譬如说,"商品"范畴在国民经济学家看来是一种超历史的东西(比如李嘉图的猎人和渔夫的故事),而在马克思看来则是人的异化劳动产生的一种特殊的历史形式。这种原则区别,马克思在其此后的文本《〈政治经济学批判〉序言导言》、《资本论》及其手稿中都进行了深刻而具体的阐述。

但是,在考察这些范畴的形成以前,我们还打算解决两个任务:

(1)从私有财产对真正人的和社会的财产的关系来规定作为异化劳动的结果的私有财产的普遍本质。

(2)我们已经承认劳动的异化、劳动的外化这个事实,并对这一事实进行了分析。现在要问,人是怎样使自己的劳动外化、异化的?这种异化又是怎样由人的发展的本质引起的?我们把私有财产的起源问题变为外化劳动对人类发展进程的关系问题,就已经为解决这一任务得到了许多东西。因为人们谈到私有财产时,总以为是涉及人之外的东西。而人们谈到劳动时,则认为是直接关系到人本身。问题的这种新的提法本身就已包含问题的解决。

【论断】(1)是要求阐述私有财产的普遍本质或者说类意义的问题;(2)是要求在人的感性活动中追问私有财产的根据问题,即既然私有财产关系始源性地根源于人的活动之异化,那么人的活动究竟如何会发生异化?

（1）前文说过，马克思认为，私有财产关系就其感性的存在而言是人的感性活动的对象化，尽管是作为这一对象化的异化形式。因此，这一财产关系既不是与人无关的自然界的恩赐，也不是源自人所固有的先天本质，而是人的感性活动之对象化的产物。既然是人的感性活动的产物，这一方面说明了私有财产关系是历史的；一方面也说明了私有财产关系是真实的，也就是说，它也是人的"属人"的活动之创造，是人的属人的活动的历史的产物，即使这一活动是异化的性质。因此，就现实的个人的历史运动而言，唯因人对私有财产关系的生产活动，人才同时得以保持自己属人的生命本质的生产活动；也唯因人对私有财产关系的生产活动，人才有可能扬弃异化，从而真正占有自己的生命本质，用马克思在"私有财产和共产主义"章的说法即"自我异化的扬弃同自我异化走的是同一条路"。（2）既然异化劳动是私有财产关系的感性前提，那么马克思接下来要追问的是，人的感性活动究竟如何会发生异化？这是最为重要的发问，马克思在这里并没有进行进一步阐述，但却将这一问题从根本上提了出来。因为马克思清楚，若是放弃这一追问，就是放弃对私有财产关系之根由的揭示，就是放弃人在私有财产关系中的自我分裂和自我矛盾之根由的揭示。

补入（1）私有财产的普遍本质以及私有财产对真正人

的财产的关系。

在这里外化劳动分解为两个组成部分,它们互相制约,或者说,它们只是同一种关系的不同表现,占有表现为异化、外化,而外化表现为占有,异化表现为真正得到公民权。

【论断】 这里的外化劳动就是我们上文所说的感性活动的对象化,这种活动作为属人的活动,执行着人与人、人与自然之间的本质关联,即使这一活动的性质是异化。

"占有表现为异化、外化,而外化表现为占有,异化表现为真正得到公民权",这就是说,人的活动的对象化或者说人的生命本质的生成活动尽管表现为异化,但也是作为人的生命本质的生成活动,而绝不是对人的生命本质的生成活动的完全否定或者说完全的背离。

可见,马克思在对私有财产运动的总体批判中,并未使自己的立场与这一人的实际生产过程抽象地对立起来,而是始终致力于揭示私有财产运动的自我矛盾,以及这一矛盾如何在历史进程中不可避免地产生出变革的条件。

我们已经考察了一个方面,考察了外化劳动对工人本身的关系,也就是说,考察了外化劳动对自身的关系。我们发现,这一关系的产物或必然结果是非工人对工人和劳动的财产关系。私有财产作为外化劳动的物质的、概括的表现,包含着这两种关系:工人对劳动、对自己的劳动产品和对非工人的关系，以及非工人对工人和工人的劳动产品的关系。

我们已经看到，对于通过劳动而占有自然界的工人来说，占有表现为异化，自主活动表现为替他人活动和表现为他人的活动，生命的活跃表现为生命的牺牲，对象的生产表现为对象的丧失，即对象转归异己力量、异己的人所有。现在我们就来考察一下这个同劳动和工人疏远的人对工人、劳动和劳动对象的关系。

首先必须指出，凡是在工人那里表现为外化的、异化的活动的东西，在非工人那里都表现为外化的、异化的状态。

其次，工人在生产中的现实的、实践的态度，以及他对产品的态度（作为一种内心状态），在同他相对立的非工人那里表现为理论的态度。

[XXVII] 第三，凡是工人做的对自身不利的事，非工人都对工人做了，但是，非工人做的对工人不利的事，他对自身却不做。

我们来进一步考察这三种关系。

【论断】既然异化劳动与私有财产的关系已经得到了考察，那么私有财产关系内部工人与非工人的关系便要进行具体的考察。

马克思通过对"异化劳动"四重规定的揭示，阐述了人的活动本身的异化，以及作为这一异化之结果的"人同他人相异化"或者说"私有财产关系",从而说明了私有财产关系不是人的先天的社会性本质,而是人的活动的历史的产物。在此基础上,马克思便要具体地考察私有财产关系,尤其是考察工人与非工人之间的异化关系。

马克思在这里简要地阐述了工人与非工人的异化关系。马克思指出,就人的生命本质的异化来说,工人与非工人无疑都面临着这种异化,但是,"凡是在工人那里表现为外化的、异化的活动的东西,在非工人那里都表现为外化的、异化的状态",并且,"工人在生产中的现实的、实践的态度,以及他对产品的态度(作为一种内心状态),在同他相对立的非工人那里表现为理论的态度",这就是说,非工人作为资本的人格化,尽管也面临着人的生命本质的丧失,但是"他在这种异化中感到自己是被满足和被巩固的",因而"他把这种异化看作自身强大的证明,并在这种异化中获得人的生存的外观"[①]。这就是说,非工人作为资本的人格化、作为神职人员,最大程度地分享着资本的权力,最大程度地占有着人的感性存在的最为直接的形式——物质财富,因此非工人的遮蔽就在于,他将动物式的满足与享受作为自身生命意义的最为直接的证明,从而对自己的处境持保守的、非批判的理论态度。在这种情况下,"凡是工人做的对自身不利的事,非工人都对工人做了,但是,非

---

① 《马克思恩格斯全集》第2卷,北京:人民出版社2005年版,第44页。

工人做的对工人不利的事，他对自身却不做"。

在此基础上，马克思指出，非工人这么做无非是出于两个方面的原因：首先，对动物式的满足和享受的追求，人一旦做动物的时间太久，会暂时地遗忘了他作为人的人的本质需求。其次，非工人只是资本的人格化，只是神职人员，因而也必然受到资本的法则的支配。因此，哪怕非工人在现实生活中有高尚的道德情操和善良的人格操守，他也必须这么做，除非他不想经营资本。一旦非工人不再经营资本，他将付出的代价是自己极有可能进入工人的现实处境之中。用马克思在《手稿》"增补"部分的表达，即"异化既表现为我的生活资料属于别人，我所希望的东西是我不能得到的、别人的占有物，也表现为每个事物本身都是不同于它本身的另一个东西，我的活动是另一个东西，而最后，——这也适用于资本家，——则表现为一种非人的力量统治一切"①。

私有财产和劳动

[I] 补入第 XXXVI 页。*私有财产的主体本质，私有财产作为自为地存在着的活动、作为主体、作为人，就是劳*

---

① 《马克思恩格斯文集》第 1 卷，北京：人民出版社 2009 年版，第 233 页。

动。因此，十分明显，只有把劳动视为自己的原则——亚当·斯密——，也就是说，不再认为私有财产仅仅是人之外的一种状态的国民经济学，只有这种国民经济学才应该被看成私有财产的现实能量和现实运动的产物（这种国民经济学是私有财产的在意识中自为地形成的独立运动，是现代工业本身），现代工业的产物；而另一方面，正是这种国民经济学促进并赞美了这种工业的能量和发展，使之变成意识的力量。

【论断】国民经济学尽管肯定了劳动是一切财富的价值源泉，但实际上却为私有财产提供了一切，这表明了国民经济学本身是私有财产运动的理论表现。

前文说过，相较于重商主义和重农主义体系来说，国民经济学的突破就在于肯定了私有财产是人的活动的产物，而非神意或者自然界的恩赐，即"不再认为私有财产仅仅是人之外的一种状态"。因为在国民经济学之前，重商主义将流通中增加的金银货币视作价值的来源，而重农主义则将具体劳动特别是农业劳动中增加的使用价值的量视作价值的来源，只有古典政治经济学正确地说明了劳动是价值的来源。当然，理论上的变化从根本是人的现实生活的变化：由于这一时期的欧洲国家商业资本已经屈从于产业资本，于是经济学家们的视线就从流通领域转向了生产领域；并且由于分工和机器化生产带来的社会生产力的发展，经济学家们清楚地看到了在同一时间内生产的使用价值的量增加，价值却没有发生改变，于是指出了使用价值和价值的区别。

因此，马克思说，"只有这种国民经济学才应该被看成私有财产的现实能量和现实运动的产物"，根据马克思前文的论述，以劳动为起点的国民经济学最终仍然以私有财产的先验性为起点，这一根本的悖谬无疑最为直接地反映了私有财产运动的矛盾性质。此外，正是国民经济学"促进并赞美了这种工业的能量和发展，使之变成意识的力量"，既然私有财产运动是作为国民经济学的存在前提，因而国民经济学不过是作为私有财产的理论表达而已，即为私有财产运动提供了"意识的力量"，并进行了合理的论证。

因此，按照这种在私有制范围内揭示出财富的主体本质的启蒙国民经济学的看法，那些认为私有财产对人来说仅仅是对象性的本质的货币主义体系和重商主义体系的拥护者，是拜物教徒、天主教徒。因此，恩格斯有理由把亚当·斯密称作国民经济学的路德。正像路德把信仰看成是宗教的外部世界的本质，因而起来反对天主教异教一样，正像他把宗教笃诚变成人的内在本质，从而扬弃了外在的宗教笃诚一样，正像他把僧侣移入世俗人心中，因而否定了在世俗人之外存在的僧侣一样，由于私有财产体现在人本身中，人本身被认为是私有财产的本质，从而人本身被设定为私有财产的规定，就像在路德那里被设定为宗教的规定一样，因此在人之外存在的并且不依赖于人的——也就是只应以外在方式来保存和维护的——财富被扬弃了，换言之，财富的这种外在的、无思想的对象性就被扬弃了。

【论断】国民经济学肯定了劳动是一切财富的价值源泉，这一观点扬弃了财富的"外在的、无思想的对象性"。

在货币主义体系和重商主义体系那里，私有财产"仅仅是对象性的本质"，即将私有财产视为人之外的对象，或者按照马克思上文所说"仅仅是人之外的一种状态"。譬如说重商主义就认为财富是具体的价值形态，归根结底是金银货币，并且财富的直接来源就在于流通领域中增加的金银货币，这种观点从根本上讲仍然是将财富视作一种人之外的状态。因为财富一旦被视作金银货币的增加额，并且它来自于流通领域的话，这就意味着：首先，财富被视作某种物的天然的社会属性，其次，这种天然的社会属性只能通过交换来占有。在马克思看来，一旦财富被视作某种原初的、天然的东西，而非人的劳动的产物，就必然立刻具有了拜物教的性质。因此，诚如马克思所说，"货币主义体系和重商主义体系的拥护者，是拜物教徒、天主教徒"。

重商主义和货币主义之所以陷入这种错误，根本上是由当时的社会历史条件决定的。在资本主义原始积累的欧洲各国，商业资本在经济关系中占据着绝对的中心位置。在国外，地理大发现扩大了世界市场，大量的海外抢劫、欺骗和掠夺，使大量金银货币流入欧洲各国；在国内，西欧的一些国家建立了专制集权制度，并通过国家力量大力支持商业资本的发展，商业资本和国家力量的结合使得商人欺骗封建主和压榨小生产者的情况愈加普遍。因此，人们的视线很自然地就集中在商业上、集中在流通领域。并且由于当时自由竞争还未充分展开，欺骗、掠夺等偶然性的市场交易占据很大的比重，因而人们就很容易从流通领域说明价值的形成，并把价值的具体形态看成是价值。

当国民经济学将人的劳动把握为一切财富的价值源泉，这就消解了将财富视作某种天然的、原始的东西所带来的神学的奥妙和形而上学的怪诞，扬弃了"财富的外在的、无思想的对象性"。因此，马克思评价说，恩格斯有理由把亚当·斯密称作国民经济学的路德。"正像他把宗教笃诚变成人的内在本质，从而扬弃了外在的宗教笃诚一样，正像他把僧侣移入世俗人心中，因而否定了在世俗人之外存在的僧侣一样。"路德的"因信称义"正是要求把宗教的笃诚交还给人自身，从而打破了以往必须向教会"事功"才能得救的教条。路德认为，只要人心里信仰上帝，就可以称义，这样一来，他就把与上帝沟通的权力移入了世俗的人心之中，从而否定了在人心之外的教会、僧侣存在的必要性。

由此可见，以劳动为原则的国民经济学表面上承认人，其实是彻底实现对人的否定,因为人本身已不再同私有财产的外在本质处于外部的紧张关系中,而是人本身成了私有财产的这种紧张的本质。以前是自身之外的存在——人的真正外化——的东西,现在仅仅变成了外化的行为,变成了外在化。

【论断】国民经济学虽然肯定了人的劳动是一切财富的价值源泉,但从根本上却为私有财产提供了一切,因此,它实际上实现的是对人的存在的彻底的否定。

马克思认为,如果说在国民经济学之前的理论中,人的异化是人同人之外的东西,譬如说人同神秘的自然界的对立;而在国民经济学中则是人的劳动同自身相对立,也就是说:它一方面肯定了人的劳动是财富的唯一源泉,另一方面又确认了劳动同时是对劳动者的贫困状况的生产。在其理论体系中,人的劳动竟然与自身相对立,可见,这门科学同时承认着这两个彼此矛盾、彼此对立的方面。

因此,如果上述国民经济学是从表面上承认人、人的独立性、自主活动等等开始,并由于把私有财产移入人自身的本质中而能够不再受制于作为存在于人之外的本质的私有财产的那些地域性的、民族的等等的规定,从而发挥一种世界主义的、普遍的、摧毁一切界限和束缚的能量,以便自己作为唯一的政策、普遍性、界限和束缚取代这些规定,——那么国民经济学在它往后的发展过程中必定抛弃这种伪善性，而表现出自己的十足的昔尼克主义。

【论断】由于国民经济学表面上承认人，因而能够发挥出一种消解一切束缚的力量；但由于它实际上是对人的否定，因而必然表现出昔尼克主义。

由于国民经济学确立了劳动是财富的唯一源泉的原则，确立了"人的独立性、自主活动"的原则，因此，私有财产运动既然以国民经济学作为其理论指导，就必然要求把一切束缚人的东西，譬如一切神和自然界的束缚、一切地域和民族的限制都消解掉，从而发挥一种世界主义的、普遍的、摧毁一切界限和束缚的力量。诚如亚当·斯密的经济学理论对于资本主义自由市场经济的伟大影响。然而，马克思认为，由于国民经济学表面上承认人，实际上却实现了对人的存在的彻底的否定。因此它必然陷入犬儒主义，陷入对现实的个人之生活世界的普遍漠然和无动于衷。

它也正是这样做的——它不在乎这种学说使它陷入的那一切表面上的矛盾——，它十分片面地，因而也更加明确和彻底地发挥了关于劳动是财富的唯一本质的论点，然而它表明，这个学说的结论与上述原来的观点相反，实际上是敌视人的，最后，它还致命地打击了私有财产和财富源泉的最后的个别的、自然的、不依赖于劳动运动的存在形式即地租，打击了这种已经完全成了国民经济学的东西因而对国民经济学无法反抗的封建所有制的表现。（李嘉图学派。)

【论断】国民经济学的"劳动价值论"意味着已能够从抽象形态上把握价值的来源,而将利润和地租看作是它的分支。

在重农学派那里,地租作为一种财富是自然界对人类的馈赠,而国民经济学则将地租视为现代生产的一种特殊的形式。譬如李嘉图就认为,现代世界所谓的"地租"同任何产品的利润一样也是由劳动创造出来的,即由农业经营者从利润中扣除并付给土地所有者的部分,因此"地租"应当算作资本的利息和利润,严格来讲并不能算作"地租"。以一个简单的例子说明就是,人们往往认为地租的高低是由土地自身的肥沃程度决定的(自然界的馈赠),但是在李嘉图的理解中,则是由于投入的劳动量的不同。在此基础上,李嘉图认为地租的定义应当被严格限定为"为使用土地的原有和不可摧毁的生产力而付给地主的那一部分土地产品"[1]。也就是说,租地人为了获取已经生长在土地上的产品并用以获取利润而支付给地主的报酬,不应当算作地租;只有租地人使用土地的目的是培育、饲养用以供应未来需要的土地生产物时,支付给地主的报酬才应当被称为地租,而后者完全是封建所有制的表现。

---

[1] 〔英〕斯拉法:《大卫·李嘉图全集》第1卷,郭大力、王亚南译,北京:商务印书馆2013年版,第53页。

从斯密经过萨伊到李嘉图、穆勒等等，国民经济学的昔尼克主义不仅相对地增长了——因为工业所造成的后果在后面这些人面前以更发达和更充满矛盾的形式表现出来——而且肯定地说，他们总是自觉地在排斥人这方面比他们的先驱者走得更远，但是，这只是因为他们的科学发展得更加彻底、更加真实罢了。因为他们使具有活动形式的私有财产成为主体，就是说，既使人成为本质，同时又使作为某种非存在物[Unwesen]的人成为本质，所以现实中的矛盾就完全符合他们视为原则的那个充满矛盾的本质。支离破碎的[Ⅱ]工业现实不仅没有推翻，相反，却证实了他们的自身支离破碎的原则。他们的原则本来就是这种支离破碎状态的原则。——

【论断】作为私有财产运动的理论表达，伴随着工业运动的异化和矛盾性质的积累，国民经济学的昔尼克主义必然会相对地增长。

随着工业劳动的异化性质的积累，国民经济学的昔尼克倾向也必然愈加鲜明。这种倾向表现在"既使人成为本质，同时又使作为某种非存在物的人成为本质"，即一方面确证了人的劳动的主体本质，一方面却为非存在物的人，即从人的活劳动中分离出来的死劳动——资本提供了一切。所谓的资本，按照马克思"异化劳动和私有财产"章的表达，不是一种出自先天理性的经济范畴，而是人的感性活动之异化的产物，只是这一产物却从人的感性活动中分离出去，才成为一种形式上独立的、自在的存在，因此资本的本质不过是"非存在物的人"。

因此，"现实中的矛盾就完全符合他们视为原则的那个充满矛盾的本质。支离破碎的工业现实不仅没有推翻，相反，却证实了他们的自身支离破碎的原则。他们的原则本来就是这种支离破碎状态的原则"，也就是说，国民经济学中的矛盾从来不是理论内部的矛盾，也不是什么偶然性的结果，而是人的现实的异化劳动，或者说工业的矛盾运动所带来的必然的结果。

魁奈医生的重农主义学说是从重商主义体系到亚当·斯密的过渡。重农学派直接是封建所有制在国民经济学上的解体，但正因为如此，它同样直接是封建所有制在国民经济学上的变革、恢复，不过它的语言这时不再是封建的，而是经济学的了。

【论断】由于重农主义学派将财富来源的研究由流通领域转移到了直接的生产领域，因此，它的语言这时不再是封建的，而是现代经济学的了。

重农主义诞生于17世纪末至18世纪中叶的法国，此时的法国处于封建主义到资本主义的过渡时期，农业在经济活动中占有很大优势，而工业、商业和航海却并不发达。然而，法王路易十四和路易十五却先后实行牺牲农业、发展工商业的重商主义政策，使农业遭到破坏并陷入困境，于是在法国就出现了反对重商主义,主张农业发展的重农主义经济学说。马克思认为,从表面上看,这一学说仿佛是封建所有制的,因为其"重农主义"的名称仿佛有一种退回到封建所有制的诉求,但实际上却是"封建所有制在国民经济学上的解体",也就是说,其实际上是关于现代私有财产运动的经济学表达。

马克思之所以这么说,是因为在他看来,现代经济运动的真正科学,是在其理论研究由流通领域转移到生产领域时才真正开始的,因此,由于重农主义学派将财富来源的研究由流通领域转移到了直接的生产领域,因此便定下了现代经济科学研究的基调。

全部财富被归结为土地和耕作(农业)。土地还不是资本,它还是资本的一种特殊的存在形式,这种存在形式应当在它的自然特殊性中并且由于它的这种自然特殊性而起作用。但是,土地毕竟是一种普遍的自然要素,而重商主义体系只知道贵金属是财富的存在。因此,财富的对象、财富的材料立即获得了自然界范围之内的最高普遍性,因为它们作为自然界仍然是直接对象性的财富。而土地只有通过劳动、耕种才对人存在。因而财富的主体本质已经移入劳动中。

【论断】如果说重商主义的研究视线集中于流通领域,认为财富来源于流通领域;那么重农主义的研究则由流通领域转向了生产领域，即认为具体劳动尤其是农业劳动是价值的来源。所以对于重农主义来说，财富的主体本质已经移入人的劳动自身之中。

相较于重商主义，重农主义的进步之处就在于看到了一切财富的价值来源不是在流通领域而是在生产领域。但是，重农主义者又认为在各个生产活动中，只有农业劳动才是剩余价值的唯一来源。具体来说，首先，在重农主义者那里，所谓的价值最后都被还原为使用价值，因此剩余价值就是生产出来的使用价值量大于投入的使用价值量。所以，财富的生产意味着使用价值的量的增加。其次，他们认为，工业劳动并不创造使用价值，因为工业劳动只是变更或重新组合已经存在的使用价值的形态，因而生产者在工业劳动中投入的使用价值只是不增不减地转移到了新的使用价值中去；此外，纯粹的商业劳动也不创造任何价值增值，因为它根本不进行任何生产劳动。因此，重农主义认为，只有农业劳动能够创造价值增值，只有农业劳动才能在投入和产出的使用价值中，表现为使用价值的量的增加，而增加的量被重农主义者称之为"纯产品"。重农主义者得出这一结论自然有其详细的思考过程。这一点结合马克思的下文进行阐述。

但是，农业同时是唯一的生产的劳动。因此，劳动还不是从它的普遍性和抽象性上被理解的，它还是同一种作为它的材料的特殊自然要素结合在一起，因而，它也还是仅仅在一种特殊的、自然规定的存在形式中被认识的。因此，劳动不过是人的一种特定的、特殊的外化，正像劳动产品还被理解为一种特定的财富——与其说来源于劳动本身，不如说来源于自然界的财富。在这里，土地还被看作不依赖于人的自然存在，还没有被看作资本，就是说，还没有被看作劳动本身的因素。相反，劳动却表现为土地的因素。

【论断】在重农主义者看来，农业是唯一的生产剩余价值的劳动，因为在农业劳动中，除了劳动以外还附加了自然界的作用。

在重农主义者看来，由于自然界尤其是土地的馈赠，农业劳动的生产量比它生产中所耗费的使用价值的量要大些，其余额——农业劳动中的纯产品就是地租。既然农业劳动的纯产品是地租，而农业劳动又是社会价值的唯一来源，因此在重农主义那里，地租就成了剩余价值的唯一来源。基于这一前提，马克思评价说，"劳动还不是从它的普遍性和抽象性上被理解的，它还是同一种作为它的材料的特殊自然要素结合在一起，因而，它也还是仅仅在一种特殊的、自然规定的存在形式中被认识的。……正像劳动产品还被理解为一种特定的财富——与其说来源于劳动本身，不如说来源于自然界的财富"，重农主义者既然将价值还原为使用价值，即意味着他们将劳动视作某种具体形式的劳动。根据我们上文的阐述,重农主义者只承认一种具体劳动即农业劳动,并且只承认自然界的恩惠——地租是剩余价值的唯一来源,因此,尽管他们要求在生产领域中把握价值的来源,但其根本上却将价值的来源奠基于自然的馈赠。诚如重农主义学派的集大成者杜阁所说:"土地永远是一切财富的首要的、唯一的来源,作为耕种的结果而生产一切收入的就是土地,在完全未耕种以前,为人类提供第一批垫支基金的也是土地。"① 对此,马克思指出,在重农学派那里,"土地还被看作不依赖于人的自然存在,还没有被看作资本,就是说,还没有被看作劳动本身的因素"。在马克思看来,现代意义上的地租是资本运动的产物,它的产生来源于人的抽象劳动,用马克思在《资本论》中的说法即"土地所有权的正当性,和一定生产方式的一切的其他所有权形式的正当性一样,要由生产方式本身的历史的短暂的必然性来说明,因而也要由那些由之产生的生产关系和交换关系的历史的短暂的必然性来说明"②。

但是,因为这里把过去的外在的仅仅作为对象存在的财富的拜物教归结为一种极其简单的自然要素,而且已经承认——虽然只是部分地、以一种特殊的方式承认——财

---

① 〔法〕杜阁:《关于财富的形成和分配的考察》,北京:商务印书馆1961年版,第48页。
② 马克思:《资本论》第3卷,北京:人民出版社2004年版,第702页。

富的本质就在于财富的主体存在,所以,认出财富的普遍本质,并因此把具有完全绝对性即抽象性的劳动提高为原则,是一个必要的进步。人们向重农学派证明,从经济学观点即唯一合理的观点来看,农业同任何其他一切生产部门毫无区别,因此,财富的本质不是某种特定的劳动,不是与某种特殊要素结合在一起的、某种特殊的劳动表现,而是一般劳动。

【论断】由于重农主义学派将价值还原为使用价值,并认为只有农业劳动才是剩余价值的唯一来源,因此这一学派还没有从"一般劳动"的抽象形态上来把握价值的来源。

相较于重商主义,重农学派将财富的根源奠基在生产领域,因此其进步之处就在于确证了劳动作为财富的主体本质,消解了重商主义将财富视作流通的产物而带来的拜物教的崇拜。用马克思的话说,"认出财富的普遍本质,并因此把具有完全绝对性即抽象性的劳动提高为原则,是一个必要的进步"。

然而,尽管重农主义确证了劳动是财富的本质来源,却并没有把抽象性的一般劳动提高为根本原则。马克思认为,"农业同任何其他一切生产部门毫无区别,因此,财富的本质不是某种特定的劳动,不是与某种特殊要素结合在一起的、某种特殊的劳动表现,而是一般劳动",关于这个结论,马克思在这里并没有详细地解读,但我们不妨思考两个问题:首先,土地难道在任何历史条件下都产生地租么？恐怕只有在土地私有制存在的条件下，才产生地租。其次，地租真的来源于土地本身的馈赠么？土地只能带来使用价值的量的增加，从根本上却无法带来农业利润的增加。而农业利润无疑不可能来自于流通领域，因为流通领域只是货币在不同所有者之间的分配关系，从根本上并没有产生价值增值。对此，马克思的回答是农业劳动与其他一切生产部门毫无区别，利润的产生来自于人的抽象劳动。根据马克思之后的表达，我们知道，只要农业工人在被雇佣期间创造的价值多于其用以维持生存所需要的生活资料的价值，他就能创造出剩余价值。而从这个剩余价值中不得不扣除并支付给土地所有者的报酬，就是地租。

重农学派既然把劳动宣布为财富的本质，也就否定了特殊的、外在的、仅仅是对象性的财富。但是，在重农学派看来，劳动首先只是地产的主体本质（重农学派是以那种在历史上占统治地位并得到公认的财产为出发点的），他们认为，只有地产才成为外化的人。他们既然把生产（农业）宣布为地产的本质，也就消除了地产的封建性质，但是，由于他们宣布农业是唯一的生产，他们就对工业世界持否定态度，并且承认封建制度。

【论断】重农学派由于把劳动宣布为财富的本质，因而消除了地产的封建性质，但又由于宣布农业是唯一的生产，因而必然保留着封建的性质。

诚如上文所说，重农主义学派只承认一种劳动即农业劳动，因为在他们看来不是一切生产活动都生产剩余价值，只有农业劳动由于受到自然界的馈赠，才能在投入和产出的使用价值中，表现为使用价值的量的增加，而增加的使用价值的量被称之为纯产品或者地租。因此，他们一方面把劳动宣布为财富的本质，也就否定了特殊的、外在的、仅仅是对象性的财富，用马克思的话说，"在重农学派看来，劳动首先只是地产的主体本质……他们认为，只有地产才成为外化的人"；但是另一方面，当他们只承认农业劳动中的自然的恩惠才是价值的唯一来源时，又不可避免地对工业世界持否定态度，并且承认封建制度。

其中的矛盾就在于，一方面，他们承认劳动是财富的唯一来源，因此消除了"地产的封建性质"，即消除了将地产理解为自然界的馈赠的封建土地所有制的看法；但是另一方面，他们只承认一种劳动即农业劳动，并且认为农业劳动中的"纯产品"从根本上讲来自于自然的恩赐，因此又承认封建土地所有制。总而言之，重农主义尽管要求在生产领域中把握财富的来源，却最终仍然将财富的来源奠基于自然的馈赠。因此，这一学派尽管是作为现代私有财产运动的经济学表达，但在马克思看来仍然保留着封建的性质。

重农主义学派的矛盾性质，与当时的历史条件有很大的关系。首先，在当时的法国，资本主义生产刚刚发展，农业劳动在生产中占据着优势地位，而工业劳动在生产中所占的比例很小。在此前提下，工业劳动中创造的价值增值并不能直观地体现出来。其次，由于地租在工业劳动中的地位是微乎其微的，而在农业劳动中，地租的影响却十分明显，因此很容易使人认为工业劳动中没有产生价值增值是由于没有土地恩惠的缘故，而农业劳动中所产生的价值增值则是来自于土地的恩惠。最后，由于工业劳动多半不直接生产劳动者所必须的生活资料，工业劳动者消费的是它的生产物的价值，而非直接的生产物本身，因此如果没有做出使用价值和价值的区分，是很难理解工业劳动中的价值增值的；而农业劳动大多直接生产劳动者所必须的生活资料，并且农业劳动者消费的也正是这部分生活资料，在此前提下，他们生产的生活资料大于他们所消费的生活资料是个显而易见的经验事实，因此重农主义学派认为价值增值来自于农业劳动也是十分自然且合理的事情。

十分明显，那种与地产相对立的、即作为工业而确立下来的工业的主体本质一旦被理解，那么这种本质同时也包含着自己的那个对立面。因为正像工业包含着已被扬弃了的地产一样，工业的主体本质也同时包含着地产的主体本质。地产是私有财产的第一个形式，而工业在历史上最初仅仅作为财产的一个特殊种类与地产相对立——或者不如说它是地产的获得自由的奴隶——，同样，在科学地理解私有财产的主体本质，理解劳动时，这一过程也在重演。而劳动起初只作为农业劳动出现，后来才作为一般劳动得到承认。[III] 一切财富都成了工业的财富，成了劳动的财富，而工业是完成了的劳动，正像工厂制度是工业的即劳动的发达的本质，而工业资本是私有财产的完成了的客观形式一样。——我们看到，只有这时私有财产才能完成它对人的统治，并以最普遍的形式成为世界历史性的力量。——

【论断】重农主义的这种矛盾性质是时代变革时期的产物，即以农业劳动作为主导向工业劳动作为主导的生产方式的转化时期。

这一时期，工业劳动的主体本质开始确立，这一本质同时包含着自己的对立面——以地产作为主导的农业劳动。在封建时期，农业劳动是社会财富的主要来源，而工业劳动不过是农业劳动的附属，是"地产的获得自由的奴隶"，因而工业劳动还没有获得它的普遍性的统治地位。随着社会历史的发展，工业劳动逐渐占据了主导地位，农业劳动则成了工业劳动的附属。这一社会历史条件的变革极大地体现在这一时期的经济学理论中，诚如马克思所言，"同样，在科学地理解私有财产的主体本质，理解劳动时，这一过程也在重演"，诚如重农学派一般，尽管他们把财富来源的研究由流通领域转移到生产领域，为现代经济运动奠定了理论基础，但是当他们把地租视作剩余价值的唯一形态,却不可避免地保留了封建制度的痕迹。

如今,马克思指出"一切财富都成了工业的财富",与其说农业劳动是作为工业劳动的附属,不如说农业劳动成为如今工业劳动中的一个环节。在此前提下,的确可以说,工业是完成了的劳动,是作为现代私有财产关系的完成形式。因为一切生产劳动都必须以工业劳动的形式展开,即使是农业劳动,也必须服从以工业作为主导的统治关系,工业统治了一切。既然"工业资本是私有财产的完成了的客观形式",这就意味着,私有财产不再是作为地产这样一种特定形式的私有财产,而是作为社会普遍意义上的私有财产;劳动也不再是作为特定领域的生产,而是作为劳动一般意义上的生产。在此时的工业劳动中,劳动的耗费是十分明显的,因此产业资本家和经济学家是不可能脱离劳动的耗费来说明价值的形成的。此外,机器化大生产带来了生产力的显著发展,使人们清楚地看到了同一时间内使用价值的量的增加,价值却没有发生改变,从而明确了使用价值和价值的区别。基于这一历史前提,马克思才在国民经济学的启发下得出了结论:财富不是来自于某种具体劳动,譬如说农业劳动(前文说过,以具体的农业劳动为前提来把握财富的根源,必然会将其还原为神秘的自然界的恩赐),而是来自于抽象的一般劳动。"劳动起初只作为农业劳动出现,后来才作为一般劳动得到承认。"总而言之,抽象劳动才是一切财富的价值源泉,正是在人的抽象劳动的积累中，才隐藏着资本价值增值的奥秘。

私有财产和共产主义

x补入第XXXIX页。但是，无产和有产的对立，只要还没有把它理解为劳动和资本的对立，它还是一种无关紧要的对立，一种没有从它的能动关系上、它的内在关系上来理解的对立，还没有作为矛盾来理解的对立。这种对立即使没有私有财产的前进运动也能以最初的形式表现出来，如在古罗马、土耳其等。因此，它还不表现为由私有财产本身设定的对立。但是，作为对财产的排除的劳动，即私有财产的主体本质，和作为对劳动的排除的资本，即客体化的劳动，这就是作为发展了的矛盾关系、因而也就是作为促使矛盾得到解决的能动关系的私有财产。

【论断】有产和无产的对立只有被还原到私有财产的"矛盾"运动中才能得到真正理解。

马克思前文通过对"异化劳动"四重规定的阐述，揭示了有产和无产的对立不是天然形成的对立，而是人的异化劳动生成的产物。马克思认为，只要有产和无产的对立还被认为是一种天然形成的对立，还没有认识到这一对立是由人的劳动所设定的对立，那么，这一对立，"它还是一种无关紧要的对立，一种没有从它的能动关系上、它的内在关系上来理解的对立,还没有作为矛盾来理解的对立"。

马克思这里阐述的"矛盾"思想无疑受到了黑格尔"矛盾"观的影响。在黑格尔看来,所谓"矛盾"绝不仅仅是作为知性逻辑的矛盾律,即发现观念之间不矛盾的符合关系,更重要的是人的活动的基本规定,即人在其矛盾的自我活动中展开自身、实现自身的过程,这一过程即人外化到达对象,又扬弃外化而回归自身,实现统一的辩证运动过程。黑格尔认为,人的活动若能获得主体性、获得有内容的发展,必须进入它的对立面(对象世界),并在它的对立面中实现自己,而正是对这一对立面加以克服的需要,才推动人去实现他的下一个步骤。用马克思在"对黑格尔的辩证法和整个哲学的批判"章的表达即"黑格尔的《现象学》及其最后成果——辩证法,作为推动原则和创造原则的否定性——的伟大之处在于,黑格尔把人的自我产生看作一个过程"。当然黑格尔所指的"人"是以纯粹思维作为其本质的人。

在此基础上,马克思指出,一种对立关系如果被视作现成的,被视作某种先天而原始的东西,那么彼此之间自然谈不上什么矛盾(对立统一)可言;而一旦认识到它是历史的、是作为人的劳动的产物,那么它的矛盾性质就会即刻显示出来。因为受到黑格尔影响的马克思,已然看到了"矛盾"是作为人的活动的基本规定,是人的活动之自我否定、自我扬弃的过程。用马克思下文的话说,"自我异化的扬弃同自我异化走的是同一条道路",人处在异化、对立的历史性生存中始终包含着扬弃异化的辩证要求,并且人在异化劳动中创造的本质力量同时是人扬弃异化的现实基础和感性条件,因此人的活动终将会走向它的反面,用老子的话说即"反者道之动"。因此,私有财产运动尽管以否定的、异化的形式存在着,但它发展的每一步都会生成出否定自身的感性力量,生成出积极的、肯定的环节,从而必然走向它的反面。借用马克思在这里的表达,"作为发展了的矛盾关系,因而也就是作为促使矛盾得到解决的能动关系的私有财产"。

可见,马克思在对私有财产运动的批判中,并未使自己的立场与这一对象抽象地对立起来,而是始终在揭示这一对象之本质的前提下,揭示它的积极性质及其存在界限,即揭示这一对象在其自我分裂和自我异化的过程中将产生出怎样的感性力量和现实条件,从而使人扬弃异化的活动得以可能。因为马克思清楚地知道,这些在私有财产运动中发展起来的感性力量,同时是解决一切社会对抗的现实条件。

xx补入同一页。自我异化的扬弃同自我异化走的是同一条道路。最初,对私有财产只是从它的客体方面来考察,——但是劳动仍然被看成它的本质。因此,它的存在形式就是"本身"应被消灭的资本。(蒲鲁东)或者,劳动的特殊方式，即划一的、分散的因而是不自由的劳动，被理解为私有财产的有害性的根源，理解为私有财产同人相异化的存在的根源——傅立叶，他和重农学派一样，也把农业劳动看成至少是最好的劳动，而圣西门则相反，他把工业劳动本身说成本质，因此他渴望工业家独占统治，渴望改善工人状况。最后，共产主义是被扬弃了的私有财产的积极表现；起先它是作为普遍的私有财产出现的。由于这种共产主义是从私有财产的普遍性来看私有财产关系的，所以共产主义：

【论断】私有财产的矛盾运动或者说辩证运动即"自我异化的扬弃与自我异化走的是同一条道路"。

这句话可以说是马克思"共产主义"思想的核心所在。在马克思看来，在人的自我实现的过程中，人同时生成着人的自由本性的对立面（自我异化），而正是对这个对立面加以扬弃的需要，才推动着人的历史的发展。因此，人的历史运动不过是人向着自由的活动史，是人扬弃异化、实现统一的过程。对应马克思的下文来讲，私有财产运动即自我异化，而共产主义运动则是对自我异化的扬弃，这就是说，私有财产运动和共产主义运动走的是同一条路，这条路即人的历史运动之路。

最初，对私有财产的考察只是从它的客体方面去考察，即从资本"本身"方面去考察。这部分人尽管承认劳动是资本的本质，但是他们的承认不过是形式上的承认，因为他们从根本上仍然将资本视作一种脱离了人的劳动的、独立的资本"本身"。马克思在这里举出了蒲鲁东、傅立叶和圣西门的例子。蒲鲁东要求以工资平等,即把财富平均地分配到每个社会成员身上来消灭资本,实现他所谓的共产主义;傅立叶尽管看到了劳动的异化,但他认为异化劳动只存在于工业领域,因此他主张像重农学派一般,退回到农业领域,并设想建立一个个以农业生产为基础的合作社来保证人的平等,在这个组织里,人人平等,共同享受劳动成果;而圣西门则将工业劳动视作真正的劳动,因此他寄希望于工业资产者的善心和慷慨解囊,幻想资产者帮助无产阶级建立实业制度,在其中,由实业者掌握一切权力,并按计划发展经济、平均分配劳动产品。在马克思看来,这几种观点无疑都忽略了资本起源于人的异化劳动这一历史事实,而将资本视作某种抽象的、直接自在的财产关系。因为如果他们看到了这一点,他们就会明白对资本的消灭除了扬弃人的异化劳动之外,并没有其他途径。

接下来,马克思提出了自己对共产主义的看法:"共产主义是被扬弃了的私有财产的积极表现;起先它是作为普遍的私有财产出现的。"就人的历史运动来说,异化劳动发展到极致,异化的积极扬弃就会到来,并且异化的积极扬弃从来不是与异化劳动的非此即彼的对立,它恰恰必须以异化劳动生成的感性力量为基础才有可能。因此,私有财产运动发展到极致、发展到它的普遍化,共产主义运动就会到来，并且共产主义运动从来不是与私有财产运动的非此即彼的对立，它必须以私有财产运动生成的感性力量为其现实条件。对此，马克思主要从四个方面阐述了他的共产主义思想：

（1）在它的最初的形态中不过是私有财产关系的普遍化和完成。而作为这种关系的普遍化和完成，共产主义是以双重的形态表现出来的：首先，实物财产的统治在这种共产主义面前显得如此强大，以致它想把不能被所有的人作为私有财产占有的一切都消灭；它想用强制的方法把才能等等抛弃。在这种共产主义看来，物质的直接的占有是生活和存在的唯一目的，工人这个规定并没有被取消，而是被推广到一切人身上，私有财产关系仍然是共同体同物的世界的关系。

【论断】粗陋的共产主义者将共产主义视作私有财产关系的普遍化和完成，这不过是一种共同体同物的世界的关系。

马克思肯定私有财产运动普遍化的历史意义，但并不意味着私有财产关系的普遍化就是共产主义。粗陋的共产主义者将私有财产的扬弃（共产主义）视作私有财产关系的普遍化，在马克思看来，无疑忽视了人的异化劳动作为私有财产关系的现实前提这一基本事实。

这里需要注意的是私有财产运动和私有财产关系的区

别。在马克思看来,私有财产运动是人的历史运动,而私有财产关系则是人的历史运动生成的社会关系。在粗陋的共产主义者看来,私有财产关系的普遍化意味着实物财产被平均分配到每个社会成员身上,以实现社会全体成员的劳动平等和工作平等。其表现形态就在于,一是以占有私有财产为唯一目的,二是极端平均化的欲望。因此,他们极端地反对一切不能被平分的私有财产,"它想把不能被所有的人作为私有财产占有的一切都消灭",即设想一种平均主义的私有财产关系来反对现有的私有财产关系。

然而,马克思指出,当粗陋的共产主义者试图通过私有财产的普遍化来变革现有的私有财产关系,这不过是把"工人这个规定推广到一切人身上"罢了,私有财产关系由工人和有产者之间的物的交换关系变成了一切人成为工人同共同体之间的物的交换关系。试想一下,在私有财产运动没有得到扬弃的前提下,通过私有财产的平分来消灭资本家难道不是意味着把社会共同体变成了最大的资本家,把社会内的所有人都变成工人(物)么?在马克思看来,他们的错误就在于:没有看到私有财产关系本质上是人的异化劳动或者说即私有财产运动的产物,因而也必然不会看到,异化劳动的发展所积累的感性力量(生产力)将为变革现有的私有财产关系积累怎样的现实条件,从而陷入了与现有的私有财产关系的非此即彼的对立之中。

如果他们看到了这一点,那么他们就会明白,私有财产关系对人的统治,是不可能在不消除异化劳动的前提下被克服掉的。也就是说,私有财产关系是无法通过私有财产的普遍化——即把私有财产平均分配到每个社会成员身上而被消灭掉的。事实上,只要异化劳动继续存在,只要劳动中生成的感性力量仍然与人相脱离,那么统治与被统治关系就必然存在。而只要统治与被统治关系继续存在,那么又会不断地产生出异己的感性力量与人的劳动相对立。因此,粗陋的共产主义者的"共产主义"不过是幻想一个没有资本家阶级的私有财产社会。

> 最后,这个用普遍的私有财产来反对私有财产的运动是以一种动物的形式表现出来的:用公妻制——也就是把妇女变为公有的和共有的财产——来反对婚姻(它确实是一种排他性的私有财产的形式)。人们可以说,公妻制这种思想是这个还相当粗陋的和毫无思想的共产主义的昭然若揭的秘密。正像妇女从婚姻转向普遍卖淫一样,财富——也就是人的对象性的本质——的整个世界,也从它同私有者的排他性的婚姻的关系转向它同共同体的普遍卖淫关系。

【论断】粗陋的共产主义者所主张的"共产主义"是以一种公妻制的形式表现出来的。

所谓公妻制,即把妇女变成公有的财产,从"婚姻转向普遍卖淫",即从婚姻中的私人占有关系转向了社会共同体可以随意占有的对象。马克思认为,这样一种私有财产关系的普遍化诚如其主张的公妻制一般，不过意味着工人和有产者之间直接的物的交换关系转向了所有人成为工人、成为物同它的共同体之间的交换关系。

　　这种共产主义——由于它到处否定人的个性——只不过是私有财产的彻底表现，私有财产就是这种否定。普遍的和作为权力而形成的忌妒，是贪欲所采取的并且只是用另一种方式使自己得到满足的隐蔽形式。任何私有财产本身所产生的思想，至少对于比自己更富足的私有财产都含有忌妒和平均主义欲望，这种忌妒和平均主义欲望甚至构成竞争的本质。粗陋的共产主义者不过是充分体现了这种忌妒和这种从想象的最低限度出发的平均主义。他具有一个特定的、有限制的尺度。对整个文化和文明的世界的抽象否定，向贫穷的、需求不高的人——他不仅没有超越私有财产的水平，甚至从来没有达到私有财产的水平——的非自然的［Ⅳ］简单状态的倒退，恰恰证明对私有财产的这种扬弃决不是真正的占有。

　　【论断】粗陋的共产主义者所设想的"共产主义"实际上不过是一个没有资本家阶级的私有财产社会，尽管它表面上想要实现公有，实际上不过是极致的私有而已。

　　马克思这里接着对粗陋的共产主义进行了批驳。前文将其比喻成公妻制，这里又将其思想前提揭示为一种"嫉妒和平均主义欲望"，简单来讲，就是一种"仇富心理"。

当他们设想私有财产关系的普遍化,设想实物财产能够被平均分配到每个社会成员身上,这必然意味着他们极端地反对一切不能被平分的私有财产,敌视比自己更加富足的物的占有情况。所以马克思评价说:"他不仅没有超越私有财产的水平,甚至从来没有达到私有财产的水平——的非自然的简单状态的倒退,恰恰证明对私有财产的这种扬弃决不是真正的占有。"就是说,这样一种共产主义的设想不仅没有超越私有财产的水平,甚至没有达到私有财产的水平,因为这样一种设想不过是对当前的私有财产关系的非此即彼的对立(非自然的简单状态的倒退)。当一种理论设想是对它的实际生活过程的非此即彼的对立,这不过意味着它是一种空洞的、无内容的主观想象而已。

共同性只是劳动的共同性以及由共同的资本——作为普遍的资本家的共同体——所支付的工资的平等的共同性。相互关系的两个方面被提高到想象的普遍性;劳动是为每个人设定的天职,而资本是共同体的公认的普遍性和力量。

【论断】在粗陋的共产主义者的"共产主义"思想中,共同性只是劳动的共同性以及由共同的资本所支付的工资的平等的共同性。

所谓"共同性"或者说"共产"在粗陋的共产主义者看来即意味着私有财产的普遍化或者说工资的平等化。然而，诚如笔者前文所说，只要异化劳动继续存在，只要劳动中生成的感性力量仍然与人相分离、相异化，那么统治与被统治关系就必然继续存在。只要统治与被统治关系继续存在，那么又会源源不断地产生出异化的感性力量与人的劳动相对立、相分离。因而在马克思看来，粗陋的共产主义者的错误在于：不理解私有财产关系来自于异化劳动这一历史前提，不理解"工资"本身是以私有财产关系为前提的派生物。因此，在异化劳动本身没有得到扬弃的前提下，设想通过工资的平等化以实现的"共产主义"实际上不过是预设所有人作为工人而存在，而资本则是作为共同体最大的统治者，作为"公认的普遍性和力量"而存在。

把妇女当作共同淫欲的虏获物和婢女来对待，这表现了人在对待自身方面的无限的退化，因为这种关系的秘密在男人对妇女的关系上，以及在对直接的、自然的类关系的理解方式上，都毫不含糊地、确凿无疑地、明显地、露骨地表现出来。人对人的直接的、自然的、必然的关系是男人对妇女的关系。在这种自然的类关系中，人对自然的关系直接就是人对人的关系，正像人对人的关系直接就是人对自然的关系，就是他自己的自然的规定。因此，这种关系通过感性的形式，作为一种显而易见的事实，表现出人的本质在何种程度上对人来说成为自然，或者自然在何种程度上成为人具有的人的本质。

【论断】粗陋的共产主义者所主张的公妻制正表明了人在对待自身方面的无限的退化。

按照马克思上文所说，所谓的公妻制即妇女"从婚姻转向普遍卖淫"，当妇女变成公有的财产，谈什么男人和女人的关系呢？在马克思看来，所谓男人和妇女的关系是人与人的直接的、自然的、必然的关系，在这种关系中，"人对自然的关系直接就是人对人的关系，正像人对人的关系直接就是人对自然的关系，就是他自己的自然的规定"。对于马克思的这句话，我们不妨反着理解，如果人与自然的关系不是人与人的关系，这就意味着，自然对人来说只是作为物，作为自我满足的工具。当自然对人来说只是作为物、作为自我满足的工具，那么谈什么人和人的关系呢？人怎么对待对象，从根上就是怎么对待自己，当人将自然视作物，那必然意味着他自身也是动物式的存在。因此，这样的关系不过是物与物的关系罢了。这里不妨以男人和女人的爱情关系和一种动物式的卖淫关系做个比较，前者就是人与人的关系，而后者则是物与物的关系。再比如说，对于古玩爱好者而言，如果古玩对其而言只是僵死的物，那二者之间不过是物与物的关系；但是如果在古玩中，古玩爱好者同古玩的制造者之间形成了跨越时空的对话，并且人在古玩中直观到了自身，那么古玩就是活的对象，那就是人与人的关系。在这段话中马克思初步阐述了他对人的本质的看法，即人的本质在于实现人作为类存在物的普遍性，或者说实现一种人与人之间关系的统一。

因此，从这种关系就可以判断人的整个文化教养程度。从这种关系的性质就可以看出，人在何种程度上对自己来说成为并把自身理解为类存在物、人。男人对妇女的关系是人对人最自然的关系。因此，这种关系表明人的自然的行为在何种程度上是合乎人性的，或者，人的本质在何种程度上对人来说成为自然的本质，他的人的本性在何种程度上对他来说成为自然。这种关系还表明，人的需要在何种程度上成为合乎人性的需要，就是说，别人作为人在何种程度上对他来说成为需要，他作为最具有个体性的存在在何种程度上同时又是社会存在物。

【论断】以公妻制这种关系为镜至少可以看出人在何种程度上可以实现自身之为类的存在物。

在这段话中，马克思提出了三个疑问，首先，"人的自然的行为在何种程度上是合乎人性的"，也就是说，何为人作为人的行为；其次，"人的需要在何种程度上成为合乎人性的需要"，何为人作为人的需要；最后，"他作为最具有个体性的存在在何种程度上同时又是社会存在物"，在何种程度上可以说人的个体性与社会性实现了统一。这三个疑问，马克思都在下文中给出了他的解答。

由此可见，对私有财产的最初的积极的扬弃，即粗陋的共产主义，不过是私有财产的卑鄙性的一种表现形式，这种私有财产力图把自己设定为积极的共同体。

【论断】 粗陋的共产主义实际上是幻想一个没有资本家阶级的私有财产社会。

在这段话中，马克思总结了粗陋的共产主义的本质，即"不过是作为私有财产的卑鄙性的一种表现形式"，或者如笔者前文所说的，一个没有资本家阶级的私有财产社会，尽管它被粗陋的共产主义者们赋予了某种"公有的"共同体的外观。

(2) 共产主义（α）还具有政治性质，是民主的或专制的；（β）是废除国家的，但同时是尚未完成的，并且仍然处于私有财产即人的异化的影响下。这两种形式的共产主义都已经认识到自己是人向自身的还原或复归，是人的自我异化的扬弃，但是，因为它还没有理解私有财产的积极的本质，也还不了解需要所具有的人的本性，所以它还受私有财产的束缚和感染。它虽然已经理解私有财产这一概念，但是还不理解它的本质。

【论断】 试图通过政治力量变革私有财产关系的共产主义思想也并未理解私有财产的本质根据。

马克思问道，是否实现完全的民主制，或者完全地废除国家这种政治形式就是共产主义了呢？马克思的回答是否定的。在马克思看来，这两种形式的共产主义不过是试图在保留私有财产关系的前提下在政治关系内部对私有财产关系进行一定的变革，因而与粗陋的共产主义者一样，没有看到私有财产关系由之而出的本质根据是人的异化劳动。

这两种观点相较之前粗陋的共产主义无疑已有进步，因为"都已经认识到自己是人向自身的还原或复归，是人的自我异化的扬弃"，就是说，它们并没有要求对现有的私有财产关系进行彻底的否定，并没有与私有财产关系进行非此即彼的对立，而是要求在保留私有财产关系的基础上，以政治形式的变革来调整现有的不合理的私有财产关系，即保留其好的一面，消除其坏的一面，从而保证人的"公平"与"自由"。然而，马克思认为，"因为它还没有理解私有财产的积极的本质，也还不了解需要所具有的人的本性，所以它还受私有财产的束缚和感染。它虽然已经理解私有财产这一概念，但是还不理解它的本质"。这就是说，这两种形式的共产主义思想尽管承认私有财产关系的积极意义，但其没有看到私有财产关系的积极意义的本质根据，也就是说，没有看到这种积极意义究竟是从哪里来的；也没有看到"需要所具有的人的本性"，也就是说，没有看到通过政治形式的变革来保证人的某种需要实际上保证的是人作为动物式的需要，所以它还受私有财产的束缚和感染。

它们之所以没有看到这两点，马克思认为，是因为

(1) 它们不理解私有财产关系的本质根据是人的异化劳动，所以无论是私有财产关系的积极意义还是其存在界限，从根本上都是由于人的异化劳动派生出来的；(2) 它们不理解人在异化劳动中实际是作为动物式的存在，因为如果人的感性力量与人相分离甚至反过来支配人自身，那么人必然是作为动物式的存在。既然私有财产的前提是异化劳动，而人在异化劳动中是动物式的存在，那么私有财产关系的局部变革保证的不过是人作为动物式的存活和需要。

总而言之，这两种形式的共产主义思想之所以"受到私有财产的束缚和感染"，是因为它们没有看到一切政治形式、法的形式和国家的形式从根本上不过是现实的私有财产关系的衍生物，而私有财产关系的本质根据则在于人的异化劳动。因此，一切政治形式的变革都无法从根本上解决私有财产关系中的矛盾和异化问题，批判的武器不能代替武器的批判，物质力量只能用物质力量来摧毁。只有扬弃异化劳动，现代社会才能从私有财产的统治下解放出来。用马克思在《关于费尔巴哈的提纲》中的表达，即"世俗基础使自己从自身中分离出去，并在云霄中固定为一个独立王国，这一事实，只能用这个世俗基础的自我分裂和自我矛盾来说明"[①]。

---

① 《马克思恩格斯选集》第1卷，北京：人民出版社2012年版，第134页。

（3）共产主义是对私有财产即人的自我异化的积极的扬弃，因而是通过人并且为了人而对人的本质的真正占有，因此，它是人向自身、也就是向社会的即合乎人性的人的复归，这种复归是完全的复归，是自觉实现并在以往发展的全部财富的范围内实现的复归。这种共产主义，作为完成了的自然主义，等于人道主义，而作为完成了的人道主义，等于自然主义，它是人和自然界之间、人和人之间的矛盾的真正解决，是存在和本质、对象化和自我确证、自由和必然、个体和类之间的斗争的真正解决。它是历史之谜的解答，而且知道自己就是这种解答。

【论断】 真正的共产主义是对人的异化劳动的扬弃，因而是对人的社会性本质的真正占有。

这段话无疑是马克思阐述其共产主义思想中十分经典的一段话，也是我们可以将马克思的共产主义思想与其他任何形式的共产主义思想进行原则区分的一段话。马克思在这段话里，首先说明了"共产主义是对私有财产即人的自我异化的积极的扬弃，因而是通过人并且为了人而对人的本质的真正占有"，既然人的异化劳动是私有财产关系的本质根据，那么人如果可能对现有的私有财产关系进行真正的变革，实现共产主义，则必须对人的异化劳动本身进行扬弃。当然这里的"扬弃"并不是一种知性逻辑的东西，而是人的活动自身的基本规定，即人的活动自身的自我批判、自我变革，从而向着人的本质生成的过程。这里需要注意的是，何为"人的本质"？借用马克思这里的表达即"向社会的即合乎人性的人的复归"，也就是说，人的本质即向着人的社会性本质或者说作为人的人的本质的复归。

这里有两点令人困惑：其一是"本质"一词，听起来总像是形而上学内部的一个既定的、先天的主体；其二是"复归"一词，听起来总像是包含着一种对先天的、原初状态的浪漫的希冀。很显然的是，马克思这里的意思并未如其字面显示的那样，因为他接下来就说到，"这种复归是完全的复归，是自觉实现并在以往发展的全部财富的范围内实现的复归"，这就意味着，其一，人的异化劳动创造了人的直接的、感性的财富（财富不是物，而是作为人的活动的感性力量），即使这一财富与人相分离，但也是作为人的本质力量的体现；其二，人的异化劳动生成的这种感性财富是实现人的自我变革、实现共产主义的现实条件，并且只有这种感性财富的充分发展（马克思这里用的是"全部财富"一词），发展为人的"不堪忍受"的力量，普遍的人才要求对其进行自觉的批判和变革。在此基础上，可以说，首先，人的本质不是人的先天的、既定的本质，而是人的活动的产物；其次，"完全的复归"正是对这种从人自身劳动中分离出来的感性财富的"真正占有"的过程，即对人的本质力量的真正占有的过程。由此，我们可以做一个总结，共产主义（运动）是对异化劳动进行扬弃并真正占有人的本质力量的过程。

其次，人对自己的本质力量的真正占有到底意味着什么呢？马克思说："它是人和自然界之间、人和人之间的矛盾的真正解决，是存在和本质、对象化和自我确证、自由和必然、个体和类之间的斗争的真正解决。"马克思这里使用了几个排比的形式，我们来一一阐释。其一，意味着人与自然界之间、人与人之间的矛盾的真正解决。这不难理解，人对自身本质力量的占有必然意味着人与自然、人与人的同一，用中国哲学的表达即"物我不二""天人合一"。其二，意味着存在与本质的斗争的真正解决。对于形而上学家而言，本质被设定为抽象个体所固有的抽象物，被设定为人的存在的先验的前提，而马克思则认为人的本质是人的存在所生成的社会性本质，是历史的产物，这样一来，关于人的本质的种种形而上学的抽象都成了虚幻的想象。其三，意味着对象化和自我确证的斗争的真正解决。在马克思看来，人总是在其对象性的活动中实现自我确证的，所谓自我确证，即确证自身活动之普遍性。对于预设的主体来说，它本身就预设了自身之先验的普遍性，又谈什么自我确证呢？人的自我确证一定是在他的对象性活动中的，并且只有在人真正占有自身本质力量的对象性活动中才能实现人的普遍性的真正的确证。其四，意味着自由和必然的斗争的真正解决。对于形而上学家而言，人只有从必然（比如说知识论中的规律、死亡、命运等）中解脱出来才能实现绝对的自由，这样一来，自由和必然则处于外在的对立中，仿佛自由只能在彼岸。而在马克思看来，人对必然的追问本质上根源于人的活动自身的异化和有限，人只有对自身的异化做出批判和扬弃，进而真正占有自身的社会性本质，方能实现真正的自由和无限。其五，意味着个体和类的斗争的真正解决。所谓"类"，前文说过即人的活动生成的类本质或者说普遍性。人的类本质不是作为人的活动的先验的前提，而是人的活动的产物，因而人对自身本质力量的真正占有必然同时意味着个体与类的斗争的真正解决。

总而言之，人对自身本质力量的真正占有只有在人的活动中才能实现，因为只有在人的活动中人才可能扬弃异化，并且将人的本质力量生生不息地再生产出来。其次，人对自身本质力量的真正占有意味着在人在保留人的活动的全部感性力量的基础上，扬弃一切主与客的对立，从而真正占有人的社会性本质。所以马克思说"它是历史之谜的解答，而且知道自己就是这种解答"。

[V] 因此，历史的全部运动，既是这种共产主义的现实的产生活动，即它的经验存在的诞生活动，同时，对它的思维着的意识来说，又是它的被理解和被认识到的生成运动；而上述尚未完成的共产主义则从个别的与私有财产相对立的历史形态中为自己寻找历史的证明，在现存的事物中寻找证明，它从运动中抽出个别环节（卡贝、维尔加

德尔等人尤其喜欢卖弄这一套),把它们作为自己是历史的纯种的证明固定下来;但是,它这样做恰好说明:历史运动的绝大部分是同它的论断相矛盾的,如果它曾经存在过,那么它的这种过去的存在恰恰反驳了对本质的奢求。

【论断】现实的个人的历史运动是人自身社会性本质的生成过程,因而也是人向着共产主义的生成过程,这一过程也必然同时是人的思维活动不断发展的过程。

在此基础上,马克思指出,以往几种形式的共产主义思想虽然作为人的历史运动过程的理论表达,却先行地与这一过程处于抽象的对立之中,这是它们陷入浪漫的空想的根本原因。无论是"私有财产的普遍化""工资的平等化",抑或是"政治形式中的公平",以往几种共产主义思想从根本上都是希冀通过理论、概念和范畴的完善来保证人的自由和平等。然而,理论、范畴和概念的来由,立刻就超出了它们所能探究的范围,所以不得不诉诸一种"虚构的先天本质"以作为自身理论的合理性的证明。"从个别的与私有财产相对立的历史形态中为自己寻找历史的证明,在现存的事物中寻找证明,它从运动中抽出个别环节,把它们作为自己是历史的纯种的证明固定下来"。

譬如说有一种共产主义思想将原初的公有制视作人的活动的先天的本质,从而为共产主义的存在进行合理性的论证,在此基础上,将这种原初状态作为人的活动上的"应当"提出来,从而为现实世界悬设一个理想的目标。这种观点仍然是否定现实的私有财产运动，而与现实的私有财产运动处于非此即彼的对立之中。对此，马克思的评价是："历史运动的绝大部分是同它的论断相矛盾的，如果它曾经存在过，那么它的这种过去的存在恰恰反驳了对本质的奢求。"如果真的如这种共产主义的观点所阐述的那样：共产主义在历史上曾经存在过，并且原初的公有制就是共产主义，那么它的这种过去的存在恰恰反驳了"对本质的奢求"。马克思只是在阐述一个很简单的道理，人的历史运动怎么可能开倒车呢？怎么可能完全消解掉他的现实的社会历史而回归到一种原初状态中呢？奢求而已。因此，这样的思想从根本上不过是一种"现实的想象"。

不难看到，整个革命运动必然在私有财产的运动中，即在经济的运动中，为自己既找到经验的基础，也找到理论的基础。这种物质的、直接感性的私有财产，是异化了的人的生命的物质的、感性的表现。私有财产的运动——生产和消费——是迄今为止全部生产的运动的感性展现，就是说，是人的实现或人的现实。宗教、家庭、国家、法、道德、科学、艺术等等，都不过是生产的一些特殊的方式，并且受生产的普遍规律的支配。因此，对私有财产的积极的扬弃，作为对人的生命的占有，是对一切异化的积极的扬弃，从而是人从宗教、家庭、国家等等向自己的合乎人性的存在即社会的存在的复归。

【论断】 共产主义运动不是与私有财产运动相对立的东西，它向来与私有财产运动走的是同一条路，这条路即人的历史运动之路。因此，共产主义的实现既不是悬设的"应当"，也不是理想的目标，而是人自身的自我批判、自我扬弃，从而真正占有自身社会性本质的过程。

前文说过，马克思认为，私有财产本质上是作为人的活动的生命表现，尽管是一种异化了的生命表现。正是在人的异化劳动中，即在私有财产的运动中，才产生出了一切的以理性法则建构的理论，产生了宗教、家庭、国家、法、道德、科学、艺术等等理论形式。这些理论形式不是先天的，尽管它们以某种先天本质作为其合理性的前提，恰恰相反，它们是历史的，是私有财产运动产生的必然的结果。在此基础上，马克思指出，人如果可能从根本上实现自由，需要扬弃和变革的不是任何一种理论形式，不是任何私有财产运动的理论表达，而必须对私有财产运动本身做出扬弃和变革。而只有对私有财产运动本身做出扬弃和变革，才能变革私有财产运动的诸种理论形式，才能变革现有的"宗教、家庭、国家、法、道德、科学、艺术等等"。马克思在这段话中明确指出了现代世界的"颠倒"：一切理论形式分明来自于人的异化劳动，却颠倒成为人的活动的先验前提，以至于人们相信只要理论足够完善，人的所有异化问题都可以随之而解。而马克思则指出理论本身就根植于人的异化劳动，因而它必然是有限的，也必然无法从根本上解决人的异化问题，在马克思看来，解决人的异化问题的前提只有对异化劳动本身做出有原则的批判。

在马克思的上述文字中，隐藏着的是 26 岁的青年马克思对人的历史运动的深入思考。不难看出，如今的我们追问着的问题，也同样困扰着马克思这样一位伟大的灵魂。在他对人的历史运动的思考过程中，他并没有如先知一般为我们指明人的历史的发展方向，也并没有为我们悬设某种应当，而始终将人的自由（共产主义）的实现交由人的活动自身。自我异化与自我异化的积极扬弃走的是同一条道路，马克思的这句话无疑给了我们巨大的砥砺前行的勇气，因为马克思告诉我们，自由从来不在彼岸，只要人可以扬弃劳动的异化，从而真正占有自身的社会性本质，那就是人的自由之实现。

宗教的异化本身只是发生在意识领域、人的内心领域，而经济的异化是现实生活的异化，——因此对异化的扬弃包括两个方面。不言而喻，在不同的民族那里，运动从哪个领域开始，这要看一个民族的真正的、公认的生活主要是在意识领域还是在外部世界进行，这种生活更多地是观念的生活还是现实的生活。共产主义是径直从无神论开始的（欧文），而无神论最初还根本不是共产主义；那种无神论主要还是一个抽象。——因此，无神论的博爱最初还只是哲学的、抽象的博爱，而共产主义的博爱则径直是现实的和直接追求实效的。

【论断】 经济的异化或者说人的现实生活的异化相较于意识领域的异化才是"本质的异化"。

在这段话中马克思是将经济的异化与宗教的异化进行比照。在马克思看来，如果说宗教的异化是人的内心的异化、意识的异化，那么经济的异化则是人的现实生活的异化。因此，历史上对异化的扬弃往往包括两个方面，既是对人的现实生活之异化的扬弃，又是对人的精神领域之异化的扬弃。比如说，早期的共产主义者欧文对人的异化的扬弃就是从人的精神领域开始的，即"从无神论"开始的；再比如说马丁·路德的宗教改革。但是，"无神论的博爱最初还只是哲学的、抽象的博爱，而共产主义的博爱则径直是现实的和直接追求实效的"。在马克思看来，这种对神的批判不过是一种观念的批判，还不是关于人的现实生活的批判；而共产主义的批判则是"现实和直接追求实效"的批判，是对人的现实生活本身做出的批判。

在马克思看来，人的现实生活的矛盾和异化才是本质的矛盾和异化，因为如果说神的存在本身就植根于人的现实生活的自我异化和自我分裂，那么如果没有对人的现实生活本身做出实际的批判，又谈什么对神的批判呢？同样的，任何一种现代世界的范畴或理念，无论它们看起来多么先天而原始，无论它是政治的还是法的、科学的还是宗教的，也只不过是人的现实生活的观念表达而已，因而同样不可能仅仅立足于自身并凭借自身的狡黠的理性来调和并扬弃这一"本质的矛盾"。正如马克思在《黑格尔法哲学批判》导言中所说,"批判的武器不能代替武器的批判,物质力量只能用物质力量来摧毁"。

我们已经看到,在被积极扬弃的私有财产的前提下,人如何生产人——他自己和别人;直接体现他的个性的对象如何是他自己为别人的存在,同时是这个别人的存在,而且也是这个别人为他的存在。

【论断】所谓的共产主义运动即对私有财产运动进行积极的扬弃,从而真正占有人的社会性本质的过程。

需要注意的是,人对自身的社会性本质的真正占有并不是任何一种形而上学内部的主客体关系。所谓的主客体关系意味着将人视作主体,而对象世界则是主体先行设定的对象,因此一开始就真实地想象了对象世界的非存在。而人对自身的社会性本质的真正的占有,意味着人的活动成为他人活动的真实内容,意味着人与人之间在感性生命上的互相创造,"直接体现他的个性的对象如何是他自己为别人的存在,同时是这个别人的存在,而且也是这个别人为他的存在",人的活动如果不是作为对象的形式理由,而是作为对象的真实内容,那么对象就不再作为外在于人的对象,而是作为人自身,这就实现了个体性和社会性、主体性和客体性的真正统一。这种"关联",我们在爱情和艺术活动中无疑可以最为直观地体会到。

但是，同样，无论是劳动的材料还是作为主体的人，都既是运动的结果，又是运动的出发点（并且二者必须是这个出发点，私有财产的历史必然性就在于此）。因此，社会性质是整个运动的普遍性质；正像社会本身生产作为人的人一样，社会也是由人生产的。

【论断】人的劳动以人的社会关系为前提，但同时是创生着这一关系的活动本身。

这段话对于形而上学家而言无疑很难理解，因为形而上学总是需要设置一个先行的本质来建构它的对象，也就是巴门尼德所说的"存在者存在，非存在者不存在"。无中不能生有，一定有一个原初的、第一性的存在者来保证所有事物的存在。因此，如何证实并且说明这个第一性的存在，就成为形而上学家们一以贯之的问题。

在之前的形而上学中，唯物主义一脉将抽象物质视作世界的本质，而唯心主义一派则将抽象思维视作世界的本质，因此人和自然界何者是第一性的存在就成为唯心主义和唯物主义贯穿始终的"论战"主题。然而，马克思却指出"无论是劳动的材料还是作为主体的人，都既是运动的结果，又是运动的出发点"，这意味着，首先，马克思所说的劳动的材料（自然界）不是形而上学内部的作为抽象物质意义上的自然界，"作为主体的人"也不是以抽象思维为其本质的人（比如说在今天的科学架构中，人和自然界都是作为同一的抽象范畴的规定物）。马克思是要抛弃一切抽象范畴对于人与自然界的规定，而进入一个广大的非理性的领域，从而将人与自然的感性的、原初的关联揭示出来。其次，在一个广大的非理性的领域中，无论是自然界还是人之作为人的存在，都不是直接现成的和自在的，自然界是在人的感性活动中向人生成的，进入了人的社会历史的自然界，而人也必须在自然界中通过自己的劳动而自我产生，这是人和自然界的原初关联，而这种原初关联"既是运动的结果，又是运动的出发点"。这就是说，作为前提的东西同时是作为结果的东西，人的劳动以人与自然的原初关联为前提，但同时，人又通过自己的劳动将人与自然的原初关联再生产出来。用马克思的话说，"社会性质是整个运动的普遍性质；正像社会本身生产作为人的人一样，社会也是由人生产的"。自然既然是作为人的自然，而人又是在自然中的人，因此人与自然的原初关联从根本上是人与人的社会关联，因此这句话可以同样表达为，人的劳动以人的社会关系为前提，但同时又是创生着这一关系的活动本身。

正是在这样的劳动中（执行着人与自然之原初关联的劳动），尤其是在这样的劳动之异化中，人才创造着脱离自身的"类力量"对人自身的统治，创造着私有财产关系，"私有财产的历史必然性就在于此"。马克思的这一观点告诉我们，私有财产关系不是先天的，不是来自于某种先天的理性，虽然它一直在理性的范畴规定中被表达，恰恰相反，它是历史的，是人的异化劳动的产物，并且正是在人的异化劳动中创生着关于私有财产关系的范畴表达。

活动和享受，无论就其内容或就其存在方式来说，都是社会的活动和社会的享受。自然界的人的本质只有对社会的人来说才是存在的；因为只有在社会中，自然界对人来说才是人与人联系的纽带，才是他为别人的存在和别人为他的存在，只有在社会中，自然界才是人自己的合乎人性的存在的基础，才是人的现实的生活要素。只有在社会中，人的自然的存在对他来说才是人的合乎人性的存在，并且自然界对他来说才成为人。因此，社会是人同自然界的完成了的本质的统一，是自然界的真正复活，是人的实现了的自然主义和自然界的实现了的人道主义。

【论断】既然自然界是在人的感性活动中"生而为人"的自然界，那么，在人的感性活动中，人、社会、自然三者就历史性地统一起来了。

在马克思看来，形而上学内部的抽象的、自在的自然界是没有历史的，尽管它也经历了时间的变化，但这种变化只是某种复杂的因果联系、某种神秘而广袤的外部力量造就的结果，因此，它自身不包含任何活动的原则，它的变化过程没有任何主体性可言。譬如说一块石头尽管也经历了时间的变化，经历了生成、变化和消逝，但这不过是某种复杂的外部力量造就的结果，是一种盲目的必然性而已。因此，它的改变完全不依赖于自身，甚至说，它的改变从根本上并不属于它。而只有作为人的自然，作为人的本质力量的外化，自然界才能拥有历史，才能拥有活动原则，也就是马克思上文中所说的"复活"。因此，自然界的"复活"就是自然界生而为人的过程，这不是任何一种形而上学内部的对于自然界的抽象，而是进入了人的社会历史的自然界。只有人，可以将自在的自然转化为"为我"的存在，即赋予自然界以人的活动的真实内容，从而赋予自然界以活动原则，以实现自然界的"复活"。

[VI] 社会的活动和社会的享受决不仅仅存在于直接共同的活动和直接共同的享受这种形式中，虽然共同的活动和共同的享受，即直接通过同别人的实际交往表现出来和得到确证的那种活动和享受，在社会性的上述直接表现以这种活动的内容的本质为根据并且符合这种享受的本性的地方都会出现。

【论断】人作为人的活动与享受绝不仅仅是动物式的直接同一的活动和享受。

这段话的重点在于"直接共同的活动和直接共同的享受"。何为"直接共同的活动和直接共同的享受"，马克思这里描述的无非是一种动物式的生活。前文说过，动物和它的类本质是直接同一的，这意味着动物式的生活完全为它动物性的先天本质所设定，因而动物式的生活只是机械重复，从根本上没有任何主体性和能动原则可言。如果人的生活是一种动物式的生活，那么这意味着他丧失了属人的活动原则，而将永恒地受制于动物式的直接同一的关联。这一点，我们可以借鉴罗曼·罗兰在《约翰·克里斯朵夫》里那句耳熟能详的名言："大部分人在二三十岁上就死去了，因为过了这个年龄，他们只是自己的影子，此后的余生则是在模仿自己中度过。日复一日，更机械，更装腔作势地重复他们在有生之年的所作所为，所思所想，所爱所恨。"一种机械重复的生活对人来说无疑与动物式的生活无异。

然而需要注意的是，动物式的生活和人作为人的生活并不是非此即彼的对立关系。马克思认为，尽管人的生活是动物式的生活，但同时也必然是属人的生活，是人的本质力量的生成活动。所以马克思说："在社会性的上述直接表现以这种活动的内容的本质为根据并且符合这种享受的本性的地方都会出现。"

甚至当我从事科学之类的活动，即从事一种我只在很少情况下才能同别人进行直接联系的活动的时候，我也是社会的，因为我是作为人活动的。不仅我的活动所需的材料——甚至思想家用来进行活动的语言——是作为社会的产品给予我的，而且我本身的存在就是社会的活动，因此，我从自身所做出的东西,是我从自身为社会做出的,并且意识到我自己是社会存在物。

【论断】首先,人是社会性的存在物,因而并不存在任何抽象的个体,即使是从不与人进行直接联系的活动,也是社会性的;其次,社会性不是单个人所固有的类本质,而是"我从自身做出的东西",是人的活动的自我生成的产物。

马克思之所以以科学举例,是因为科学的前提即以理性为先天本质的人对作为逻辑范畴物的自然界的认识。因此,在这样的认识中,人的逻辑前的、概念前的原初关联,即人的社会性的关联被抽象掉了。马克思认为,人的非理性的社会性关联是不能被还原进理性的逻辑构造中去的,不仅不能如此还原,它还是一切以理性法则建构的科学知识的前提和基础。马克思的这一观点告诉我们:当科学宣称自己是这个世界的先天本质,而人的活动则是由科学派生出来的时候,在其中却包含着根本的颠倒,它分明来自于人的社会性活动,尤其是来自于人的社会性活动之异化,却颠倒成为人的活动的先验前提,以至于人们相信科学是一种先天的、原始的东西,从而陷入科学的宗教幻象之中。马克思正是要消除这一宗教幻象,将科学的本质还原到人的活动之中,从而使人们意识到,首先,科学不是先天的,而是历史的,因此不可能有完美的、无限的科学概念;其次,人在社会生活中的异化和对立从根本上不是科学概念是否完善的问题，而是由人的劳动方式尤其是异化劳动的方式带来的。

我的普遍意识不过是以现实共同体、社会存在物为生动形态的那个东西的理论形态，而在今天，普遍意识是现实生活的抽象，并且作为这样的抽象是与现实生活相敌对的。因此，我的普遍意识的活动——作为一种活动——也是我作为社会存在物的理论存在。

【论断】普遍意识并非是人的现实生活的先天本质，恰恰相反，它是对人的现实生活的抽象。

这段话非常重要，因为它包含着马克思对近代形而上学思维和存在的关系的重新领会。我们知道，近代形而上学的核心原则即人的主体，或者更明确地说，人的抽象思维是主体。这意味着，思维先天地就在人的感性世界之外，不仅如此，它还从它自身中造出了自己的对象世界。唯心主义一脉将思维视作绝对的主体，而存在则是思维先行规定的对象；唯物主义一脉则将存在视作诸存在者之物性或者说抽象物质，而思维则是对存在的反映。二者无疑都承认一件事，即人的思维是主体，唯心主义自然地肯定这一点，而唯物主义由于无法回答思维作为物质的派生物，何以与它产生它的物质不一致的问题，因此它必须赋予人的思维以某种独立性；除此之外，唯物主义视作绝对主体的"抽象物质"本质上是人的逻辑范畴的规定物，因此其本质上还是对于自然界的唯心主义规定。当抽象思维成为绝对的主体，这必然意味着人的感性的、活生生的生活世界就被抽象掉了。既然人的生活世界都"不存在"，那么思维自身的存在又来自于哪里呢？思维又如何确证自身的真实性呢？因此，思维只能被假定为先天的存在。

对此，我们无疑会如此发问，既然思维是先天的，那么如何证明思维的存在？这无疑是近代形而上学面临的困境。马克思无疑发现了这个困境并要求解决这个困境，他说："我的普遍意识不过是以现实共同体、社会存在物为生动形态的那个东西的理论形态"。马克思认为，人的现实的、感性的生活世界是不可能被还原到思维的先天构造中去的，不仅不能如此还原，它还是思维的来源和基础。思维向来是在人的感性生活中的，绝不存在任何脱离人的感性生活的纯粹思维，思维始终是与人的感性生活交织在一起的。依据马克思后文的表达，马克思将这种思维称之为"感性意识"。在马克思看来，无论是唯物主义作为存在之反映的思维，还是唯心主义作为存在之给出者的思维，都不过是人的感性意识的一种抽象的表现。这类思维要求清除掉人的感性生活和感性意识中的一切感性因素，而完全建构起一套抽象的、逻辑的和概念的体系。并且在现代世界，这样一种抽象思维构成了对人的现实生活的普遍支配。"而在今天，普遍意识是现实生活的抽象，并且作为这样的抽象是与现实生活相敌对的"，逻辑、概念、知识成为了人的现实生活的方方面面的支配,这是一个直接的经验事实,这点无需多言。这类意识分明是从人的感性生活中生成出来的,却成为了人的感性生活之绝对的、先验的前提,所以马克思说"这样的抽象是与现实生活相敌对的"。

首先应当避免重新把"社会"当作抽象的东西同个体对立起来。个体是社会存在物。因此,他的生命表现,即使不采取共同的、同他人一起完成的生命表现这种直接形式,也是社会生活的表现和确证。人的个体生活和类生活不是各不相同的,尽管个体生活的存在方式是——必然是——类生活的较为特殊的或者较为普遍的方式,而类生活是较为特殊的或者较为普遍的个体生活。

【论断】如果可能达到对形而上学的真正的批判,首先"应当避免重新把'社会'当作抽象的东西同个体对立起来"。

上文说过,近代形而上学一开始就预设了人是纯思的主体,而对象世界则是思维的产物,因而一开始就预设了对象世界的非存在,这种原则我们一般称之为"抽象个体"原则,即设想一种脱离了人的社会生活的形式上独立的、先天的主体的存在。而马克思则揭示了"个体是社会性的存在物",就是说,没有所谓的抽象个体,也没有任何先天的主体,现实的个人一开始就是社会性的存在物。社会并不是对个体的否定,相反,个体的自我实现却是无法离开人的社会生活的真实性，人是被社会、被他的对象世界所设定的。我们不妨试着想想，人如果没有在自身之外的对象世界，那么人自身的存在不就成为了问题么？因为他根本无从真实地确证自身的存在。在这个意义上，马克思说"个体生活的存在方式是——必然是——类生活的较为特殊的或者较为普遍的方式，而类生活是较为特殊的或者较为普遍的个体生活"，这就是说，人的个体生活的实现一定是社会性的，而社会性也不是对个体的否定，而是由各个不同的个体在自身的活动中所生成出来的作为个体的"全体"。

明白了人的本质是社会性的存在物，那么批判以抽象个体为原则的近代形而上学就不是那么困难的事情了。很简单，既然现实的个人一开始就在全体之中，既然根本不存在抽象个体，那么以抽象个体为原则的近代形而上学不过是一种纯粹的理论想象，甚至可以说是一种主观的意识构造。因为只有纯粹的主观意识才会这样设想："我"是唯一的超越性的个体，"我"设立了对象又扬弃了对象回到了自身，这一过程是"我"作为绝对者的自我实现。而在现实的情境中，根本不存在抽象个体或者唯一者，只有在社会、在对象世界中的个人。创立对象，与被对象所设定，在人的活动中是同一回事，只有预设的主体才能真实地想象对象不存在。

作为类意识，人确证自己的现实的社会生活，并且只是在思维中复现自己的现实存在；反之，类存在则在类意识中确证自己，并且在自己的普遍性中作为思维着的存在物自为地存在着。

【论断】类意识从来不是脱离人的类存在的"纯粹意识"，它向来在人的类存在之中。

这段话仍然是在承接前文，并且在马克思"异化劳动"第三个规定中也有过类似的表达，即揭示了人的类生活和类意识是同一回事。因此，马克思这里的意识绝不是近代形而上学中以理性的先验性为本质的意识，不是作为人的感性活动之先验前提的意识，而是向来在人的感性生活中的感性意识。

前文说过，把类意识和类生活等同，包含着对近代形而上学的重大突破。因为在马克思这里，对存在的认识，不再是拥有理性本质的"人"对作为思维之对象的诸存在者的概念把握，不再是在存在之外领会存在，而是在存在之中领会存在。前者是一种纯粹意识，它要求对人的类存在中的一切感性内容进行逻辑清洗，一切逻辑、范畴、知识都是纯粹意识的表现；而后者则是前逻辑、前理性的感性意识，它向来在人的类存在之中，是对人的类存在的领会和自觉。

这很好理解，当我们领会存在的时候，我们向来在这一存在之中，而绝不在这一存在之外。只是由于人的类存在的自我异化和自我分裂，类意识才从人的类存在中分离出来，而成为一种形式上的独立的存在，成为一种脱离了类存在的纯粹意识，并且由于形而上学家的专门活动，赋予了类意识以一种超时间的规定性，类意识向来在类存在中这一事实才被遮蔽了。当马克思将类意识和类存在等同，这意味着马克思对存在的领会不再是诉诸概念、知识或逻辑，而是要诉诸前概念、前知识和前逻辑的境域。马克思认为，只有以这一领域为出发点，才可以消解一切作为纯粹意识的类意识即概念、知识和逻辑等等在其形式上的独立性，从而消解它们的先天幻象，揭示它们的历史性本质及其界限。

因此，马克思指出，"作为类意识，人确证自己的现实的社会生活，并且只是在思维中复现自己的现实存在；反之，类存在则在类意识中确证自己，并且在自己的普遍性中作为思维着的存在物自为地存在着"，这就是说，人的类生活从来不是被类意识规定的，相反，类意识始终在人的类生活之中。如果人的类生活始终以概念、范畴、知识等类意识作为先验前提，那么人的类生活有什么意义呢？人又能从这样的类生活中学到什么呢？不过是确证概念、范畴、知识等类意识的真理性而已。人之为人，若能够获得真正的主体性和自为性，必须将一切既定的"眼镜"拿掉，消解一切概念、范畴和知识对人的活动的既定的限制，而一再地拷问概念、范畴和知识等存在的前提。如果人们记起了概念、范畴和知识等一切纯粹意识不过来自于人的具体的生活世界，那人们就会明白，人的问题从根本上只能依靠人自身，依靠人对自身的类生活之自觉，依靠人对自身有限性的自我承担，而不能用思维在其逻辑形式上的无限性来构造一个"神"，从而幻想一劳永逸地解决人的生活世界中的一切异化问题。

因此，人是特殊的个体，并且正是人的特殊性使人成为个体，成为现实的、单个的社会存在物，同样，人也是总体，是观念的总体，是被思考和被感知的社会的自为的主体存在，正如人在现实中既作为对社会存在的直观和现实享受而存在，又作为人的生命表现的总体而存在一样。

【论断】人的"观念的总体"是作为人的"生命表现的总体"的观念表现。

人是特殊的个体，并且正是人的特殊性使人成为现实的社会存在物。这句话联系马克思在《德意志意识形态》中的一句表达理解起来更为直观，"动物不对什么东西发生关系，而且根本没有关系；对于动物来说，它对他物的关系不是作为关系存在的"[①]。人与动物不同，动物无所谓个体与类的分别。对于动物而言，类在个体中是直接现成的，每一个个体的存在都显示类本质的同一的规定；而人

---

① 《马克思恩格斯选集》第1卷，北京：人民出版社2012年版，第161页。

则必须自我产生、自我认识,自己形成自己的类本质。因此,动物永恒地受制于当下直接的动物式的关联,而人可以将人的类本质生生不息地再生产出来。因此,只有人可以自己生成自己的社会关系,使自己成为现实的社会存在物。

这段话的重点在于"人是观念的总体"。"观念的总体"无疑是一个黑格尔的表达。在黑格尔那里,所谓"观念的总体"意味着精神的自我活动。如果说在黑格尔之前,思维对存在的认识,是去认识一个异己的他物世界;而在黑格尔这里,他物不在思维之外,而在思维自身之中,为思维自身所构筑,因而思维对存在的认识,绝非去认识一个异己的他物,而是思维自身的自我认识和自我活动,是思维外化到达对象,又扬弃了外化而回归自身的过程。因而观念的总体并不是个体意识的集合体,而是思维(观念)自身的辩证运动过程。不同的是,黑格尔的"观念的总体"是人的先天本质,而人的社会生活不过是观念在时间中的展开;而在马克思看来,人的社会生活才是人的真正的生命表现,而"观念"向来是在人的现实的社会生活之中的。脱离人的社会生活的意识,不过是一种关于现实的观念的想象。

死似乎是类对特定的个体的冷酷的胜利,并且似乎是同类的统一相矛盾的;但是,特定的个体不过是一个特定的类存在物,而作为这样的存在物是迟早要死的。

【论断】死并非是对人的生存的冷酷的胜利,恰恰相反,它是对人生成为一个特定的类存在物的成全。

对于每一个现实的个体来说,死亡无疑是最具有普遍性的东西。但是,死亡真的是类对特定的个体的冷酷的胜利么?死亡真的意味着人的生存的终结或者说彻底的有限性么?仿佛的确如此,人在根本上是有限的,是会死的,死亡是人的生命活动的必然趋势,是人的普遍命运,正因为如此,人往往将自身关于无限的希冀奠基在了思维的无限性上,希望通过思维的无限性来超越自身感性的有限性,诚如近代形而上学一般。通过思维的无限性,现实的个人仿佛可能经验到无限性,但这无疑是一种虚幻的无限性。因为我们的感性生活会准确无误地告诉我们,如果我们因为惧怕有限而渴望通过思维的无限性来帮自己一劳永逸地解决问题的话,那么人的活动从根本上来讲没有任何意义。

马克思告诉我们,恰恰因为人是有限的,人是会死的,人才追问着无限,生成着无限。死亡提示着生的界限,但同时也提示着生的意义。人的感性生活的前提,不是思维上完成了的人,也不是任何一个超验的无限者,而是人对自身有限性的承担和批判,并且这样一种承担和批判的过程本身方是真正的无限。

// (4) 私有财产不过是下述情况的感性表现:人变成

对自己来说是对象性的，同时，确切地说，变成异己的和非人的对象；他的生命表现就是他的生命的外化，他的现实化就是他的非现实化，就是异己的现实。同样，对私有财产的积极的扬弃，就是说，为了人并且通过人对人的本质和人的生命、对象性的人和人的产品的感性的占有，不应当仅仅被理解为直接的、片面的享受，不应当仅仅被理解为占有、拥有。

【论断】私有财产运动是人的生命表现的异化形式，而共产主义运动则是对这种异化活动的扬弃。

关于私有财产的感性本质，笔者在前文已经详细阐述过，这里不再具体展开。总而言之，在马克思这里，私有财产不是直接的物，也不是任何一种范畴规定中的经济关系，而是作为人的活动的生命表现，尽管是一种异化了的生命表现。由于人的感性活动的异化，人的对象性的本质力量从人的生命存在中分离出去，甚至以交换价值的形式完成着对人的生命存在的统治（这种与人的生命存在相分离的劳动，马克思称之为死劳动，或者说资本），这就是私有财产关系的感性本质。

因此，在私有财产关系的统治下，我们不免有这样一种真切的感受：当我们试图展开自身生命表现的活动时，这个活动如果不能为"死劳动"的积累服务，就不可能被承认为劳动。在死劳动的统治之下，人的劳动不是自由的劳动，而是消极的受动，如此一来，人的生命存在就不可避免地被下降成了一种动物式的存在。所谓动物式的存在，意味着个体和类的直接同一，意味着类生活对个体来说不过是满足自身存活和享受的一种手段。当人的存活成为动物式的存活、人的享受成为动物式的享受（用马克思的话说，直接的、片面的享受），谈什么人作为人的生命表现，谈什么真正占有人的社会性本质呢？而共产主义运动作为一种对私有财产运动的积极扬弃（何为积极扬弃，前文已具体阐述），不过是意味着对人的生命表现、对人的社会性本质的真正占有或者说拥有而已。

人以一种全面的方式，就是说，作为一个完整的人，占有自己的全面的本质。人对世界的任何一种人的关系——视觉、听觉、嗅觉、味觉、触觉、思维、直观、情感、愿望、活动、爱，——总之，他的个体的一切器官，正像在形式上直接是社会的器官的那些器官一样，[Ⅶ]是通过自己的对象性关系，即通过自己同对象的关系而对对象的占有，对人的现实的占有，这些器官同对象的关系，是人的现实的实现（因此，正像人的本质规定和活动是多种多样的一样，人的现实也是多种多样的），是人的能动和人的受动，因为按人的方式来理解的受动，是人的一种自我享受。//

【论断】何为真正占有人的社会性本质呢？即"人以一种全面的方式，就是说，作为一个完整的人，占有自己的全面的本质"。

这段话马克思无疑受到了费尔巴哈的影响。前文说过，费尔巴哈最大的贡献即将人的感性存在恢复为人的本质。我们这里借用费尔巴哈在《未来哲学原理》中的一段经典的表达，"主体和对象的同一性，在自我意识之中只是抽象的思想，只有在人对人的感性直观中，才是真理和实在"①。这就是说，人是作为感性的对象性存在，并且人与人的同一是建立在人的感性基础上的统一。费尔巴哈的这一发现是重大的，因为费尔巴哈将感性揭示为人的本质也就意味着他将感性视作思维的基础。

我们知道，在近代形而上学那里，纯粹思维是绝对的主体，因此，情感、感觉、爱等等都是作为概念的东西，都是对情感、感觉、爱等等的抽象形式。而费尔巴哈认为：感性不是由思维所规定的东西，相反，感性乃是抽象思维的基础。这意味着费尔巴哈要求消解近代形而上学对人的感性存在的抽象，而在人的感性存在中把握理性形而上学的存在基础及其界限（马克思在"对黑格尔的辩证法和整个哲学的批判"一章中将费尔巴哈的这种观点称之为"真正的唯物主义"）。在这段话里，我们可以非常直观地感受到费尔巴哈的痕迹，即将人的本质理解为感性对象性的存在。何为感性对象性？简单来讲，就是人与对象之间的非

---

① 北京大学哲学系外国哲学史教研室：《西方哲学原著选读》下卷，北京：商务印书馆1982年版，第501页。

理性的感性关系，并且人只有在对象身上直观到自身，这个对象才真正成为人的对象。

马克思认为，共产主义是"作为一个完整的人，占有自己的全面的本质"。这就是说，共产主义是对人的感性对象性的真正占有，是人与人之间实现的一种扬弃了异化的感性关系。我们不妨举一个简单的例子：当我们聆听贝多芬的音乐时，贝多芬的音乐如果不再是外在于我们的东西，不再是与我们相对立的对象，而仿佛是从我们自身中流淌出来的东西，或者说我们在贝多芬的音乐中直观到了自身，那么我们就实现了主体性和对象性的统一，我们的存在就和贝多芬联系在了一起。这是一种对人的感性对象性关系的真正占有，是一种人与人之间扬弃了异化的感性关系。在这样一种关系中，马克思认为，实现了我们感性的真正"解放"和五官感觉的极大丰富。

因此，真正的感性对象性关系恰恰是以褫夺主体，并恢复主体性和对象性的统一为前提的，"因为按人的方式来理解的受动，是人的一种自我享受"，人怎么对待对象，就是怎么对待自己，如近代形而上学一般将人视作主体，而对象则是主体先行设定的对象，不过是人的一种观念想象。

//私有制使我们变得如此愚蠢而片面，以致一个对象，只有当它为我们所拥有的时候，就是说，当它对我们来说作为资本而存在，或者它被我们直接占有，被我们吃、喝、穿、住等等的时候，简言之，在它被我们使用的时候，才是我们的。尽管私有制本身也把占有的这一切直接实现仅仅看作生活手段，而它们作为手段为之服务的那种生活，是私有制的生活——劳动和资本化。//

【论断】在私有制的统治之下，我们的感性是异化的、我们的五官感觉是单一的。

在私有制的统治下，人的感性活动的意义被规定为对死劳动这一形式上的主体的价值增值的奉献，因此，人的存在被下降为动物式的存在。既然人的存在是动物式的存在，那么人对对象的占有，则必然仅仅是一种动物式的占有。所以马克思说，"一个对象……被我们吃、喝、穿、住等等的时候，简言之，在它被我们使用的时候，才是我们的"，人仿佛只能在一种动物式的存活和享受（吃、喝、穿、住）中，才能获得一种短暂的、虚幻的满足感；并且为了获得这样一种短暂的、虚幻的满足感，我们必须"努力地"把自己作为材料、作为工具出卖出去，因为，一旦我们无法将自己卖出去，那么我们甚至连一种动物式的存活都无法拥有。既然人的生命存在表现为一种动物式的存活和享受，那么谈什么实现人的感性的真正"解放"和五官感觉的极大丰富呢？

//因此，一切肉体的和精神的感觉都被这一切感觉的单纯异化即拥有的感觉所代替。人的本质只能被归结为这

种绝对的贫困，这样它才能够从自身产生出它的内在丰富性。//

【论断】尽管私有制导致了人的感性的单一和苍白，但是依然蕴含着人生成感性丰富性的现实基础。并且只有人的感性意义的完全丧失（贫困），人的感性丰富性的生成才会真正到来，也就是说，只有异化到底，对异化的积极扬弃才会真正到来。

在这段话中，我们可以很清楚地看到马克思和费尔巴哈的区别。在费尔巴哈看来，人的感性对象性是先天的，它奠基于人的先天的感觉直观。因此费尔巴哈从根本上否认了人的活动原则。而马克思则指出"人的本质只能被归结为这种绝对的贫困，这样它才能够从自身产生出它的内在丰富性"，就是说，人的感性本质并不是先在的本质，而是人的感性活动的历史的产物，并且随着人的感性活动的发展，甚至发展到极致异化的境域，人最终会实现感性的解放，实现人的感性丰富性的真正占有，这是人的感性活动的必然趋势。

//因此，对私有财产的扬弃，是人的一切感觉和特性的彻底解放，但这种扬弃之所以是这种解放，正是因为这些感觉和特性无论在主体上还是在客体上都成为人的。眼睛成为人的眼睛，正像眼睛的对象成为社会的、人的、由人并为了人创造出来的对象一样。因此，感觉在自己的实践中直接成为理论家。感觉为了物而同物发生关系，但物本身是对自身和对人的一种对象性的、人的关系，反过来也是这样。////当物按人的方式同人发生关系时，我才能在实践上按人的方式同物发生关系。因此，需要和享受失去了自己的利己主义性质，而自然界失去了自己的纯粹的有用性，因为效用成了人的效用。

【论断】对私有财产的扬弃，意味着人的感性的彻底解放，意味着人的感性真正成为人的。

人的感性是异化的、单一的，我们借用老子在《道德经》中的一段表达，"五色令人目盲，五音令人耳聋，五味令人口爽，驰骋畋猎，令人心发狂"。

尽管我们实现了物质财富的极大丰富，但我们却丧失了人之为人的感性意义和感性的丰富性，于是我们只能用动物式的麻木和动物式的感官刺激来摆脱这种"无意义"的酷刑。因此，在私有财产的统治下，人的五官感觉完全是动物式的，而不是真正"属人"的。这种动物式的感觉意味着人与社会的分裂，意味着社会对人来说仅仅是有用性，仅仅是满足人的利己需要的手段。而共产主义作为对私有财产运动的扬弃，意味着人的感性的解放，意味着人的五官感觉的极大丰富。用马克思这里的话说，"眼睛成为人的眼睛，正像眼睛的对象成为社会的、人的、由人并为了人创造出来的对象一样"，这意味着，首先，人的五官感觉是人的活动的产物，音乐家对于音乐的直观并不是由于他有一双先天的音乐的耳朵,而是音乐家在自己的历史运动中将音乐的耳朵生成了出来。其次,人的五官感觉的极大丰富意味着人在感觉中实现了人与人的同一。如果一个音乐家的活动仅仅是为了满足动物式的占有和享受,那么他的五官感觉是单一的;但如果他的活动是作为他的生命意义的展开和确证,那么他便实现了他的感性的解放,实现了他的五官感觉的极大丰富。

因此,马克思指出,只有人的五官感觉真正成为"人"的,那么"感觉才能在自己的实践中直接成为理论家"。这句话的意思是,只有在一种人与人的感性关联中,人的感觉才能成为真理和实在。前文说过,在近代形而上学中,人的思维是绝对的主体,而人的感觉不过是思维先行构造的对象,不过是概念、逻辑和范畴,因此其中没有什么感觉的真理性可言,纯粹思维才是绝对的、唯一的真理。譬如在心理学中人的感觉就是一种逻辑范畴的规定物,因此对于心理学而言,纯粹理性才是根本的,而人的感觉则是由理性范畴派生出来的。而马克思将人的感性存在,尤其是人的感性存在之异化还原为纯粹思维的前提,这就意味着,当人的感觉被抽象为概念、逻辑和范畴,那必然已经意味着人的感觉成了僵死的逻辑范畴的规定物,意味着人与人之间感性存在的先行的异化。在此前提下,马克思指出,只有扬弃人的感性存在之异化,恢复人与人之间的真实的感性关联,人的五官感觉才能从纯粹思维的逻辑构造中"解蔽"或者说"复活"了出来,才能成为真理和实在。

同样,别人的感觉和精神也为我自己所占有。因此,除了这些直接的器官以外,还以社会的形式形成社会的器官。例如,同他人直接交往的活动等等,成为我的生命表现的器官和对人的生命的一种占有方式。

不言而喻,人的眼睛与野性的、非人的眼睛得到的享受不同,人的耳朵与野性的耳朵得到的享受不同,如此等等。

【论断】人的感性的解放意味着"别人的感觉和精神也为我自己所占有"。

所谓"别人的感觉和精神也为我自己所占有",就是说人与人之间实现了彼此感性生命的互相占有和彼此创造。我们接着上文的例子分析,如果音乐家的活动是他作为人的"人"的生命意义的展开和实现,那么他便实现了他的感性的解放、实现了他的五官感觉的极大丰富。这种"感性的解放"意味着他的作品不是作为僵死的物而是作为活的人而呈现,意味着他与他的作品的关系不是物的关系,而是人与人之间的关系。之所以说是"活的人"是因为这个作品是这个音乐家的生命本质和生命意义的外化,因而从根本上讲,这个作品呈现的就是这个音乐家自身;而这个音乐家也通过这个作品的创造,重新创造了他自身。

按照马克思的理解,人以理性所造好的概念、逻辑和范畴去认识并征服对象世界，对象世界就必然会沦为僵死的质料。因此，人与物的抽象对立是近代形而上学的必然结果。然而，这一对立从来不是形而上学内部的问题，它恰恰提示着现代世界的基本原则：在以资本为主导的现代世界，人与物的关系表现为人对物的直接的、片面的享受，马克思称之为"野性的、非人的眼睛得到的享受"，而物只表现为一种赤裸裸的有用性，表现为一种僵死的质料。对此，海德格尔在《关于艺术作品的本源》中做出这样一个发问：梵高画中的那双农民的鞋究竟意味着什么？是逻辑范畴规定的对象，还是我们可以直接拿下来穿的实用的物？海德格尔的回答是，"这器具属于大地，它在农妇的世界里得到保存"①。这就是说，农鞋既不是实用的器具，也不是逻辑范畴的规定物，而是农妇的感性存在，是农妇赖以生存的家园和大地。"暮色黄昏，农妇在一种滞重而健康的疲惫中脱下鞋子；晨曦初露，农妇又把手伸向它们；或者在节日里，农妇把它们弃于一旁。每当此时，未经观察和打量，农妇就知道那一切。"② 这是一个广大的非理性的世界，这双农鞋提示着农妇的感性存在，农妇也依靠这双农鞋展现了她的生命存在和生命意义。这种关联不是理性逻辑的

---

① 〔德〕海德格尔：《林中路》，孙周兴译，上海：上海译文出版社2008年版，第16页。
② 〔德〕海德格尔：《林中路》，孙周兴译，上海：上海译文出版社2008年版，第16页。

关联，也不是资本原则之下人对物的抽象的占有关系，它是人与人之间的关系，是人与人之间实现了彼此感性生命的互相占有和彼此创造的关系。

我们知道，只有当对象对人来说成为人的对象或者说成为对象性的人的时候，人才不致在自己的对象中丧失自身。只有当对象对人来说成为社会的对象，人本身对自己来说成为社会的存在物，而社会在这个对象中对人来说成为本质的时候，这种情况才是可能的。//

【论断】只有人与对象之间实现了彼此感性生命的互相占有和彼此创造，对象才真正成为人的对象，人才不致在自己的对象中丧失自身。

综合前文的阐述可以知道，唯有当对象不再作为人的客体，不再作为僵死的质料，而呈现为人自身的时候，也就是说，"社会"对人来说真正成为人作为人的本质生成的时候，人才能够实现人的感性的解放，实现人的五官感觉的极大丰富。

//因此，一方面，随着对象性的现实在社会中对人来说到处成为人的本质力量的现实，成为人的现实，因而成为人自己的本质力量的现实，一切对象对他来说也就成为他自身的对象化，成为确证和实现他的个性的对象，成为他的对象，这就是说，对象成为他自身。对象如何对他来说成为他的对象,这取决于对象的性质以及与之相适应的本质力量的性质;因为正是这种关系的规定性形成一种特殊的、现实的肯定方式。眼睛对对象的感觉不同于耳朵,眼睛的对象是不同于耳朵的对象的。每一种本质力量的独特性,恰好就是这种本质力量的独特的本质,因而也是它的对象化的独特方式,是它的对象性的、现实的、活生生的存在的独特方式。因此,人不仅通过思维,[VIII]而且以全部感觉在对象世界中肯定自己。

【论断】人的感性是独特的、多元的,它不可以被还原为一种抽象的同一性、一个非感性的抽象概念。

前文说过,在近代形而上学中,感觉只是表象,抽象思维才是实质,因此,人的感觉是可以被还原为概念、逻辑和范畴,被还原为某种思维的抽象形式的东西。借用马克思后文中批判黑格尔哲学时说的一句表达即"无眼、无牙、无耳、无一切的思维",如果抽象思维是人的感觉,是人的眼睛、耳朵的本质,那么有什么人的感觉,人的眼睛、耳朵的独特性和差异性呢,不过都是同一的抽象形式而已。

另一方面,即从主体方面来看:只有音乐才激起人的音乐感;对于没有音乐感的耳朵来说,最美的音乐也毫无意义,不是对象,因为我的对象只能是我的一种本质力量的确证,就是说,它只能像我的本质力量作为一种主体能力自为地存在着那样才对我而存在,因为任何一个对象对我的意义（它只是对那个与它相适应的感觉来说才有意义）恰好都以我的感觉所及的程度为限。因此，社会的人的感觉不同于非社会的人的感觉。只是由于人的本质客观地展开的丰富性，主体的、人的感性的丰富性，如有音乐感的耳朵、能感受形式美的眼睛，总之，那些能成为人的享受的感觉，即确证自己是人的本质力量的感觉，才一部分发展起来，一部分产生出来。因为，不仅五官感觉，而且连所谓精神感觉、实践感觉（意志、爱等等），一句话，人的感觉、感觉的人性，都是由于它的对象的存在，由于人化的自然界，才产生出来的。

【论断】人的感觉必须以人的对象世界为前提，并且通过自己的活动才能得到产生。

马克思这里的"主体"并非任何一种形而上学内部的主体，而是"对象只能像我的本质力量作为一种主体能力自为地存在着那样才对我而存在"，用马克思在"对黑格尔的辩证法和整个哲学的批判"一章中的说法，即对象性本质力量的主体性。在马克思看来，感性对象性是人发挥自己对象性本质力量的主体性的必要前提，而只有预设的主体才能抽象掉它的感性对象性关系，并真实地想象对象世界不存在。

马克思认为，感性对象性不仅意味着"我的对象是我的一种本质力量的确证"，而且"人的感觉、感觉的人性，都是由于它的对象的存在"才产生出来的。这意味着，对象不仅是人的本质力量的生成和确证,而且人的本质力量的生成和确证也必须以对象的存在为前提。这就消解了近代形而上学关于思维主体的先验预设。

基于这一前提,马克思将人的存在还原为感性对象性的存在,这首先意味着,对象不是与人无关的直接的现成的存在物,也不是纯粹思维设定的抽象形式,而是作为人的对象性存在,是人的本质力量的生成和展开。所以马克思说"只有音乐才激起人的音乐感;对于没有音乐感的耳朵来说,最美的音乐也毫无意义",如果音乐家没有历史地生成一双有音乐感的耳朵,如果音乐不是作为他的本质力量之生成的结果,那么音乐从根本上对他来说毫无意义。在这个意义上,马克思说"社会的人的感觉不同于非社会的人的感觉",一个基于先天的本能去感知音乐的人和一个在历史中生成一双有音乐感耳朵的人对于音乐的感觉一定不同。其次,人的本质力量的生成和展开也必然依赖于他的对象。"一句话,人的感觉、感觉的人性,都是由于它的对象的存在,由于人化的自然界,才产生出来的。"就人的活动来说,不仅是创造对象的存在者存在,被作为对象的存在者亦存在,并且,后者将前者同样看作了自己的对象,两者处于相互依存又彼此对立的对象性关系之中。在马克思看来,创立对象,与被对象所设定,就人的活动而言是同一回事。

五官感觉的形成是迄今为止全部世界历史的产物。囿于粗陋的实际需要的感觉，也只具有有限的意义。//对于一个忍饥挨饿的人来说并不存在人的食物形式，而只有作为食物的抽象存在，食物同样也可能具有最粗糙的形式，而且不能说，这种进食活动与动物的进食活动有什么不同。忧心忡忡的、贫穷的人对最美丽的景色都没有什么感觉；经营矿物的商人只看到矿物的商业价值，而看不到矿物的美和独特性，他没有矿物学的感觉。因此，一方面为了使人的感觉成为人的，另一方面为了创造同人的本质和自然界的本质的全部丰富性相适应的人的感觉，无论从理论方面还是从实践方面来说，人的本质的对象化都是必要的。

【论断】人的五官感觉不是人的先天本质，而是历史的产物。

如果说前文是在阐述何为人的感性对象性，何为人的感性的解放，那么这里马克思则着重阐述了人的五官感觉并不是某种先天的东西，而是人的感性活动的历史的产物。这标志着马克思和费尔巴哈的原则区别。

前文说过，费尔巴哈认为人的感觉直观是人的先天本质，而马克思则指出"五官感觉的形成是迄今为止全部世界历史的产物"。马克思在这里接连抛出了三个例子进行诘问：对于忍受饥饿的人来说，它的进食活动和动物式的进食活动没有什么区别；对于贫穷的人来说，风景完全丧失了它的感性丰富性；对于经营矿物的商人来说，宝石不过是一块可以用于增值的商品，它不包含任何美和独特性。这三种感觉究竟是人的先天本质，还是来自于人的异化劳动，来自于死劳动（资本）对人的活劳动的先验规定呢？马克思的回答自然是后者。马克思认为，人的五官感觉从来不是人的先天本质，而是具体的社会历史造就的结果。无论是鲁滨孙的明朗的孤岛、欧洲昏暗的中世纪，抑或是自给自足的农民家庭，人的五官感觉一定都呈现着不同的感性形态。

然而，马克思并没有陷入与异化劳动的非此即彼的对立。马克思指出，为了实现人的感性的解放，为了使人的感觉成为人的，也为了实现自然界的"真正复活"，人的本质力量的对象化都是必要的，即使是一种异化的形式。这就是说，唯因人从事着他的对象性活动，人才同时得以生成着自己的五官感觉，哪怕这活动的性质是异化。对此，人的五官感觉的形成既然是人的异化劳动的产物，那么扬弃人的五官感觉之异化，也必然需要以扬弃人的感性活动之异化为前提。

通过私有财产及其富有和贫困——或物质的和精神的富有和贫困——的运动，正在生成的社会发现这种形成所需的全部材料；//同样，已经生成的社会创造着具有人的本质的这种全部丰富性的人，创造着具有丰富的、全面而深刻的感觉的人作为这个社会的恒久的现实。——//

【论断】 私有财产运动创造的感性力量同时是实现共产主义的现实条件。

这段话的意思，马克思在前文已多次强调：人的本质力量的复归，决不在彼岸世界，而就在私有财产运动的过程之中。"自我异化与自我异化的积极扬弃走的是同一条道路"。

尽管私有财产运动带来了人的物质的和精神的富有与贫困，带来了有产和无产的对立，但它"正在生成的社会发现这种形成所需的全部材料"，这就是说，私有财产运动作为人的对象性本质力量的生成运动，这种力量既是压迫人、奴役人的力量，也同时是人从这种压迫和对立中解放出来的现实力量。上升和下降向来走的是同一条道路，一切压抑人、束缚人的力量也必然同时是解放人的力量。

我们看到，主观主义和客观主义，唯灵主义和唯物主义，活动和受动，只是在社会状态中才失去它们彼此间的对立，从而失去它们作为这样的对立面的存在；我们看到，//理论的对立本身的解决，只有通过实践方式，只有借助于人的实践力量，才是可能的；因此，这种对立的解决绝对不只是认识的任务，而是现实生活的任务，而哲学未能解决这个任务，正是因为哲学把这仅仅看作理论的任务。——//

【论断】 理论的对立本身的解决只有在人的实践过程中

才有可能，批判的武器不能代替武器的批判。

当近代形而上学为了"主观主义和客观主义，唯灵主义和唯物主义，活动和受动"各执一端的时候，马克思却表示这种对立不仅是理论内部的对立，更重要的是人的现实生活的对立。马克思这里批判的就是黑格尔这类形而上学家们将这种对立仅仅看作理论内部的对立，并试图在理论内部消解这种对立的做法。

前文说过，近代形而上学的核心问题即思维和存在的关系问题，或者说纯粹思维和纯粹物性（抽象物质）的对立问题。唯物主义一脉以纯粹物性为基础，思维是对存在的反映；唯心主义一脉则以纯粹思维为基础，存在则是纯粹思维先行规定的对象。黑格尔要求破除这种外在的僵硬的对立，他的做法是：通过思维的辩证运动将思维与存在的对立保持在自身之内，即自我意识通过外化达到对象，又扬弃了外化回到自身这样一个过程。这一过程的重点在于，将思维的自我产生看作一个历史过程。在这一过程中，思维既是起点又是终点，既是自身又是他者，也就是说，思维是作为个体意识的自我意识，而对象是自我意识的本质外化的展开：不仅是作为思维的对象，而且是作为能思维的意识自身。这样一来，思维不仅是我们主观的思想形式，更重要的是事物自身的本质内容，因而思维对存在的认识，就不再是认识一个异己的他物，而是自自身中展开着的绝对运动本身。因此，的确可以说，黑格尔的辩证法实现了思维和存在、主体和客体的思辨统一。

然而，在马克思看来，"（黑格尔）哲学未能解决这个任务，正是因为哲学把这仅仅看作理论的任务"。黑格尔对思维和存在的对立的解决的前提完全在于理性，或者说，理性的无限性。理性的无限性之所以虚幻乃是在于它是作为人的感性生活的普遍抽象，正是因为人自身感性生活的限制和束缚，人才利用思维在其逻辑形式上的无限性将自己设想为某种"神"，以幻想一劳永逸地达成自我认识。但是人真的能够成为一个完全理性的存在者么？人的理性真的可以克服掉人的感性的有限性么？马克思的回答是不能的，不仅不能，而且，人对思维无限性的预设，恰恰是根源于人的感性的有限性，根源于人的感性生活的自我矛盾和自我分裂。因此，扬弃思维和存在、主体和客体的对立不仅仅是一个思维内部的任务，更重要的是对人的感性生活本身做出扬弃和变革。

我们看到，工业的历史和工业的已经生成的对象性的存在，是一本打开了的关于人的本质力量的书，是感性地摆在我们面前的人的心理学；对这种心理学人们至今还没有从它同人的本质的联系，而总是仅仅从外在的有用性这种关系来理解，因为在异化范围内活动的人们仅仅把人的普遍存在，宗教，或者具有抽象普遍本质的历史，如政治、艺术和文学等等，[IX] 理解为人的本质力量的现实性和人的类活动。在通常的、物质的工业中（人们可以把这种工业理解为上述普遍运动的一部分，正像可以把这个运动本身理解为工业的一个特殊部分一样，因为全部人的活动迄今为止都是劳动，也就是工业，就是同自身相异化的活动），人的对象化的本质力量以感性的、异己的、有用的对象的形式，以异化的形式呈现在我们面前。如果心理学还没有打开这本书即历史的这个恰恰最容易感知的、最容易理解的部分，那么这种心理学就不能成为内容确实丰富的和真正的科学。//如果科学从人的活动的如此广泛的丰富性中只知道那种可以用"需要"、"一般需要!"的话来表达的东西，那么人们对于这种高傲地撇开人的劳动的这一巨大部分而不感觉自身不足的科学究竟应该怎样想呢？——

【论断】工业的历史及其对象性的存在是最为直观的展现着人的本质力量的生成活动。因此，尽管工业是人的本质力量的异化形式，但它同时是以感性的、有用的对象性的形式展现在我们面前的人的本质力量。因而工业是"人的感性的心理学"。

工业是人的感性的心理学，是人的本质力量的打开了的书本，这意味着工业尽管完成着人的非人化，但却同时是人的本质力量的生成活动。然而，形而上学家们总是将宗教、政治、艺术和文学（这里的宗教、政治、艺术和文学无疑指的是近代形而上学意义上的）等一切以理性法则建构的知识视作人的真正本质，而工业的历史及其对象化的存在则被视作这一本质先行规定的对象,是理性的逻辑范畴的规定物,用马克思的说法即"仅仅从外在的有用性"来理解。一旦这个世界被视作逻辑范畴的规定物,那么它就是一个最虚无、最空洞的概念,在其中,人的活动过程从根本上没有任何意义。因此,马克思认为有必要将工业的历史及其对象性的存在从纯粹理性的从属地位中解放出来,恢复它的真实性存在。

在马克思看来,人的现实的社会历史,即工业的历史,才是人的本质力量的生成活动,尽管是人的本质力量的异化形式,而宗教、政治、艺术和文学不过是工业的历史的观念表达而已。用马克思在《德意志意识形态》中的表达,即"如果没有工业和商业,哪里会有自然科学呢"①。一切以理性法则建构的科学不是人的世界的先天本质,恰恰相反,它是工业的历史带来的产物。既然工业的历史才是人的本质力量的生成活动,那么对这一领域的理解和把握才是最为根本的。"如果心理学还没有打开这本书即历史的这个恰恰最容易感知的、最容易理解的部分,那么这种心理学就不能成为内容确实丰富的和真正的科学。"这里的心理学不能狭隘地理解为今天社会科学意义上的心理学,它更重要的是一种指称,指称一切以理性法则建构的科学知识。如果说一切以理性法则建构的科学其存在的前提就在于对

---

① 《马克思恩格斯选集》第1卷,北京:人民出版社2012年版,第157页。

人的感性生活的逻辑清洗，那么马克思则要在恢复人的感性生活（工业的历史）的基础上，揭示一切占据统治地位的以理性法则建构的科学的本质及其界限，从而描述人们的实践活动和实际发展过程的真正的"科学"。马克思在《德意志意识形态》中将它称为"真正的知识"，"关于意识的空话将销声匿迹，它们一定为真正的知识所代替"。① 这是两种截然不同的知识，前者是对一切既定的现存的表象的逻辑抽象（从具体到抽象），而后者则将抽象还原到人的实际生活过程中（从抽象到具体），从而把握现实的个人及其生活世界的历史性运动。

总而言之，马克思这段话的核心意思即在于揭示工业的历史及其对象性的存在是人的存在的本质的领域。在马克思看来，这样一个领域，是绝不可能被还原到理性的知识构造中去的，不仅不能如此还原，它还是一切以理性法则建构起来的知识、逻辑和范畴的前提和基础。

自然科学展开了大规模的活动并且占有了不断增多的材料。而哲学对自然科学始终是疏远的，正像自然科学对哲学也始终是疏远的一样。过去把它们暂时结合起来，不过是离奇的幻想。存在着结合的意志，但缺少结合的能力。甚至历史编纂学也只是顺便地考虑到自然科学，仅仅把它

---

① 《马克思恩格斯选集》第1卷，北京：人民出版社2012年版，第153页。

看作是启蒙、有用性和某些伟大发现的因素。然而，自然科学却通过工业日益在实践上进入人的生活，改造人的生活，并为人的解放作准备，尽管它不得不直接地使非人化充分发展。工业是自然界对人，因而也是自然科学对人的现实的历史关系。因此，如果把工业看成人的本质力量的公开的展示，那么自然界的人的本质，或者人的自然的本质，也就可以理解了；因此，自然科学将抛弃它的抽象物质的方向，或者更确切地说，是抛弃唯心主义方向，从而成为人的科学的基础，正像它现在已经——尽管以异化的形式——成了真正人的生活的基础一样；说生活还有别的什么基础，科学还有别的什么基础——这根本就是谎言。在人类历史中即在人类社会的形成过程中生成的自然界，是人的现实的自然界。因此，通过工业——尽管以异化的形式——形成的自然界，是真正的、人本学的自然界。——//

【论断】 自然科学的历史意义就在于加速工业运动的发展，加速人的本质力量的异化。因为这些积累起来的人的本质力量，尽管是异化的形式，也同时是人获得感性的解放的现实力量。

在马克思这里的语境中，自然科学指的是科学的实证活动，主要对象为直接的经验事实；而哲学指的是思维的思辨活动，主要对象是自我意识。"哲学对自然科学始终是疏远的，正像自然科学对哲学也始终是疏远的一样。"哲学指责自然科学专注于经验和实证，而经验是有限的和不可靠的，因而无法上升到普遍；而自然科学则指责哲学未经实证，因而必然走向极致的唯心主义。在当时的欧洲大陆，特别是在德国，哲学这样一种重视思维的思辨的理论才是时代的主导，尤其是黑格尔哲学，而自然科学不过是为哲学理论提供辅助证明的工具。人们普遍地不关心实证，甚至连历史学这样基于实证考古的"科学"，也不重视自然科学实证的力量（当然如果我们对自然科学进行反思，会发现它与哲学一样必然走向唯心，因为人的经验是有限的，而自然科学客观性的获得必然要依赖人的理性在其逻辑形式上的无限性。譬如康德为自然科学的重新奠基，即将自然科学的客观性转化为人的思维的普遍必然性。因此，我们前后文将自然科学与哲学一样视作依据理性原则建构起来的知识论，视作近代形而上学之一种是没有问题的）。

虽然自然科学实证的力量在当时并未受到人们的普遍重视，但自然科学的发展却促进了现代工业的发展，并实实在在地改变了人的感性生活。前文说过，工业的历史及其对象性的存在并不是与人无关的力量，而是作为人的本质力量，因此在工业的历史中生成的感性力量同时也是人获得解放的现实力量。既然自然科学的发展促进了工业的发展，那么自然科学无疑可以"为人的解放作准备，尽管它不得不直接地使非人化充分发展"，也就是说，加速工业的发展，加速人的本质力量的异化。因为异化是人扬弃异化的真正动力,因为这些在工业的历史中积累起来的人的本质力量同时是人获得解放的现实的感性条件。

在此基础上,马克思指出:"如果把工业看成人的本质力量的公开的展示,那么自然界的人的本质,或者人的自然的本质,也就可以理解了;因此,自然科学将抛弃它的抽象物质的方向,或者更确切地说,是抛弃唯心主义方向,从而成为人的科学的基础。"也就是说,既然工业是人的本质力量的公开的展示,而自然科学又在工业的历史中展示着它的现实力量,那么自然科学无疑也是人的本质力量的体现。如果我们看到了自然科学是人的感性活动的体现,或者更确切地说,是人的感性活动之异化的体现,而不是一种纯粹知识论、纯粹形而上学内部的东西,那么讨论它是否能够上升为普遍,是否走向唯心主义,是否需要依靠理性的先验性来保障其客观性不过都是一些形式的思考。需要注意的是,马克思所说的感性活动不是形而上学内部的感性,不是逻辑范畴的规定物,恰恰相反,它是一切理性、逻辑和范畴所由之生发的前提和基础。用马克思这里的话说,"说生活还有别的什么基础,科学还有别的什么基础——这根本就是谎言",以理性的先验性来建立自然科学客观性的基础不过是一种抽象的理论预设而已,人的感性活动相较于先验理性才是最为基础的东西。既然人的感性活动才是最为基础的东西,既然自然科学是人的感性活动的体现,那么它的意义和界限则必须在人的感性活动的展开过程中而被追问。

感性（见费尔巴哈）必须是一切科学的基础。科学只有从感性意识和感性需要这两种形式的感性出发，因而，科学只有从自然界出发，才是现实的科学。可见，全部历史是为了使"人"成为感性意识的对象和使"人作为人"的需要成为需要而作准备的历史（发展的历史）。历史本身是自然史的一个现实部分，即自然界生成为人这一过程的一个现实部分。自然科学往后将包括关于人的科学，正像关于人的科学包括自然科学一样：这将是一门科学。[Ⅹ]人是自然科学的直接对象；因为直接的感性自然界，对人来说直接是人的感性（这是同一个说法），直接是另一个对他来说感性地存在着的人；因为他自己的感性，只有通过别人，才对他本身来说是人的感性。但是，自然界是关于人的科学的直接对象。人的第一个对象——人——就是自然界、感性，而那些特殊的、人的、感性的本质力量，正如它们只有在自然对象中才能得到客观的实现一样，只有在关于自然本质的科学中才能获得它们的自我认识。思维本身的要素，思想的生命表现的要素，即语言，具有感性的性质。自然界的社会的现实和人的自然科学或关于人的自然科学，是同一个说法。——

【论断】人的感性的社会历史是不可能被还原到理性的知识构造中去的。不仅不能如此还原，它还是一切以理性法则建构的科学的真正基础。

"感性（见费尔巴哈）必须是一切科学的基础。科学只有从感性意识和感性需要这两种形式的感性出发，因而，科学只有从自然界出发，才是现实的科学。"注意，这句话中的"自然界"不是近代形而上学内部（譬如自然科学）所说的"抽象物质"意义上的自然界，而是通过人的感性活动进入了人的社会历史的自然界，前者是一种知识论上的抽象，而后者是作为人的感性的自然界，用马克思这里的说法即"一个对他来说感性地存在着的人"。前文说过，一切以理性法则建构起来的科学的本质即思维对普遍者的认识，并要求以思维的存在方式——知识建构起对象世界。因此，对于科学来说，人的现实世界被完全地理解为作为知识之对象的世界，而人的思维就成为现实世界的本质基础。

然而，马克思要追问的是，人的感性的世界真的可以被还原进理性的知识构造中去么？或者更明确地追问，理性真的可以消解人的感性的有限性么，人真的可以借助理性在其逻辑形式的无限性将自己包装成神么？马克思的回答毫无疑问是否定的。在马克思看来，正是出于人的感性的有限性，正是出于人的感性生活的自我矛盾和自我分裂，才产生了理性和感性的对峙，以及理性对人的感性生活的抽象和褫夺。因而人的感性生活是理性的前提，就连"思维本身的要素，思想的生命表现的要素，即语言，（也）具有感性的性质"。理性形而上学家往往认为语言的根据是纯粹思维，而马克思却指出语言是感性的，它提示着人与人之间的感性关联（譬如说，在马克思看来，当初民们在说"这是树"的时候，这里的"树"绝不是一个植物学概念，而只是在表达他们与树之间的感性关联）。当理性被设定为人的感性生活的先验前提，这不过意味着人的感性生活的异化，意味着人对自身感性的有限性的"恐惧"而已。因此，人的历史的"起点"，不是一个思维逻辑上完成的人，也不是任何一个既定的主体，而恰恰由于是人的感性的有限性，由于人的感性的自我实现的需要。所以马克思说"全部历史是为了使'人'成为感性意识的对象和使'人作为人'的需要成为需要而作准备的历史（发展的历史）"，这就是说，人的感性意识和感性需要是推动人的社会历史之变革的真实力量（所谓感性意识，前文已阐述过，即前逻辑、前概念的意识，即在人的存在之中领会存在，譬如人对自身感性生活的受动和痛苦的领会，而理性意识则是对人的感性意识的抽象）。譬如从封建时代转向资本主义时代这一时代的变革，在马克思看来，就是人在其感性意识和感性需要的推动下所从事的感性活动的推动。

　　因此，马克思这里的"科学"绝不是任何一种现代性意义以理性为先验前提的科学，而是作为人的感性的科学。"科学只有从自然界出发，才是现实的科学"，这句话，如果从自然科学的意义上来讲，是思维对自然界（这里的自然界指的是抽象物质)的认识的过程;如果从马克思的意义上讲,则是自然界生而为人的过程,是人在自然界中通过自己的感性活动而自我生成的过程,也就是说,纯粹知识的认识论转化为了人的生存的本体论,因此"现实的科学"是对现实的个人及其历史运动进行描述的"真正的知识"(马克思《德意志意识形态》语)。简而言之,如果说现代科学是以理性法则建构的科学,其诉诸的是逻辑、知识和概念的话,那么,马克思要求诉诸的则是前逻辑、前知识和前概念的领域,因为这一领域才是人的生存的切身的、具体的领域,是以理性法则建构起来的科学知识的真正基础。因此,在马克思看来,对一切理性形而上学所由之生发的那个感性的社会历史的把握,是"现实的科学"的真正主题。在这个意义上,马克思说:"感性必须是一切科学的基础。"

说到这里,我们无疑可以引用海德格尔的一句类似的表达:"只有我们终于认识到,被颂扬了几个世纪的理性,其实是思想最顽固的敌人,只有这时,我们才有可能开始思想。"[1] 当理性成为我们感性生活的先验的前提,当逻辑、知识和概念完成了对我们感性生活的方方面面的统治,人的感性生活早被遮蔽了、早被遗忘了。如果人的世界被视

---

[1] 〔美〕威廉·巴雷特:《非理性的人》,上海:上海译文出版社2012年版,第272页。

作由理性范畴所赋予的普遍性以及抽象的同一性架构起来的世界,那么那个前逻辑、前理性的领域又是什么呢?人们生活在其中,却从不知道它。而马克思却要求知道它,并且试图描述它,毫无疑问,这无疑是马克思带给后人最重要的启发。

//我们看到,富有的人和人的丰富的需要代替了国民经济学上的富有和贫困。富有的人同时就是需要有人的生命表现的完整性的人,在这样的人的身上,他自己的实现作为内在的必然性、作为需要而存在。不仅人的富有,而且人的贫困,——在社会主义的前提下——同样具有人的因而是社会的意义。贫困是被动的纽带,它使人感觉到自己需要的最大财富是他人。因此,对象性的本质在我身上的统治,我的本质活动的感性爆发,是激情,从而激情在这里就成了我的本质的活动。——//

【论断】社会主义作为一种人与人之间的自由自觉的社会关系,它意味着人的感性的丰富性。

国民经济学上的富有和贫困,主要表现的是人的财富的量的差别;而马克思这段话中"富有的人和人的丰富的需要""不仅人的富有,而且人的贫困""贫困是被动的纽带",这里的"富有"和"贫困"不仅仅指的是人的财富的量的差别,更重要的是指人的生命表现的完整与否。因为在马克思看来,有产和无产的对立从来不仅仅是物质财富意义上的对立，更重要的是人的生命表现的匮乏和生命意义的丧失，是一种"无根"状态或者海德格尔所说的"无家可归"的状态。用马克思前文的例子，有音乐感的耳朵在音乐中呈现的是自身生命表现的完整性，而没有音乐感的耳朵呈现的则是自身生命表现的异化和分裂。在此基础上，马克思指出"不仅人的富有，而且人的贫困，——在社会主义的前提下——同样具有人的因而是社会的意义"，这就是说，社会主义作为一种新的社会关系，它需要扬弃一切动物式的异化形式，而使人的感性得到充分的解放，从而展现出人的生命表现的完整性和感性的丰富性。

"贫困是被动的纽带，它使人感觉到自己需要的最大财富是他人。"这就是说，人的感性的贫乏催生了他参与感性的社会生活的需要，而参与社会生活的意义就在于人可以实现他的生命表现的完整性和感性的丰富性。人是社会性的存在者，这一点马克思已在上文多次说过，人的自我实现和自我确证必然是社会性的，只有预设的主体才能真实地想象他的对象世界不存在。比如人如果可能拥有一双有音乐感的耳朵，这必然意味着他积极地参与了他的社会生活，并始终在他的社会生活中积极地找寻他生命意义的确证和归属。

"我的本质活动的感性爆发，是激情"，激情、热情是非概念、非逻辑的东西，激情、热情的呈现意味着人的感性丰富性的爆发。如果我们在听贝多芬的音乐时，音乐不是一种外在于我们的客体,不是与我们自身相异化的形式,而仿佛是从我们自身的血液中流淌出来的东西,那必然意味着人的感性丰富性的爆发,意味着激情、热情的呈现。

(5) 任何一个存在物只有当它用自己的双脚站立的时候,才认为自己是独立的,而且只有当它依靠自己而存在的时候,它才是用自己的双脚站立的。靠别人恩典为生的人,把自己看成一个从属的存在物。但是,如果我不仅靠别人维持我的生活,而且别人还创造了我的生活,别人还是我的生活的泉源,那么我就完全靠别人的恩典为生,如果我的生活不是我自己的创造,那么我的生活就必定在我自身之外有这样一个根源。因此,创造 [Schöpfung] 是一个很难从人民意识中排除的观念。自然界的和人的通过自身的存在,对人民意识来说是不能理解的,因为这种存在是同实际生活的一切明显的事实相矛盾的。

大地创造说,受到了地球构造学即说明地球的形成、生成是一个过程、一种自我产生的科学的致命打击。自然发生说是对创世说 [Schöpfungstheorie] 的唯一实际的驳斥。

【论断】人作为人的本质属性,从来不是直接自在和现成的,而必须通过人的劳动而自我产生。

马克思的这段话我们无疑可以借用米兰·昆德拉在《小说的艺术》中的一段话进行解读:"人原先被笛卡尔上升到了'大自然的主人和所有者'的地位,结果却成了一些超越他、赛过他、占有他的力量,比如科技力量、政治力量、历史力量的掌中物。对于这些力量来说,人具体的存在,他的'生活世界',没有任何价值、没有任何意义:人被隐去了,早被遗忘了。"① 自从笛卡尔要求将一切存在者的真理性由人的思维给出之后,人仿佛从形式上成为了主体,拥有了以往一切世界所不曾拥有过的自由,但现实却是人成了他亲手创造出来的感性力量的掌中物,并且这些感性力量穿上了理性的外衣,以愈加合理的形式完成着对人的统治。

对此,马克思说道:"任何一个存在物只有当它用自己的双脚站立的时候,才认为自己是独立的,而且只有当它依靠自己而存在的时候,它才是用自己的双脚站立的。"人亲手创造出来的感性力量,却以合理的、正义的乃至"神"的名义完成着对人自身的统治,以至于人跟在这样的力量后面亦步亦趋,那么人从根本上是动物式的存活,因而自然不是依靠自己的双脚站立。不妨让我们思考一下现实的个人与知识的关系:知识本是人的感性活动的产物,却仿佛成了一种在人之外的、独立的、先天的力量,以至于现实的个人无论是思想上还是在活动中都受到知识方方面面的支配,都只是跟在知识后面亦步亦趋,却从不拷问知识

---

① 〔捷克〕米兰·昆德拉:《小说的艺术》,尉迟秀译,上海:上海译文出版社2019年版,第4页。

之存在的前提。从这一角度来看，人并没有依靠自己的双脚站立，因为他根本没有承担起自己感性的有限性，并没有实现作为"人"的自我认识和自我活动。当人将理性和一切以理性法则建构起来的知识视作绝对的主体，并希冀于理性的完善可以一劳永逸地帮自己解决自身感性生活的有限性问题时，这恰恰意味着他对自己感性的有限性的自我承当的惧怕。

诚如弗洛姆在《逃避自由》中所说："对现代人来说，自由的含义究竟是什么？他摆脱了外在的束缚，可以随心所欲地按自己意志行动和思想。如果他知道自己的所欲、所想、所感是什么的话，他是能够按自己的意志自由行动的，但他并不知道，他趋同于匿名权威，拿不是自己的自我当自我。越是这样，他就越觉得无能为力，便越被迫趋同。现代人表面上是乐观进取的，实际上却被一种深深的无能为力感击垮，呆呆地注视着灾难一步步地逼近，好像全身瘫痪了。"① 人无法承担这种自由的情境，甚至逃避这种自由的情境，人总是在想：我不要这种自由，我最好是被规定的，这样我就轻松了。如果有一个东西，不管是什么，它能永远替我做出决定，我该多轻松啊！科学、知识和逻辑往往承担着人的这种希冀和幻想。对此，马克思认

---

① 〔美〕埃里希·弗洛姆：《逃避自由》，刘林海译，上海：上海译文出版社2015年版，第171页。

为，人作为人，"只有当它依靠自己而存在的时候，它才是用自己的双脚站立的"。只有当人自己承担起自身感性的有限性，而消解一切形而上的幻想，即不再将自由寄托在一个超感性的理念世界，那么人方能说依靠自己的双脚站立；只有当人不再满足于任何既定的、现成的真理，而一再地拷问那真理之存在的前提，那么人的活动才能真正具有主体性和能动性。

马克思这里举了"大地创造说"和"地球构造学"的例子，这两个学说都是关于地球之形成和生成的学说。前者是将地球的起源交由上帝，后者则交给知识、交给科学。知识的发展逐渐消解了神的奇迹，这是毋庸置疑的；但知识的发展却重新塑造出了一个"神"，这个神即人的"理性神"。"理性神"作为当今时代的绝对的、独一无二的主宰，不仅保证了人对自然界的认识，而且保证了人的社会存在的绝对真理，以至于人们遗忘了理性最初的来历，以至于人们相信只要理性以及一切理性建构起来的知识足够完善，人的感性生活的一切有限性问题都可以随之而解。

现在对单个人讲讲亚里士多德已经说过的下面这句话，当然是容易的：你是你父亲和你母亲所生；这就是说，两个人的交媾即人的类行为生产了你这个人。这样，你看到，人的肉体的存在也要归功于人。因此，你应该不是仅仅注意一个方面即无限的过程，由于这个过程你会进一步发问：谁生出了我的父亲？谁生出了他的祖父？等等。你还应该紧紧盯住这个无限过程中的那个可以通过感觉直观的循环运动，由于这个运动，人通过生儿育女使自身重复出现，因而人始终是主体。

但是，你会回答说：我向你承认这个循环运动，那么你也要向我承认那个无限的过程，那个过程驱使我不断追问，直到我提出问题：谁生出了第一个人和整个自然界？

【论断】形而上学家们总是预先地抽象掉人的感性生活的真实内容，而不断地追问和上溯，从而试图把握那个超感性世界的绝对真理。

前文说过，形而上学必然要通过一个先行的概念来建构它的对象，因此对于形而上学家而言，不断地抽象和上溯是必要的演绎过程，正如"神学家也是用原罪来说明罪恶的起源一样"。马克思这段话正是对一种形而上学式的上溯的批判，所谓的形而上学式的上溯即对一个原初的、第一性的东西的不断发问。

形而上学的本质是对绝对的普遍者追问，因此它需要首先地抽象掉一切感性的内容，并通过不断地抽象和上溯来把握那样一个超感性世界的真理。譬如说"谁生出了我的父亲，谁生出了我的祖父"，以至于追问到"谁生出了第一个人和整个自然界"。马克思认为，这种形而上学式的抽象和上溯从根本上不是理论内部的发展，而是人的感性活动不断推进的过程。用马克思的说法，人们不断追问"谁生出了第一个人和整个自然界"的过程，从根本上不过是"人通过生儿育女使自身重复出现"的过程。因此，在马克思看来，人对任何一个绝对本质的追问过程必然同时是人的感性活动不断发展的过程。当形而上学家试图抽象掉一切感性世界的内容进而去把握那个超感性世界的真理时，马克思却要求将这种发问还原到人的感性生活中去。马克思不过提示了一个很简单的道理：正是因为人的感性生活的有限性，人才要求追问着无限和绝对，并要求通过理性的无限性来消解人的感性的有限性。

我只能对你做如下的回答：你的问题本身就是抽象的产物。请你问一下自己，你是怎样想到这个问题的，请你问一下自己，你的问题是不是来自一个因为荒谬而使我无法回答的观点。请你问一下自己，那个无限的过程本身对理性的思维来说是否存在。既然你提出自然界和人的创造问题，你也就把人和自然界抽象掉了。你设定它们是不存在的，你却希望我向你证明它们是存在的。那我就对你说：放弃你的抽象，你也就会放弃你的问题，或者，你想坚持自己的抽象，你就要贯彻到底，如果你设想人和自然界是不存在的，[XI] 那么你就要设想你自己也是不存在的，因为你自己也是自然界和人。不要那样想，也不要那样向我提问，因为一旦你那样想，那样提问，你就会把自然界的存在和人的存在抽象掉，这是没有任何意义的。也许你是个设定一切都不存在，而自己却想存在的利己主义者吧？

你可能反驳我：我并不想设定自然界等等不存在；我是问你自然界的形成过程，正像我问解剖学家骨髓如何形成等等一样。

【论断】这种形而上学式的发问本身就是抽象的结果，它预先地抽象掉了人的感性生活的真实内容，预先地抽象掉了感性的自然界和感性的人的存在。

"既然你提出自然界和人的创造问题，你也就把人和自然界抽象掉了。你设定它们是不存在的，你却希望我向你证明它们是存在的。"当形而上学家们提出了自然界和人的抽象的创造问题，这必然意味着他们已经预先设置了他们在世界之外，设置了一双外在于世界的眼睛，因而人的感性生活的真实内容、人的感性的自然界就已经预先被抽象掉了。马克思对这一问题的回答是，"如果你设想人和自然界是不存在的，那么你就要设想你自己也是不存在的，因为你自己也是自然界和人"。人将自己感性生活的真实内容抽象掉，也必然意味着人将活生生的自己抽象掉了。因此，这个问题在马克思看来是个彻头彻尾的伪问题，马克思把这个伪问题表达为：首先假定了人类不存在，然后再试图让我证明人类存在，其中无疑存在着极致的悖谬。

譬如说最近关于人工智能的一个讨论：人工智能未来能否取代人自身呢？这个问题在马克思看来就是一个形而

上学内部的问题,因为当我们进行这一发问时,我们已经预设了自己在自己的感性生活之外,预设了一双外在于我们的感性生活的眼睛,我们遗忘了这个问题的最初的来历,而仅仅将其视作一个纯粹的理论问题。马克思则认为,我们无论再宏大、再精致的抽象和预设都是关于人的感性生活的抽象和预设,都是关于人的感性生活的或此或彼的观念表现而已。人是不可能脱离自己的感性生活和时代境遇,而从外部追问一个问题的,用海德格尔的说法,"问之何所以问",人的所有的发问,哪怕是一个最为宏大的理论问题,从根本上都是由于人的现实的感性生活派生出来的。正如马克思在《关于费尔巴哈的提纲》中所说:"凡是把理论引向神秘主义的神秘东西,都能在人的实践中以及对这个实践的理解中得到合理的解决。"[1] 这就是说,人的生活世界发生变革,人的思维和思维的产物也会随之发生变革。基于这一立场,人工智能能否取代人的问题不过是一种抽象的唯心主义之思,因为它完全脱离了人工智能所由之生发的具体的社会历史情境,而将其视作一种独立的东西。

所以,关于人工智能的讨论,我们不妨从马克思的立场做个总结:首先,任何科学和技术的创造都必然是基于一定的、具体的感性情境,只是它们被赋予了某种神秘的

---

[1] 《马克思恩格斯选集》第1卷,北京:人民出版社2012年版,第139—140页。

独立性的外观，尤其是意识形态家们的包装，所以才遮蔽了它们最初的来历。其次，既然技术从根本上来源于人在生活世界中的有限性问题，是人基于具体的感性情境造就的产物，那么技术则必然是有限的，也必然无法从根本上解决人的有限性问题。一个很简单的道理，基于具体的感性情境造就的产物怎么可能具有无限性呢？技术所具有的关于无限性的设想不过是基于人的理性在其逻辑形式上的无限性，而人的理性在其逻辑形式上的无限性不过是关于人的生活世界的现实的设想。因此，基于马克思的这一原则可以得出的结论是：尽管人工智能技术愈加完善，甚至愈加具备无人能敌的能力，但从根本上讲，它来自于人在生活世界中的有限性问题，所以它不具有独立性，也必然是有限的，更不可能一劳永逸地从根本上解决人的生活世界中的有限性问题。

但是，因为对社会主义的人来说，整个所谓世界历史不外是人通过人的劳动而诞生的过程，是自然界对人来说的生成过程，所以关于他通过自身而诞生、关于他的形成过程，他有直观的、无可辩驳的证明。因为人和自然界的实在性，即人对人来说作为自然界的存在以及自然界对人来说作为人的存在，已经成为实际的、可以通过感觉直观的，所以关于某种异己的存在物、关于凌驾于自然界和人之上的存在物的问题，即包含着对自然界的和人的非实在性的承认的问题,实际上已经成为不可能的了。无神论,作为对这种非实在性的否定,已不再有任何意义,因为无神论是对神的否定,并且正是通过这种否定而设定人的存在。

【论断】对于社会主义的人来说,无疑可以实现对一切形而上学的真正批判。

既然一切形而上学的理论架构从根本上根源于人的感性生活,那么人如何可能消解形而上学对真理领域的霸占,而将真理问题的发问交还给人自身呢?马克思的回答是,社会主义的人无疑可以实现对形而上学的真正的批判。

现代社会以及一切以理性法则建构的科学知识的发展逐渐取消了神的奇迹,但仍然以一种形而上学的抽象作为其核心原则,并且通过这种形而上学的抽象重新确立了一种"神",即人的理性。诚如我们上文所说,理性在当代不仅保证了人对自然界的认识,而且保证了人的社会存在的绝对真理,以至于我们跟着黑格尔这样的理性形而上学家们相信:人类社会的完美是可以通过理性、概念和范畴的完善来获得保证的,仿佛只要理性、概念和范畴足够完善,人类社会的一切有限性问题都会随之而解。

然而,两次世界战争让我们看到了理性的界限及其本质:人类社会的完美无法通过理性的完善来保证,相反,理性背后却站着人与人之间、阶级与阶级之间的权力斗争。对此,尼采用一句"上帝死了"来说明一切超感性世界的崩塌，并要求将这种超感性世界的真理还原到人的感性生活中去（尼采用这一感性生活把握人的生命意志）。马克思要追问的问题与尼采一样，首先，理性以及以理性法则建构的知识的真实基础是什么？其次，既然这样一个超感性世界无法保证人的生存，那么人能否不依靠超感性世界的保证而活、不依靠形而上学的预设和想象而活呢？"无神论，作为对这种非实在性的否定，已不再有任何意义，因为无神论是对神的否定，并且正是通过这种否定而设定人的存在。"马克思这里的"神"不是狭义意义上的宗教神，而是指代一切形而上学、一切超感性世界的真理。对此，我们主要从以下两个问题展开阐述：首先，人为什么要造神？其次，人能否不依靠"神"的保证而展开他的活动呢？

"对社会主义的人来说，整个所谓世界历史不外是人通过人的劳动而诞生的过程，是自然界对人来说的生成过程，所以关于他通过自身而诞生、关于他的形成过程，他有直观的、无可辩驳的证明。"在马克思看来，首先，历史是人的感性活动史，一切超感性世界的真理都是作为人的感性活动的观念表现，都是人的感性的自我认识。因此，超感性世界的真理从来不是先天的，它从根本上来源于人的感性活动的有限性。就我们当前的社会历史来看，这种有限性体现为人的感性活动之异化，尤其是体现为资本和雇佣劳动的对立。其次，人如果可能不依靠"神"的保证而展开他的活动，在马克思看来，则必须消解资本和雇佣劳动的对立，即对私有财产运动本身进行扬弃。我们今天的科学实践、社会制度几乎每一项都出于理性原则的规范之下，这种理性原则为我们的生活带来了种种进步，但同时也带来了我们生命存在的遮蔽和生命意义的丧失。马克思认为，这种理性原则本质上是作为资本之积累的"道"，它将人的感性生命下降为同一的抽象范畴、下降为由资本所构造的抽象的物的存在。因此，这种"神"的存在并没有保证人的自由，相反，它保证了资本的自由。在马克思看来，如果在社会主义社会，人可以完成对私有财产运动的扬弃，可以消解资本和雇佣劳动的对立，从而可以实现一种自由自觉的劳动，那么人就可以不依靠"神"的保证来展开他的活动了，就可以不依据任何形而上学的观念预设而活了。

可见，在马克思看来，人如果可能扬弃超感性世界的真理，能够不依靠形而上学的预设而展开他的活动，不在于他"节欲"，或者完成某种生命意志的自我超越，而在于对资本这样一种从方方面面完成着对人的感性生命的统治的"死劳动"进行扬弃，从而得以实现一种自由自觉的劳动。因为当代人的感性生命的有限性问题从根本上来自于资本对人的压迫，来自于资本对人的"非如此不可"的限制，而不在于他欲望太多，或者不够强大。

但是，社会主义作为社会主义已经不再需要这样的中介：它是从把人和自然界看作本质这种理论上和实践上的感性意识开始的。社会主义是人的不再以宗教的扬弃为中介的积极的自我意识，正像现实生活是人的不再以私有财产的扬弃即共产主义为中介的积极的现实一样。共产主义是作为否定的否定的肯定，因此，它是人的解放和复原的一个现实的、对下一段历史发展来说是必然的环节。共产主义是最近将来的必然的形态和有效的原则，但是，这样的共产主义并不是人类发展的目标，并不是人类社会的形态。——

【论断】共产主义意味着对私有财产运动的积极扬弃，而社会主义则是通过对私有财产运动的积极扬弃而建立起来的一种新的社会关系。

马克思认为，社会主义社会已经不再需要任何超感性世界的真理（"神"的中介）来保证人的活动了，因为"它是从把人和自然界看作本质这种理论上和实践上的感性意识开始的"。在马克思看来，历史的真正起点，是人在其感性意识的推动下所从事的感性活动，而非任何一种理性的先验预设。当代人将自然界理解为用理性的逻辑范畴去建构的对象，而人则成了凭借理性的先验形式去征服对象的征服者，那么，人的活动、人与自然的关系从根本上是从属于理性的先验原则之下的；而社会主义则意味着"把人和自然界看作本质"，这意味着人不再以理性所造好的概念、逻辑和范畴去设定并征服对象，而是回到前理性、前逻辑的领域中，回到人与自然的非理性的"本质"关联之中，以人对自身感性生活的真实领悟和自觉展开自己的活动，从而真正占有自己的社会性本质。

在马克思看来，共产主义运动是实现社会主义社会的一个必然的环节。共产主义运动我们前文已经详细说过，即扬弃私有财产的运动本身。它不是人类社会发展的目标，也不是一个特定的社会形态，它和私有财产运动走的是同一条路，这条路即人的历史运动之路。马克思认为"共产主义是作为否定的否定的肯定，因此，它是人的解放和复原的一个现实的、对下一段历史发展来说是必然的环节"，人只有扬弃私有财产运动，才能建立起新的社会关系即"社会主义"，而只有通过新的社会关系的建立，人才能实现彻底的解放，才能实现自由而全面的发展。

对黑格尔的辩证法和整个哲学的批判

在这一部分，为了便于理解和论证，对黑格尔的整个辩证法，特别是《现象学》和《逻辑学》中有关辩证法的叙述，以及最后对现代批判运动同黑格尔的关系略做说明，也许是适当的。——

【论断】以黑格尔的辩证法为基础展开对整个哲学的

批判。

"对黑格尔的辩证法和整个哲学的批判"无疑是马克思《手稿》中较为思辨却十分重要的一个部分。在仔细阅读这一部分之前,我们至少有三个问题需要提出:首先,马克思批判黑格尔辩证法的必要性;其次,《现象学》和《逻辑学》在黑格尔的辩证法体系中所处的特别地位;最后,马克思为什么不从《逻辑学》,而从《现象学》开始展开他对黑格尔辩证法的批判。

对于这三个问题,笔者在此简要地做出回答:首先,尽管《手稿》从表面上看仿佛是各种思想材料的"大集合",但马克思对黑格尔辩证法的批判并不是思想材料的随意堆砌,更不是一个纯粹理论内部的问题。诚如马克思在《手稿》序言中所说:"因为当代批判的神学家不仅没有完成这样的工作,甚至没有认识到它的必要性——是一种必然的不彻底性。"① 的确,当代的"神学家们"(譬如下文所说的施特劳斯和布鲁诺·鲍威尔)不仅没有完成对黑格尔辩证法的真正批判,甚至没有认识到批判黑格尔辩证法的必要性。在马克思看来,黑格尔辩证法标志着西方整个形而上学(马克思这里用的是"哲学"一词)的最后阶段,并且作为形而上学的最后阶段,可以说,它直接就是完成了的形而上学本身。因为以往一切的形而上学都以这样或

---

① 《马克思恩格斯文集》第1卷,北京:人民出版社2009年版,第112页。

那样的形式或环节被包含在黑格尔的辩证法体系中了，所以黑格尔的辩证法体系可以被看作是完成了的形而上学本身，因此对黑格尔辩证法的批判即意味着对整个形而上学的批判。当然，批判黑格尔的辩证法绝不是一个形式问题或者是一个理论内部的问题，相反，它实际上是一个本质的问题即人的现实生活的问题。因为当黑格尔这样的形而上学家们试图通过理性的无限性来给出和保证现代世界的一切的时候（一般将这种观点称之为唯心史观），马克思却指出这种理性的形而上学不过是作为现代世界的观念表达和合理解释，"普遍意识是现实生活的抽象"[①]，这种形而上学构成了资本运动的支架，构成了资本无原则的积累自身的理念前提。从这一角度来看，马克思对黑格尔辩证法的批判不仅意味着马克思能否真正超越或者终结理性形而上学这一现代世界的神秘的神学支柱，更重要的是能否将形而上学还原进人的历史运动中，并在人的历史运动中把握资本的来历及界限，由此开始他的唯物史观转向。

其次，按照马克思所说，"特别是《现象学》和《逻辑学》中有关辩证法的叙述"，那么我们有必要了解一下，《现象学》和《逻辑学》在黑格尔的辩证法体系中所处的地位。我们知道，黑格尔的整个哲学体系从根本上讲是关于"绝对精神"自我认识和自我运动的辩证发展过程。而在这

[①] 《马克思恩格斯文集》第1卷，北京：人民出版社2009年版，第188页。

一体系中，《精神现象学》无疑是具有导言性质的一部作品，之所以具有导言性质，乃在于《精神现象学》所描述的就是意识如何从最低级、最简单的形态开始，逐步达到绝对精神的知识或"绝对知识"的辩证发展过程。而《逻辑学》作为黑格尔哲学体系的核心部分则系统、全面地论述了绝对知识本身的内容。诚如黑格尔在《逻辑学》中所说："在《精神现象学》中，我曾经从意识与对象的最初的直接对立起直到绝对的知识这一前进运动，这样来表达意识。这条道路经过了意识与客体的关系的一切形式，而以科学的概念为其结果。"① 在黑格尔看来，当意识的发展扬弃了其主观性和片面性，并达到"科学的概念"或绝对知识的阶段，也就进入了整个哲学体系本身。因此，要进入黑格尔的逻辑学，要进入他的哲学体系本身，则必须首先经过"精神现象学"，以此作为基础和阶梯。

那么这里就可以延伸到第三个问题，为什么马克思不从《逻辑学》，而从《精神现象学》开始展开他对黑格尔辩证法的批判？按照马克思后文的阐述，"现在看一看黑格尔的体系。必须从黑格尔的《现象学》即从黑格尔哲学的真正诞生地和秘密开始"②，可见马克思是以黑格尔的《精神现象学》为基础展开他对黑格尔的批判的，这无疑体现了

---

① 〔德〕黑格尔：《逻辑学》上卷，杨一之译，北京：商务印书馆2010年版，第29—30页。
② 《马克思恩格斯文集》第1卷，北京：人民出版社2009年版，第201页。

第二部分 文本细读

马克思的深刻之处。如果马克思是从《逻辑学》入手展开他对黑格尔辩证法体系的批判，那么他很容易陷入黑格尔本人的逻辑之中，因为黑格尔哲学体系的来历和形成过程被忽视了。如此一来，便会陷入以词句来反对词句的窠臼，陷入类似于青年黑格尔派施特劳斯和鲍威尔关于黑格尔思想的争论之中，双方争论的重点在于：世界历史的主导原则是民族之精神实体，还是个别自我意识呢？二者无疑仍停留在黑格尔的逻辑之中，停留在黑格尔的唯心史观之中。按照马克思下文所述"以致像施特劳斯和布鲁诺·鲍威尔这样的批判家仍然受到黑格尔逻辑学的束缚，前者是完全被束缚，后者……至少是有可能完全地被束缚"；但是，如果是从《精神现象学》这一黑格尔哲学的真正诞生地和秘密开始展开对黑格尔的批判，马克思则可能进行追问并深刻地揭示出黑格尔哲学体系的来历及其形成根据。这个追问至关重要，正是在这个追问中，马克思才找到了批判黑格尔哲学的关键钥匙，进而可能实现对黑格尔哲学体系的彻底的批判。

现代德国的批判着意研究旧世界的内容，而且批判的发展完全拘泥于所批判的材料，以致对批判的方法采取完全非批判的态度，同时，对于我们如何对待黑格尔的辩证法这一表面上看来是形式的问题，而实际上是本质的问题，则完全缺乏认识。对于现代的批判同黑格尔的整个哲学，特别是同辩证法的关系问题是如此缺乏认识，以致像施特劳斯和布鲁诺·鲍威尔这样的批判家仍然受到黑格尔逻辑学的束缚，前者是完全被束缚，后者在自己的《符类福音作者》中（与施特劳斯相反，他在这里用抽象的人的"自我意识"代替了"抽象的自然界"的实体），甚至在《基督教真相》中，至少是有可能完全地被束缚。例如，《基督教真相》一书中说：

……

在以批判的形式消逝着的唯心主义（青年黑格尔主义）做出这一切滑稽可笑的动作之后，这种唯心主义甚至一点也没想到现在已经到了同自己的母亲即黑格尔辩证法批判地划清界限的时候，甚至一点也没表明它对费尔巴哈辩证法的批判态度。这是对自身持完全非批判的态度。

【论断】青年黑格尔派对黑格尔的批判只是用词句来反对词句，因而他们的批判不过是形式的批判和空洞的否定，从根本上还停留在黑格尔本人的逻辑之中，从而引入下文对费尔巴哈的主要功绩的阐述。

诚如笔者前文所说，施特劳斯和鲍威尔都是青年黑格尔派的代表人物，二者争论的重点在于：世界历史的主导原则是民族之精神实体还是个别的自我意识，这一争论无疑没有突破黑格尔的逻辑。就黑格尔的辩证法体系而言，其核心就在于"主体即实体"。在先前的形而上学中，所谓"主体"即人的主观的思想形式，所谓"实体"即纯粹的自然存在物，其实质是作为"自然的思想物"。黑格尔的"主体即实体"就是说，先验的思维不仅是我们主观的思想形式，而且是客观事物自身的本质内容。也就是说，思维对于对象的认识，绝不是去认识一个异己的他物，而是在自身中展开着的过程本身。这一过程是思维通过外化，将自己实现在对象中，并且通过扬弃这种外化复归自身，从而证实了自己的真实性的过程。由此，思维的辩证运动得以将意识与对象的对立保持统一在自身之内。因此，所谓的"民族精神"是作为"事物的自身"的"客观的思想"，或者说"客观精神"；而个别的自我意识则是在思维自身之内的"我们的思想"，二者都是作为纯粹思维自我活动的一个环节。当黑格尔将实体方面和主体方面的因素都还原进他自身的辩证法体系中后，那么从实体和自我意识出发的任何哲学都绝对不可能从黑格尔的体系中脱离。在这个意义上，类似于施特劳斯和鲍威尔这般的单独从实体或自我意识出发的哲学无疑都是没有办法超出黑格尔的体系，甚至完全拘泥于黑格尔的语词和逻辑之中。借用马克思后来在《德意志意识形态》中的一段表达最为直接："他们和黑格尔的论战以及他们相互之间的论战，只局限于他们当中的每一个人都抓住黑格尔体系的某一方面，用它来反对整个体系，也反对别人所抓住的那些方面。"① 可见，此时的马

---

① 《马克思恩格斯选集》第1卷，北京：人民出版社2012年版，第143页。

克思已经意识到，对于黑格尔哲学体系的批判，绝不意味着对黑格尔的表面词句或某种思想逻辑的批判，而必然意味着对黑格尔哲学所由之生发的那个基础的领域的批判。

费尔巴哈是唯一对黑格尔辩证法采取严肃的、批判的态度的人，只有他在这个领域内做出了真正的发现，总之，他真正克服了旧哲学。费尔巴哈成就的伟大以及他把这种成就贡献给世界时所表现的那种谦虚纯朴，同批判所持的相反的态度形成惊人的对照。

费尔巴哈的伟大功绩在于：(1) 证明了哲学不过是变成思想的并且通过思维加以阐明的宗教，不过是人的本质的异化的另一种形式和存在方式；因此哲学同样应当受到谴责；

(2) 创立了真正的唯物主义和实在的科学，因为费尔巴哈使社会关系即"人与人之间的"关系也同样成为理论的基本原则；

(3) 他把基于自身并且积极地以自身为根据的肯定的东西同自称是绝对肯定的东西的那个否定的否定对立起来。

【论断】费尔巴哈的伟大贡献就在于恢复了人的感性对象性原则，并在人的感性存在中追问思维的来历和界限，这是费尔巴哈突破旧哲学（以黑格尔辩证法体系为完成的理性形而上学）的关键所在。

当黑格尔这样的理性形而上学家们将理性视作绝对的

本质,而感性则是作为理性给出和规定的对象的时候,费尔巴哈却决定性地恢复了人的感性原则,并将感性视作抽象思维的基础。这无疑是费尔巴哈对黑格尔哲学体系最大的突破,也是费尔巴哈对马克思最大的启发。何为费尔巴哈的感性,用马克思这里的话说,即"人与人之间的关系"。这里需要注意的是,费尔巴哈的"真正的唯物主义"绝对不是以纯粹的物质实体为基础展开的,而是把人的感性对象性存在,即"人与人之间的关系"作为唯物主义的本质根据。

那么这里就需要具体展开两个问题:一,何为费尔巴哈的感性?二,将感性视作抽象思维的基础为什么是突破黑格尔哲学的"伟大功绩"?关于第一个问题,用费尔巴哈在《未来哲学原理》中的表达,即"孤立的、个别的人,不管是作为道德实体或作为思维实体,都未具备人的本质。人的本质只是包含于团体之中,包含于人与人的统一之中,但是这个统一只是建立在'自我'和'你'的区别的实体性上面的"[①]。显而易见,费尔巴哈这里的感性并非指对经验对象的直接的感性确定性,也并非是自在之物刺激我们的感官从而受动地接受感觉材料的那种能力(参见康德),而是指人的本质。费尔巴哈认为,人的本质不是纯粹肉体

---

① 〔德〕费尔巴哈:《未来哲学原理》,洪谦译,上海:三联书店1957年版,第79页。

的、物质的人,不是纯粹自然存在物的人;也非理性形而上学家们视域中的作为自我意识的人,不是纯思的个体。在费尔巴哈看来,人的本质是感性对象性的存在,即在"人与人的关系"中的人,这意味着,人是对象性的存在,而对象是人的对象、是感性地存在着的另一个人。这种关联不仅是对人自身存在的证明,同时是对他人实在性的确证。因为人的感性,脱离了他人,无所谓人的感性可言。

费尔巴哈认为,人的感性关系并不是建立在抽象思维的基础上,而是建立在人的感觉、直观的基础之上。"主体和对象的同一性,在自我意识之中只是抽象的思想,只有在人对人的感性直观中,才是真理和实在。"[①] 举例来说,我饥饿的感觉提示着我的存在;另一方面,饥饿的感觉也提示着食物的存在,故而饥饿的感觉提示着我的存在,也提示着对象的存在。当然,这种纯粹感官性的或者生物性的需要无法说明人与动物的区别。对此,费尔巴哈说:"感觉的对象不只是外在的事物,而且有内在的事物,不只是肉体,而且还有精神,不只是事物,而且还有自我。"[②] 这就是说,动物只有单一的肉体生活,而人却有肉体和精神的双重生活;动物只有直接的、原始沉默的生物性的关联,

---

① 北京大学哲学系外国哲学史教研室:《西方哲学原著选读》下卷,北京:商务印书馆1982年版,第501页。
② 〔德〕费尔巴哈:《未来哲学原理》,洪谦译,上海:三联书店1957年版,第60页。

而人则可以将对象转化为人的对象性存在,并且直接的感觉的对象并不是人的对象,只有人在感觉对象上直观到自身,这个对象才成为人的对象。譬如说动物就没有爱的关系,而人却可以拥有爱的关系。在爱的关系中,对象并非是直接的感觉对象,而是作为感性地存在着的另一个自己。简单来说,在爱中,对象就是另一个自己,就是对我内在的阐释,就是我看到自身的那双眼睛,故而通过对象,我确证了自己的真实存在。通过爱人,我使自己的感性被他人所需要;通过被爱,我确证了自己的感性被他人所需要。在这样一种爱的感性关系中,对象既不是先验理性设立的抽象形式,也不是与人无关的自在的自然存在物,相反,对象是为人的存在,是作为人的对象性存在。从这个角度上说,费尔巴哈的确恢复了人的感性对象性原则,用马克思的话说即"费尔巴哈使社会关系即'人与人之间的'关系也同样成为理论的基本原则"。

关于第二个问题,费尔巴哈将人的本质视作感性对象性的存在,这也就意味着他将人的感性视作抽象思维的基础,"在通过思维过程规定对象之前,就先与对象发生感性的,也即受动的、领受的关系"[1]。这是费尔巴哈决定性地突破黑格尔哲学体系的方面。在黑格尔的哲学体系中,思

---

[1] 〔德〕费尔巴哈:《基督教的本质》,荣震华译,北京:商务印书馆1984年版,第16页。

维是绝对的本体，而感性则是作为概念、作为思维规定的抽象形式。当感性被视作思维主体对于对象的认识能力，其本质是在思维的内在性中得到规定的。因此，黑格尔将纯粹思维视作绝对的主体，他以思维在其形式上的无限性来给出和保证一切。借用马克思这里的表达即"证明了哲学不过是变成思想的并且通过思维加以阐明的宗教，不过是人的本质的异化的另一种形式和存在方式"。在费尔巴哈看来，以黑格尔哲学为代表的理性形而上学无疑和宗教神学分享着同样的前提：宗教将上帝视作绝对的本体，而感性的、具体的人则是上帝的产物。同样的，黑格尔这样的理性形而上学家们将理性视作绝对的主体，而感性的人的世界则是理性先验规定的产物，因此黑格尔哲学无疑是对宗教神学的恢复，是以"思维加以阐明的宗教"。费尔巴哈认为，这无疑是一种颠倒，因为如若我们拨开诸种理性形而上学的迷雾，就会发现，人的真正的感性世界是不可能被还原到理性的先验构造中去的，不仅不能如此还原，它还是理性的前提和基础。而理性如果没有人的真实的感性世界的存在，它自身的存在和意义又从何谈起呢？诚如人与宗教的关联一般，不是宗教创造了人，而是人创造了宗教。在此基础上，费尔巴哈指出，理性形而上学不是人的感性存在的先验前提，相反，它是人的感性存在的产物，并且是人的感性存在之异化的产物。这是一个很简单的道理，如果没有感性存在的异化和受动，人又如何会将自己的存在交付给一个由理性逻辑包装起来的"神"呢？

这是费尔巴哈为批判黑格尔哲学所做出的最伟大的贡献。这个贡献就是将人的感性存在从思维的内在性中移居了出来，并将人的感性存在视作抽象思维的基础。在以黑格尔为完成的理性形而上学中，人的感性存在向来被置于思维内部，向来被视为思维先行规定的对象，这本质上等于是说，在"意识"之外并无"存在"。现在，费尔巴哈把人的感性存在从意识中移居了出来，并将人的意识置于人的感性存在之中，这无疑恢复了人的真实的感性存在，并要求在人的感性存在之中领会自己的存在。对存在的领会不再是思维主体对对象的概念把握，而是前逻辑、前范畴的领会，这是多么深刻的认识！这无疑在一定程度上消解了思维的诸多幻象对人的感性存在的遮蔽，并试图恢复人与对象的真实关联。因为如果思维"主体"的观念先行，我们永远不可能把握并恢复人与对象的真实关联。费尔巴哈告诉我们，思维始终归属于存在，也就是说，它向来不在自身内部，而是向来在人的感性存在之中。

在此基础上，马克思的评价"他把基于自身并且积极地以自身为根据的肯定的东西同自称是绝对肯定的东西的那个否定的否定对立起来"也就不难理解了，即，费尔巴哈以人的感性存在取代了黑格尔体系中的纯粹思维，并在人的感性存在中追问纯粹思维的来历和根据。因此他对黑格尔为代表的理性形而上学的批判做出了伟大的贡献，他炸开了黑格尔的唯心主义体系,重新恢复了人的感性存在,恢复了唯物主义的权威。

费尔巴哈这样解释了黑格尔的辩证法(从而论证了要从肯定的东西即从感觉确定的东西出发):

黑格尔从异化出发(在逻辑上就是从无限的东西、抽象的普遍的东西出发),从实体出发,从绝对的和不变的抽象出发,就是说,说得更通俗些,他从宗教和神学出发。

第二,他扬弃了无限的东西,设定了现实的、感性的、实在的、有限的、特殊的东西。(哲学,对宗教和神学的扬弃。)

第三,他重新扬弃了肯定的东西,重新恢复了抽象、无限的东西。宗教和神学的恢复。

由此可见,费尔巴哈把否定的否定仅仅看作哲学同自身的矛盾,看作在否定神学(超验性等等)之后又肯定神学的哲学,即同自身相对立而肯定神学的哲学。

否定的否定所包含的肯定或自我肯定和自我确证,被认为是对自身还不能确信因而自身还受对立面影响的、对自身怀疑因而需要证明的肯定,即被认为是没有用自己的存在证明自身的、没有被承认的[XIII]肯定;因此,感觉确定的、以自身为根据的肯定是同这种肯定直接地而非间接地对立着的。

费尔巴哈还把否定的否定、具体概念看作在思维中超越自身的和作为思维而想直接成为直观、自然界、现实的思维。

【论断】费尔巴哈尽管正确地指出了黑格尔的辩证法是"神学的恢复",但由于他"仅仅"看到了这一点,从而必然忽视了黑格尔辩证法对人的自我活动原则的深刻把握。

如果说前文是在阐述费尔巴哈的伟大功绩,那么这一部分则初步揭示了费尔巴哈对于黑格尔辩证法认识的不足。其中,前四段话是在阐述费尔巴哈对黑格尔辩证法的认识,即黑格尔的辩证法是从宗教神学出发却又复归到宗教神学的"神学的恢复";后三段话则揭示了费尔巴哈对于黑格尔辩证法认识的不足,马克思这里用"仅仅"二字来表达与费尔巴哈观点的不同。

在前四段话中,马克思阐述了费尔巴哈关于黑格尔辩证法的认识。前文说过,黑格尔的哲学体系一开始就将思维看作绝对的主体,因此与宗教神学一般,借助某种神秘的、先验的理念来规定对象世界,因而从一开始就预设了对象世界的虚无性。而费尔巴哈则完成了对黑格尔的颠倒,即将人的感性存在恢复为本质,并在人的感性存在中追问思维的根据。因此,在费尔巴哈看来,思维的本质根据乃是人的感性存在,并且是人的感性存在之异化。当黑格尔将思维作为绝对的主体,其本质上是从人的异化出发,从宗教和神学出发,所以,费尔巴哈认为,"黑格尔从异化出发……说得更通俗些,他从宗教和神学出发"。

当然，黑格尔一开始是想要恢复对象世界的真实性存在的。"他扬弃了无限的东西，设定了现实的、感性的、实在的、有限的、特殊的东西。（哲学，对宗教和神学的扬弃。）"黑格尔注意到，在以往的形而上学中，无论是个体意识，还是自然存在物，形式才是它们的本质，一面是纯粹主观性内部的个体意识，一面是个体意识的思想物。因此，黑格尔要求消解个体意识对于自然的抽象，恢复自然界的真实存在。黑格尔的做法是：通过思维的辩证运动将意识与对象的对立保持在自身之内。这样一来，思维不仅是我们主观的思想形式，而且是对象世界自身的本质内容。（很简单的例子，一块石头有什么真实内容可言呢？它所有的变化都来自于某种盲目的必然性，但是如果它是作为人的思维活动的外化，方可能具有它的内容。）因此，对象世界的真实存在和本质内容通过思维的辩证运动而得到保证。在这个意义上，的确可以说，黑格尔在思维内部恢复了思维与存在、人与自然的思辨统一。

然而，黑格尔对这种统一的恢复却是在思维自身内部的恢复，就是说，他破除人与自然抽象对立的方式是将其无原则地纳入思维自身，即将个体意识和对象世界都看作思维自身的抽象形式而将两者统一起来，从而令思维自身的活动拥有彻底的自由。因为黑格尔很清楚，只有将思维主体的原则贯彻到对象世界中去，思维主体才不会受到外部事物的限制，才可能拥有彻底的自由。尽管黑格尔看到了以往形而上学对于对象世界的抽象，并要求扬弃这种抽象，但是当黑格尔要求将对象世界的实存纳入思维自身时，却没有看到思维本身就是一种抽象。通过抽象的思维的辩证运动来消解对于对象世界的抽象，这本身难道不是一种更高程度的抽象么？因此，黑格尔实际上并没有扬弃对于对象世界的抽象，而是以一种更高的、更普遍的抽象来加深了这种抽象。最终黑格尔仍旧是将纯粹思维恢复为绝对的主体，并且这一主体同时是起点和终点。作为起点，思维一开始就知道自己是主体，它外化到达对象不过是自身的实现过程；作为终点，思维扬弃了外化回归自身，这一过程完成了思维作为绝对主体的最终确证。这一过程即绝对精神的自我认识和自我实现的过程。因此，"他重新扬弃了肯定的东西，重新恢复了抽象、无限的东西。宗教和神学的恢复"。

综上，不难发现，费尔巴哈仅仅将黑格尔的否定之否定（辩证法）看作哲学同自身的矛盾，看作宗教神学在更高层次上的恢复。这一点马克思在接下来的三段话中也进行了明确的阐述。"否定的否定所包含的肯定或自我肯定和自我确证，……感觉确定的、以自身为根据的肯定是同这种肯定直接地而非间接地对立着的"，这段话看起来十分抽象，其实意思十分简单，即在费尔巴哈看来，黑格尔辩证法体系所确立起来的绝对精神是和人的感性原则直接地对立着的。这其实没有问题，但是费尔巴哈忽视了一点,即以感性原则来批判黑格尔并不是简单地否定绝对精神,并代之以人的感性对象性存在。如果忽视了黑格尔的辩证法,忽视了对人的活动原则的把握,那么他必然会重新回到黑格尔哲学的框架之中,回到黑格尔关于主体的先验预设当中。诚如他对于"爱"的认识:"如果感情凭自身就是善的、宗教的,也即神圣的、属神的,那么,难道感情不是有自己的上帝在自身之中么?"① 就是说,正是因为人先天地具有了某种完满的爱的能力,人才能够获得神圣的爱情。可见,正是因为费尔巴哈忽视了人的活动原则,所以他才会将人的感性设定为人的既定的、先天的"类本质",将人自身和人的对象都设定为没有历史生成的实体。既然感性被预设为了人的既定的"类本质",那么费尔巴哈对黑格尔哲学的批判就不过是以抽象的感性来取代抽象的思维,并进而将人的感性重新设定为某种绝对的主体而已。从这个意义上说,费尔巴哈对于感性的恢复还仅仅停留于抽象地恢复,因而他对黑格尔哲学的批判也就是极其有限的,其中的根本原因就在于他对于人的活动原则的忽视。在马克思看来,对人的活动原则的把握是黑格尔辩证法体系的伟大成果,尽管他是以抽象的、思辨的方式展开的。

---

① 〔德〕费尔巴哈:《基督教的本质》,荣震华译,北京:商务印书馆1984年版,第40页。

但是，因为黑格尔根据否定的否定所包含的肯定方面把否定的否定看成真正的和唯一的肯定的东西，而根据它所包含的否定方面把它看成一切存在的唯一真正的活动和自我实现的活动，所以他只是为历史的运动找到抽象的、逻辑的、思辨的表达，这种历史还不是作为既定的主体的人的现实历史，而只是人的产生的活动、人的形成的历史。——我们既要说明这一运动在黑格尔那里所采取的抽象形式，也要说明这一运动在黑格尔那里同现代的批判即同费尔巴哈的《基督教的本质》一书所描述的同一过程的区别，或者更正确些说，要说明这一在黑格尔那里还是非批判的运动所具有的批判的形式。——

【论断】黑格尔的辩证法尽管陷入了"神学的复归"，但其伟大之处就在于把握到了人的辩证的历史运动，尽管只是为人的历史运动找到了抽象的、逻辑的、思辨的表达。

这段话表明了青年马克思和费尔巴哈观点的分歧之处，也提示着青年马克思能够超越黑格尔和费尔巴哈的主要原因。在马克思看来，黑格尔的辩证法尽管如费尔巴哈所言实现的是神学的复归，但却第一次真正地把握到了人的历史运动，即第一次深刻地指出了人的自我创造的过程是以否定之否定的形式展开的过程。这里我们需要具体阐述一下黑格尔的"否定之否定"，这一语词我们耳熟能详，但需要注意的是，它绝不仅仅是某种方法论体系，更重要的是，它在本体论上指明了人的活动的基本原则，即辩证运动。

通过"否定之否定",黑格尔指明了两点:首先,人的本质是一个自我实现的过程;其次,这一过程是以否定之否定为形式的发展过程。

笔者前文说过,在以往的形而上学中区分了两种对立,一面是主体(抽象的个体意识),一面是实体(抽象的自然存在物),主体对实体的认识要么是主体以其先天的认识形式去认识甚至设定对象世界(唯心主义),要么是对实体的受动的反映(唯物主义)。实体和主体的关系处于外在的、机械的对立之中。用黑格尔的话说,"它假定着我们自身与这种认识之间有一种差别,而它尤其假定着,绝对站在一边而认识站在另外一边,认识是自为的与绝对不相关联的,却倒是一种真实的东西,换句话说,认识虽然是在绝对以外,当然也是在真理以外,却还具有真理性"[①]。这种"对立"既无法说明意识自身的存在问题,也无法说明外部世界的真实存在。前者很好理解,对于唯物主义而言,意识既然是对外部世界的受动的反映,那么作为被反映者的意识是如何从外部世界获得自己的存在;对于唯心主义而言,意识既然是外部世界的设定者,那么又是如何设定出与自身完全不同的对象世界。二者无疑都无法说明意识自身的存在,而只能将意识设定为某种先天的、既定的东西;关

[①] 〔德〕黑格尔:《精神现象学》上卷,贺麟、王玖兴译,北京:商务印书馆2015年版,第59页。

于后者,"无法说明外部世界的真实存在"理解起来则需要费一番功夫。我们知道,基于直接的感性确定性,外部存在物的存在仿佛是不言自明的。但是,一旦抽象的个体意识成为主体,那么外部存在物的存在就难以说明了。诚如两千多年前的亚里士多德对柏拉图理念论的批判一般。唯心主义认为意识是世界的主体,而外部世界仅仅具有构成这个世界的质料的意义,或者根本否认其实在性;而唯物主义尽管认为意识是对外部世界的受动的反映,但是他们所理解的外部世界也并不是感性的、活生生的外部世界,而是关于外部世界的抽象,即抽象的物质存在。因此,从根本上讲,无论是唯心主义还是唯物主义,关于外部世界的认识不过都是作为形式的存在,作为思维的思想物而存在。因为在他们认识外部世界之前,就已经先行地对这一世界做了唯心主义的抽象,将这一世界抽象为思维范畴的规定物。

总而言之,如果说在以往的形而上学中,个体意识与自然界的关系即个体意识以其先天形式去认识并参与建构对象世界,进而把握自然界背后的某种自在的、既定的形式法则的话,那么这不过是形式在自身内部的发展,意识囿于形式之一端,而自然界作为思维的异己的他物则囿于形式另一端。在此基础上,黑格尔哲学如果可能实现对以往的形而上学的突破,就必须着手解决这一对立问题。黑格尔的解决方式即他关于否定之否定的辩证法。黑格尔的否定之否定并不是直接的肯定，也不是完全的否定，而是一切历史性的存在者自身的规定性：思维的辩证运动才是真正的人之存在，并且同时是对象世界自身的真实内容。诚如笔者前文所述，实体即主体，思维的先天形式同时是事物自身存在的真实性理由。这并不是说，思维先天地具有事物的真实性，仿佛是某种"天赋观念论"似的，而是说思维是对象的本质和核心。"事物就是我；在这个无限判断里事物事实上是被扬弃了；事物只有在关系中，只有通过我以及它与我的关系，才有意义"①，思维的对象真正成为了"主体"。在黑格尔看来，单纯地封闭在意识内部的主体不是真正的主体，而只有将主体的原则贯彻到对象中去，主体才能真正地拥有主体性，这种主体性即意识自身的自我实现过程。在这一过程中，主体是作为个体意识的自我意识，而对象是作为自我意识的本质外化的展开：不仅是作为思维的对象，而且是作为能思维的意识自身。既然对象被纳入主体自身之中，成为"为我之物"，那么理性对于对象的认识，就不再是对于一个异己的他物的认识，而是理性的自我认识，是理性在自身之中展开着的辩证运动本身。这一辩证运动即理性外化到达对象，又扬弃这种外化回归自身的过程，所谓的"否定之否定"正是这个意思。

---

① 〔德〕黑格尔：《精神现象学》上卷，贺麟、王玖兴译，北京：商务印书馆2015年版，第295页。

通过精神自身的辩证运动，黑格尔既消解了意识的内在性，把握住了意识自身的存在问题，即意识并不是封闭在自身之内的孤独存在，而是展开自己为对象世界，并在对象世界之中实现自身的存在；又说明了外部世界的真实存在，即外部世界是作为精神的本质外化的展开，精神的外化赋予对象世界以真实的内容。

可见，相较于以往的形而上学而言，黑格尔的确达到了以往所未能达到的高度和深刻性，即阐述了人的自我生成的历史。但诚如笔者前文所言，由于黑格尔只是在作为绝对主体的思维内部把握这一点，因而他只是在抽象的范围内理解了人的自我生成的历史，用马克思这里的话说："他只是为历史的运动找到抽象的、逻辑的、思辨的表达。"这一点，我们在下文中具体阐述。

现象学。

(A) 自我意识。

I. 意识。(α) 感觉确定性或"这一个"和意谓。(β) 知觉，或具有特性的事物和幻觉。(γ) 力和知性，现象和超感觉世界。

II. 自我意识。自身确定性的真理性。(a) 自我意识的独立性和非独立性，主人和奴隶。(b) 自我意识的自由。斯多亚主义，怀疑主义，苦恼的意识。

III. 理性。理性的确定性和真理性。(a) 观察的理性；

对自然界和自我意识的观察。(b) 理性的自我意识通过自身来实现。快乐和必然性。心的规律和自大狂。德行和世道。(c) 自在和自为的实在的个体性。精神动物世界和欺骗,或事情本身。立法的理性。审核法律的理性。

(B) 精神。

I. 真的精神;伦理。II. 自我异化的精神,教养。III. 确定自身的精神,道德。

(C) 宗教。自然宗教,艺术宗教,启示宗教。

(D) 绝对知识。——

【论断】(A) 部分是对黑格尔《精神现象学》(上卷) 目录的抄录;(B) (C) (D) 部分则是《精神现象学》(下卷) 目录的抄录。

整部《精神现象学》作为黑格尔哲学体系的起点,描述了意识发展的各个阶段和环节,最终达到它的绝对本质即绝对知识的过程。这一过程并非是意识把握对象的本质的过程,而是意识展开自身为绝对本质的过程。因此,黑格尔在《精神现象学》中对意识的描述并非去描述一个对人们把握本质的那个工具的认识(比如康德),而是描述意识在自身之中展开着的绝对运动过程,因为一切环节和阶段都是作为意识的各个形态而展开。就是说,意识在经历全部的历史运动之前,就以种子的形式包含了历史的全体,并且历史的展开最终会呈现意识的真理性。诚如黑格尔在《精神现象学》导言中所说:"意识对其自身的经验,按其概念所说，是能够完全包括整个意识系统，即整个的精神真理的王国于其自身的；因而真理的各个环节在这个独特的规定性之下并不是被陈述为抽象的、纯粹的环节，而是被陈述为意识的环节，或者换句话说，意识本身就是出现于它自己与这些环节的关系中的；因为这个缘故，全体的各个环节就是意识的各个形态。"①

因为黑格尔的《哲学全书》以逻辑学，以纯粹的思辨的思想开始，而以绝对知识，以自我意识的、理解自身的哲学的或绝对的即超人的抽象精神结束，所以整整一部《哲学全书》不过是哲学精神的展开的本质，是哲学精神的自我对象化；而哲学精神不过是在它的自我异化内部通过思维方式即通过抽象方式来理解自身的、异化的世界精神。——逻辑学是精神的货币，是人和自然界的思辨的、思想的价值——人和自然界的同一切现实的规定性毫不相干地生成的因而是非现实的本质，——是外化的因而是从自然界和现实的人抽象出来的思维，即抽象思维。——这种抽象思维的外在性就是……自然界，就像自然界对这种抽象思维所表现的那样。自然界对抽象思维来说是外在的，是抽象思维的自我丧失；而抽象思维也是外在地把自然界

---

① 〔德〕黑格尔：《精神现象学》上卷，贺麟、王玖兴译，北京：商务印书馆2015年版，第70页。

作为抽象的思想来理解,然而是作为外化的抽象思维来理解。——最后,精神,这个回到自己的诞生地的思维,在它终于发现自己和肯定自己是绝对知识因而是绝对的即抽象的精神之前,在它获得自己的自觉的、与自身相符合的存在之前,它作为人类学的、现象学的、心理学的、伦理的、艺术的、宗教的精神,总还不是自身。因为它的现实的存在是抽象……——

【论断】黑格尔的哲学体系之所以是思辨的、抽象的思维的展开史,是因为它的现实的存在就是抽象。

从这段话开始,马克思开始系统地展开了对黑格尔辩证法体系的批判。笔者前文说过,要进入黑格尔的哲学体系,必须经过《精神现象学》,以此作为基础和入门。马克思在这段话中先是得出了一个结论,即黑格尔的哲学体系(即《哲学全书》)是一种现实的抽象,并从下一段话开始揭示得出这一结论的根据,而这一根据的来历必须从黑格尔哲学体系的秘密和诞生地中寻得。

前文说过,黑格尔哲学体系的基本概念即"绝对精神",所谓绝对精神就是把个体意识和客观事物的本质内容纳入精神内部,保持主体和实体的差别于自身之内,使主体同时成为实体。具体而言,黑格尔的哲学体系包括三个部分:(1)逻辑学,即绝对精神作为纯粹概念的辩证发展过程,是自然哲学和精神哲学的概念基础;(2)自然哲学,即绝对精神外化为自然的、物质的存在的辩证发展过程;

(3) 精神哲学，即绝对精神扬弃纯粹概念和自然存在各自的片面性，而复归自身并展示自己的全部内在本质的过程。这一过程是精神发展的顶点和最后阶段，它包括主观精神、客观精神以及绝对精神三个部分，只有达到绝对精神，才能达到绝对的、全面的真理。总而言之，精神是整个世界的真实基础和本质，它将一切真实存在都统摄在自身自我活动的过程之中。（黑格尔的这种观点经常被称之为"唯心史观"，常常被视作唯物史观的对立面而被诟病，但如果我们认真地审视今天的许多观点和作品，会发现许多都停留在黑格尔的逻辑之中，即将历史运动的真实动力把握为精神的发展史。比如马克斯·韦伯的《新教伦理和资本主义精神》、亨廷顿的《文明的冲突和世界秩序的重建》。）经过这样的梳理，马克思的这段话就不难理解了。

当然，在这段话中，有一句话需要我们特别注意，即"精神，这个回到自己的诞生地的思维，在它终于发现自己和肯定自己是绝对知识因而是绝对的即抽象的精神之前，在它获得自己的自觉的、与自身相符合的存在之前，它作为人类学的、现象学的、心理学的、伦理的、艺术的、宗教的精神，总还不是自身。因为它的现实的存在是抽象"。也就是说，精神无论是展开为人类学的、现象学的、心理学的、伦理的还是艺术的、宗教的精神，都不过是以表象的形式完成着的"绝对精神"，因而总是有限的、片面的。比如说艺术，因为无法摆脱直接的感性直观的形式，所以尽管它的本质内容是精神的，但是还不能充分展现精神的真正本质；比如说宗教，尽管在精神的发展过程中超出了艺术，但由于无法摆脱表象的限制，所以它也不能完全体现精神的本性。因此，绕了一个又一个的圈圈，黑格尔认为，精神只有在纯粹概念的运动中方能展现它的真正本质，"精神在（绝对）知识中结束了它的形成形态的运动，尽管精神在这些形态形成的过程里是同意识的已经得到克服的（主客）差别或对立相伴随的。精神已获得了它的特定存在的纯粹要素，即概念"①，在黑格尔看来，精神只有在纯粹概念中方可以摆脱一切外在性的束缚，而令自身获得彻底的自由。而哲学正是以纯粹概念为其本质特征的，因而哲学知识是绝对精神的最高体现。这一点，马克思也在下文中说到，"黑格尔用那在自身中绕圈的抽象行动来代替这些僵化的抽象概念"②。在马克思看来，黑格尔的辩证法体系之所以最终会还原为僵化的抽象概念，就在于他的辩证法体系不过是关于现实的抽象。这一点，马克思接下来有讲到。

黑格尔有双重错误。

第一个错误在黑格尔哲学的诞生地《现象学》中表现得最为明显。例如，当他把财富、国家权力等等看成同人的

---

① 全增嘏：《西方哲学史》下册，上海：人民出版社1985年版，第211页。
② 《马克思恩格斯文集》第1卷，北京：人民出版社2009年版，第220页。

本质相异化的本质时，这只是就它们的思想形式而言……它们是思想本质，因而只是纯粹的即抽象的哲学思维的异化。因此，整个运动是以绝对知识结束的。这些对象从中异化出来的并以现实性自居而与之对立的，恰恰是抽象的思维。哲学家——他本身是异化的人的抽象形象——把自己变成异化的世界的尺度。因此，全部外化历史和外化的全部消除，不过是抽象的、绝对的［XVII］（见第XIII页）思维的生产史，即逻辑的思辨的思维的生产史。因此，异化——它从而构成这种外化的以及这种外化之扬弃的真正意义——是自在和自为之间、意识和自我意识之间、实体和主体之间的对立，就是说，是抽象的思维同感性的现实或现实的感性在思想、本身范围内的对立。其他一切对立及其运动，不过是这些唯一有意义的对立的外观、外壳、公开形式，这些唯一有意义的对立构成其他世俗对立的含义。在这里，不是人的本质以非人的方式在同自身的对立中的对象化，而是人的本质以不同于抽象思维的方式在同抽象思维的对立中的对象化，被当作异化的被设定的和应该扬弃的本质。

【论断】为什么说黑格尔的哲学体系是关于现实的抽象呢？主要是由于他的两个错误，第一个错误即黑格尔把一切异化和对立都还原为思维自身内部的活动环节，因此异化之为异化的真实性质便必然会从黑格尔哲学的视野之中遁出。

前文说过，黑格尔无疑看到了以往形而上学关于个体意识和自然界的对立,并且看到这种主客对立是现代世界自身的基本原则。"在市民社会中,每个人都以自身为目的,其他一切在他看来都是虚无。但是,如果不同别人发生关系,他就不能达到他的全部目的,因此,其他人便成为特殊的人达到目的的手段。"① 这种原则被称之为抽象个体原则,人是作为抽象个体的个体意识,而自然界则是作为抽象个体的自然界。这其实很好理解,如果我们清醒地省视我们的世界,不难发现,现代世界的基本原则就是将人视作思维的载体的抽象人格,比如法人、自然人,比如作为心理学对象的人;而自然界则是作为人的思维的对象的抽象的自然存在物,形式才是它的真实存在,除却形式之外的自然界只是一堆感觉材料。对此,黑格尔做出的批判是,完全局限在主观性内部的意识只是缺乏现实性的抽象个体,因为人从来不是封闭在自身之内的孤独的存在者;而只剩下质料或感觉材料的自然界又怎么能构成人的真实世界呢?"假如他的世界只是一堆感觉印象的聚集体,那么他就没有理由以这种世界为豪。"② 因此,黑格尔看到了这种对立,并要求将这种对立扬弃在思维自身的辩证运动中。简单而言即笔者上文所说的,实体即主体,思维的活动不

---

① 〔德〕黑格尔:《法哲学原理》,范扬、张企泰译,北京:商务印书馆2014年版,第197页。
② 〔德〕黑格尔:《小逻辑》,贺麟译,北京:商务印书馆2010年版,第124页。

再是对于一个异己的对象的认识，而是历史地展开自身为一个现实的绝对运动的过程：意识摆脱了其狭隘的主观性，而外化到对象中去；而自然界也被还原为了外化了的意识而存在，从而具有了真实内容。

因此，对于黑格尔而言，异化即意味着思维自身的外化，意味着思维外化到达对象的过程，因而对象的真实性存在则是作为外化了的思维而存在。在他看来，事物的真实性内容必须从思维之中获取，在思维之外没有什么真实性可言。尽管黑格尔此举是为了扬弃对于现实事物的抽象，进而恢复现实事物的真实存在，但由于他是通过思维的纯粹活动来完成的，而纯粹思维本身就是一种抽象，因此他不过是以一种抽象来扬弃另外一种抽象而已。所以马克思评价说，"这些对象从中异化出来的并以现实性自居而与之对立的，恰恰是抽象的思维"。既然异化意味着思维自身的外化，因此扬弃异化即意味着扬弃外化了的思维，而复归思维自身的过程。"因此，异化——它从而构成这种外化的以及这种外化之扬弃的真正意义——是自在和自为之间、意识和自我意识之间、实体和主体之间的对立，就是说，是抽象的思维同感性的现实或现实的感性在思想、本身范围内的对立。"在黑格尔看来，一切异化和对立，比如"自在和自为之间、意识和自我意识之间、实体和主体之间"的对立都不过是在思维自身内部的对立。这句话用了几个排比，其实是同语反复，即"主客对立"的意思。首先是

"自在和自为"，对于黑格尔而言，因为对象是作为思维的外化，是对象化的思维，所以它不仅是作为思维着的对象，更重要的是成为能思维的对象，对象的存在真正获得了活动原则，从而具有了历史内容。所以它由自在的东西转化为了自为的东西（诚如笔者前文举过的石头的例子）。其次，"意识和自我意识"，意识的对象无非是自我意识，也就是主体和实体的意思。最后，"实体和主体"，我们前文已说过多次，这里不再阐述。总而言之，一切对立和异化都是在思维内部的对立，因而对于一切异化和对立的扬弃也不过是抽象的、绝对的思维自身的活动过程。

尽管异化是需要被扬弃的，但由于这种扬弃是思维自我实现的一个环节，因而异化从根本上讲必然是纯粹积极性质的。因此，异化的消极性质、异化的非人本质就必然被黑格尔所轻视，"在这里，不是人的本质以非人的方式在同自身的对立中的对象化，而是人的本质以不同于抽象思维的方式在同抽象思维的对立中的对象化，被当作异化的被设定的和应该扬弃的本质"，仿佛世俗生活中的一切异化、一切对立甚至一切赤裸裸的"邪恶"都可以被还原为思维自我实现的一个必要的环节而被轻松地抹去。诚如萨特所说："邪恶既不是可以消解的情欲、可以克制的惧怕的结果，也不是可以谅解的偶然过失、可以开导的愚昧无知的结果；它无论如何也不可能转移、还原或合并进唯心主义。"① 如果按照黑格尔的"高尚的理性"所言，我们应当感谢生活中的一切异化和对立，因为它们帮助我们成就了愈加完满的理性和愈加强大的人格。但是这种说法难道不是"事后诸葛亮"么，理性声称它可以做出事先的判断，但往往是事后的总结。"事后的总结"固然可以帮助我们生成出理性的镇静，但是如何可能真正生发出人承担异化和对立时的勇气呢？

[XVIII] 因此，对于人的已成为对象而且是异己对象的本质力量的占有，首先不过是那种在意识中、在纯思维中即在抽象中实现的占有，是对这些作为思想和思想运动的对象的占有；因此，在《现象学》中，尽管已有一个完全否定的和批判的外表，尽管实际上已包含着往往早在后来发展之前就先进行的批判，黑格尔晚期著作的那种非批判的实证主义和同样非批判的唯心主义——现有经验在哲学上的分解和恢复——已经以一种潜在的方式，作为萌芽、潜能和秘密存在着了。

其次，要求把对象世界归还给人——例如，有这样一种认识：感性意识不是抽象的感性意识，而是人的感性意识；宗教、财富等等不过是人的对象化的异化了的现实，

---

① 〔美〕威廉·巴雷特：《非理性的人》，上海：上海译文出版社2012年版，第319页。

是客体化了的人的本质力量的异化了的现实；因此，宗教、财富等等不过是通向真正人的现实的道路，——这种对人的本质力量的占有或对这一过程的理解，在黑格尔那里是这样表现的：感性、宗教、国家权力等等是精神的本质，因为只有精神才是人的真正的本质，而精神的真正的形式则是思维着的精神，逻辑的、思辨的精神。自然界的人性和历史所创造的自然界——人的产品——的人性，就表现在它们是抽象精神的产品，因此，在这个限度内，它们是精神的环节即思想本质。

可见，《现象学》是一种隐蔽的、自身还不清楚的、神秘化的批判，但是，因为《现象学》紧紧抓住人的异化不放——尽管人只是以精神的形式出现——，所以它潜在地包含着批判的一切要素，而且这些要素往往已经以远远超过黑格尔观点的方式准备好和加过工了。关于"苦恼的意识"、"诚实的意识"，关于"高尚的意识和卑鄙的意识"的斗争等等这些章节，包含着对宗教、国家、市民生活等整个领域的批判的要素，不过也还是通过异化的形式。正像本质、对象表现为思想本质一样，主体也始终是意识或自我意识，或者更正确些说，对象仅仅表现为抽象的意识，而人仅仅表现为自我意识。因此，在《现象学》中出现的异化的各种不同形式，不过是意识和自我意识的不同形式。正像抽象的意识本身——对象就被看成这样的意识——仅仅是自我意识的一个差别环节一样，这一运动的结果也表现为自我意识和意识的同一，即绝对知识，也就是那种已经不是向外部而是仅仅在自身内部进行的抽象思维运动，这就是说，纯思想的辩证法是结果。（下接第 XXII 页）

【论断】第二个错误即思维对于对象世界的抽象占有。既然异化是思维自身活动的一个环节，既然对象是外化了的思维，那么思维对于对象的占有，不过是在纯粹思维中的抽象地占有。这意味着在黑格尔的辩证法体系中，对象始终是一种处于从属地位的、需要被否定的东西。

关于第一段话，即《现象学》对于黑格尔哲学体系的阶梯地位，前文已经阐述过，这里不再赘述。关于第二段话，"在黑格尔那里是这样表现的：感性、宗教、国家权力等等是精神的本质，因为只有精神才是人的真正的本质，而精神的真正的形式则是思维着的精神，逻辑的、思辨的精神"。在黑格尔看来，只有精神才是人的真正的本质，而整个外部世界不过是以精神为本质的人达成他的世界之创造的过程，因此宗教、财富等事物是作为精神的外化。这不仅仅是说宗教、财富等是精神的产物，更重要的是说，精神是宗教、财富的本质和核心。如果精神仅仅是人的主观的思想形式，人以这种思想形式认识并参与建构对象世界的话，那么人的周围不过仍然是一片异己的他物世界，是由盲目的自然法则所建构起来的世界，那么人的活动有什么主体性可言呢；而只有使得自在的他物转化为精神的为我之物，即精神将自身的原则贯彻到对象中去，那么对象才能获得其主体性、获得自身的真实内容。这听起来似乎很神秘,以宗教为例,如果宗教精神没有展开为人的活动的真实内容,那么宗教精神本身不过是一种抽象的、僵死的形式而已。

但是,黑格尔将这种转变的基础安置于思维的先天法则之下,这样就把人以及他的对象世界都逻辑地形式化了:对象世界作为思维的外化成为思维的产物,而思维由于贯彻到对象中去而获得了客观的内容,二者的统一完全在思维的抽象形式中得到保证。"正像本质、对象表现为思想本质一样,主体也始终是意识或自我意识,或者更正确些说,对象仅仅表现为抽象的意识,而人仅仅表现为自我意识。"既然人仅仅表现为自我意识,而对象仅仅表现为外化了的自我意识,那么这必然意味着思维的纯粹活动既是前提,也是结果,并且唯有绝对的思维的统一体才是形成人与对象和解的真正力量。

[XXII](见第 XVIII 页)因此,黑格尔的《现象学》及其最后成果——辩证法,作为推动原则和创造原则的否定性——的伟大之处首先在于,黑格尔把人的自我产生看作一个过程,把对象化看作非对象化,看作外化和这种外化的扬弃;可见,他抓住了劳动的本质,把对象性的人、现实的因而是真正的人理解为人自己的劳动的结果。人同作为类存在物的自身发生现实的、能动的关系,或者说,人

作为现实的类存在物即作为人的存在物的实现，只有通过下述途径才有可能：人确实显示出自己的全部类力量——这又只有通过人的全部活动、只有作为历史的结果才有可能——并且把这些力量当作对象来对待，而这首先又只有通过异化的形式才有可能。

【论断】黑格尔的辩证法体系尽管是作为纯粹思维的活动过程，但其伟大之处就在于把人的本质看作是一个自我创造的过程，看作是他自己的活动的结果。

以往的形而上学即思维的先天形式对于抽象的自然物的某种"自在的"法则的把握，这无疑将人和外部世界都设定为了没有历史生成的实体。这种观点其实很普遍，就人自身而言，就有类似于人性论、生物性论的诸多看法；就外部世界而言，自然科学就是将自然界视作自在的、由某种先天的自然法则所规定的存在。地质学对一块石头的运动形式和规律的考察，不过是考察由某种神秘而复杂的因果联系所造成的必然性而已。这种必然性不由这块石头自身决定，而是由某种神秘的外部力量赋予它的。因此，它不过是这种神秘的外部力量手中的玩物，自身没有任何主体性和真实内容可言。在此基础上，黑格尔却第一次把人和对象世界的生成看作是一个历史的过程，尽管是以思辨的方式。"人同作为类存在物的自身发生现实的、能动的关系，或者说，人作为现实的类存在物即作为人的存在物的实现，只有通过下述途径才有可能：人确实显示出自己的全部类力量——这又只有通过人的全部活动、只有作为历史的结果才有可能——并且把这些力量当作对象来对待,而这首先又只有通过异化的形式才有可能。"黑格尔深刻地指出,人必须自我认识、自我完成,与纯粹的自然存在物不同,他没有任何外部的既定的力量可以成全他,他必须自己形成自己的本质属性。人的本质属性并不是某种先天本质,不是某种命运自生的东西,而是必须历史地展开自身为对象世界方能占有的东西。单纯自在的东西,在黑格尔看来,是被盲目的自然法则所规定的存在,是"冥顽化"的理性,因而它自身没有任何主体性可言。此外,由于人必须生活在自然界中,必须为了自身的存在与盲目的自然法则做斗争,这种斗争超出了盲目的自然法则的范围,因此包含着人的本质之生成的最初的萌芽。在这一过程中,自然界就不再是一种自在的自然存在物,而是作为人的本质之生成的为我之物。自在的他物转化为精神的为我之物,自然界正是由此而获得了它的历史、获得了它的真实内容。这似乎与自然科学关于自然界的观念相悖,但我们不妨想想,即便是作为自然科学概念中的自然界,如果没有人的活动的外化,如果没有人的精神本质凝聚在其中,那么自然界不过是一堆僵死的自然存在物而已,尽管它也会经历时间中的变化,但是这种变化是没有历史、没有内容的。可见,黑格尔的辩证法的确在思维内部深刻地把握住了历史的原则,消解了以往的形而上学关于某种既定本质的认识。

我们将以《现象学》的最后一章——绝对知识——来详细说明黑格尔的片面性和局限性。这一章既包含经过概括的《现象学》的精神，包含《现象学》同思辨的辩证法的关系，也包含黑格尔对这二者及其相互关系的理解。

且让我们先指出一点：黑格尔是站在现代国民经济学家的立场上的。他把劳动看作人的本质，看作人的自我确证的本质，他只看到劳动的积极的方面，没有看到它的消极的方面。劳动是人在外化范围之内的或者作为外化的人的自为的生成。黑格尔唯一知道并承认的劳动是抽象的精神的劳动。因此，黑格尔把一般说来构成哲学的本质的那个东西，即知道自身的人的外化或者思考自身的、外化的科学，看成劳动的本质；因此，同以往的哲学相反，他能把哲学的各个环节加以总括，并称自己的哲学才是哲学。至于其他哲学家做过的事情——把自然界和人类生活的各个环节看作自我意识的而且是抽象的自我意识的环节——，黑格尔认为那只是哲学的行动。因此，他的科学是绝对的。

【论断】黑格尔的伟大之处即在于将人的本质的产生看作一个历史的过程，看作他自己劳动的结果。但由于这一劳动被黑格尔视作纯粹思维的自我活动，因此，在黑格尔的观点中，劳动是纯粹积极的，它是思维自我实现并确证自身真实性的重要媒介。

所以马克思说："他只看到劳动的积极的方面，没有看到它的消极的方面。劳动是人在外化范围之内的或者作为外化的人的自为的生成。黑格尔唯一知道并承认的劳动是抽象的精神的劳动。"诚如笔者前文所说,由于异化被黑格尔把握为纯粹思维自我活动的一个环节,因而异化的消极性质,即思维之"和解"也无法克服的现实的外部力量的真实的异化性质便必然会从黑格尔的视域中遁出。这一点,马克思在下文"对象性活动"原则的阐述中会详细说到。

其次,这部分的重点在于马克思对黑格尔"哲学"的认识。笔者这里主要结合黑格尔《小逻辑》的导言部分进行相关的阐述。黑格尔曾说:"哲学史上所表现的种种不同的体系,一方面我们可以说,只是一个哲学体系,在发展过程中的不同阶段罢了。另一方面我们也可以说,那些作为各个哲学体系的基础的特殊原则,只不过是同一思想整体的一些分支罢了。那在时间上最晚出的哲学体系,乃是前此一切体系的成果,因而必定包括前此各体系的原则在内,所以一个真正名副其实的哲学体系,必定是最渊博、最丰富和最具体的哲学体系。"① 就是说,从精神自身的辩证运动过程来看,哲学史上的所表现的种种不同的体系,都是作为绝对精神自我认识的一个环节、一个阶段。各种哲学体系的相互更替正体现了绝对精神自我认识的不断深化、不断丰富的过程,因此整个哲学史的基本线索就是绝

---

① 〔德〕黑格尔:《小逻辑》,贺麟译,北京:商务印书馆2010年版,第54—55页。

对精神的"内在逻辑"的发展史。而既然黑格尔的哲学是对绝对精神的自我认识的过程的把握,既然黑格尔宣称"绝对精神"在他的哲学中达到了最完满的自我认识,那么他的确可以认为他的哲学意味着整个的哲学史。在马克思的这段话中,我们可以看到,马克思对于黑格尔的这一自我肯定无疑是给予了充分的肯定。这种肯定尽管是为了引入下文中他对黑格尔的某种否定,但是马克思对黑格尔的这种肯定恰恰提示着马克思能够决定性地超越黑格尔的主要维度,因为如果不能首先达到黑格尔的理论高度,那么又谈什么批判黑格尔哲学以及囊括在黑格尔哲学中的整个以往的哲学体系呢?

黑格尔之所以做出这一宣称,是因为他认为绝对精神在他的哲学中达到了最完满的自我认识。何为最完满的自我认识呢?在黑格尔看来,即哲学思维,因为哲学思维以纯粹概念的形式表现出来,所以它是绝对精神自我认识的最高形式。黑格尔在《小逻辑》的导言中首先就指出了哲学思维有别于别的科学,因为哲学不似别的科学所享有的一种优越性,"哲学不似别的科学可以假定表象所直接接受的为其对象,或者可以假定在认识的开端和进程里有一种现成的认识方法"。此外,哲学与宗教虽然具有一定的同一性,譬如说二者都以真理或上帝为对象,都研究"有限事物的世界,研究自然界和人的精神,研究自然界和人的精神相互间的关系";但其不同之处在于,宗教还无法摆脱表象的形式,因此它还必须过渡到概念,以便使孤立化的表象具有必然性的联系,而哲学的对象恰恰是逻辑的必然性,恰恰是以概念去代替一切表象的那种思想。因此,哲学从根本上与科学、艺术、宗教等一切"使人类的一切活动具有人性的思维"不同,这种不同在于前者是"作为形式的思维本身",而后者是"作为情感、直觉或表象等形式而出现"的思维。正是在这个意义上,哲学的思维被黑格尔称之为"后思",亦即对"作为情感、直觉和表象等形式而出现"的思维的反思,从而达到"以思想的本身为内容,力求思想自觉其为思想"的思想。简而言之,哲学的任务即在于消解表象的偶然性,并在表现为表象的偶然性中识别其内在的本质即必然性。

在这个意义上,黑格尔指出,哲学能够把握住"事情本身"就必得采取概念的方式,并且正是因为它是以概念的形式表现出来,所以是把握事情本身的最好的方式。所以在马克思的这段话中,"黑格尔把一般说来构成哲学的本质的那个东西,即知道自身的人的外化或者思考自身的、外化的科学,看成劳动的本质",这里所说的思考自身的、外化的科学指的就是黑格尔所说的纯粹概念的形式,比如黑格尔就将《逻辑学》看作"纯粹概念"的科学。前文说过,哲学是一种"后思",它必须以一切作为表象的思维为其基础,以以往一切关于人类思维的活动(包括以往的一切哲学和科学、艺术和宗教等)为其基础,从而达到纯粹概念的形式，即以概念取代表象，并找到表象背后的逻辑必然性。如此一来，"至于其他哲学家做过的事情——把自然界和人类生活的各个环节看作自我意识的而且是抽象的自我意识的环节——，黑格尔认为那只是哲学的行动"，这句话就不难理解了。用黑格尔本人的话来说，即"哲学的要求可以说是这样的：精神，作为感觉和直观，以感性事物为对象；作为想象，以形象为对象；作为意志，以目的为对象。但就精神相反于或仅是相异于它的这些特定存在形式和它的各个对象而言，复要求它自己的最高的内在性——思维的满足"①。密纳发的猫头鹰要等到黄昏到来，才会起飞，历史进程充分展开其自身之后，方会达到最终、最高的思维，而这一最终的、最高的思维即他的哲学。总而言之，纯粹概念的形式才是绝对的真理，才是真正的科学，所以马克思说黑格尔的科学是绝对的。

绝对知识。《现象学》的最后一章。

主要之点就在于：意识的对象无非是自我意识；或者说，对象不过是对象化的自我意识、作为对象的自我意识。（设定人=自我意识。）

因此，需要克服意识的对象。对象性本身被认为是人

---

① 〔德〕黑格尔：《小逻辑》，贺麟译，北京：商务印书馆2010年版，第51页。

的异化了的、同人的本质即自我意识不相适应的关系。因此，重新占有在异化规定内作为异己的东西产生的人的对象性本质，不仅具有扬弃异化的意义，而且具有扬弃对象性的意义，就是说，因此，人被看成非对象性的、唯灵论的存在物。

【论断】黑格尔关于人的自我活动的辩证法不仅扬弃了异化，而且扬弃了对象性本身，因此人就成为非对象性的、唯灵论的存在物。

这段话十分重要，它意味着马克思开始把握异化之为异化的真实性质，而这一"把握"的前提则在于有一种不同于黑格尔哲学的"对象性本身"进入了马克思的视野。

关于第一段话的意思笔者前文已经阐述过多次，这里不再赘述。简而言之就是黑格尔通过纯粹思维的辩证法将意识与对象的对立保持在自身之内，个体意识与对象的关系变成了自我意识外化到达对象，又扬弃了外化回归自身的过程。因此人即自我意识，而意识的对象则是作为对象化的自我意识。

关于第二段，马克思前文已经说过，"他只看到了劳动的积极的方面，没有看到它的消极的方面"，因为对于黑格尔来说，劳动的异化或者说外化是作为精神自我实现的一个环节，因而从根本上是积极的。在此基础上，马克思指出，异化的消极性质，即思维之"和解"也无法克服的现实的外部力量的真实的异化便会必然为黑格尔所忽视。而忽视这一点，直接看来是由于黑格尔预设了精神的纯粹活动，从而必然预设了对象世界的虚无性。

马克思认为，尽管黑格尔要求恢复对象世界的真实内容，但是这一恢复却是为思维的自我实现服务的。前文说过，黑格尔将思维的原则贯彻到对象中去，表面上是为了消解以往的形而上学对于自然界的抽象，从而恢复自然界的真实存在，但其根本上是为了令自我意识拥有彻底的自由。因为如果对象世界的真实内容不是自我意识的造物，这无疑意味着在自我意识之外有一个异己的、自在的他物世界与他相对立，因而自我意识的活动本身便必然地是有限的。只有将他物世界的实存抽象化并纳入思维自身，只有意识获得客观性并进而扬弃这种客观性，自我意识才能再也不会受到外在事物的限制。因此，在黑格尔那里，自我意识一开始就知道它自己是主体，并且一开始就预设了对象世界的虚无性，对象世界的短暂实存不过是自我意识为了实现自身而造出来的。因此，对于思维来说，对象始终是一种需要扬弃的东西，是一种"对意识来说正在消逝着的东西"。"对于意识的对象的这种克服（或扬弃），不应当片面地理解，以为对象是指向自我回复的东西，而应当更确切地理解为为对象本身表明了自己对于自我说来是消逝着的东西。"[①] 对于黑格尔而

---

① 〔德〕黑格尔：《精神现象学》下卷，贺麟、王玖兴译，北京：商务印书馆 2015 年版，第 292 页。

言，对象或对象性本身是人的异化了的、同人的本质即自我意识不相适应的东西，是自我意识自我实现的障碍和缺陷，因为对象无法摆脱表象和外在的感性形式的束缚。因此，自我意识的纯粹活动要求克服对象化了的自我意识，要求克服对象性本身。只有摆脱表象和一切外在的感性形式的束缚，自我意识才可以以纯粹概念的形式表现出来，从而表现为最完满的意识。可见，对于自我意识来说，真正的障碍并不是异化了的对象性，并不是对象的异化性质，而是对象性本身。因此，对于黑格尔而言，扬弃异化即意味着扬弃对象性本身。这就使得自我意识成为丧失了对象性的主体，成为"非对象性的、唯灵论的存在物"。可见，黑格尔的意识从一开始就知道自己是主体，是绝对的神，因此从一开始就预设了对象世界的虚无性。尽管对象的真实性在其意识的辩证运动过程中短暂地存在过，但这不过是因为自我意识一开始就知道对象的扬弃对于自我意识来说具有肯定的意义，对象世界的短暂实存不过是自我意识为了实现自身而造出来的。

需要注意的是，当马克思在这段话中说黑格尔哲学对于"异化"的"扬弃"不仅意味着"扬弃异化"，而且意味着扬弃对象性本身时，这意味着有一种不同于黑格尔哲学的"对象性本身"进入了马克思的视野，而这种"对象性本身"同时意味着一种不同于黑格尔"纯粹活动"的"对象性活动"原则为马克思所发现。

黑格尔对克服意识的对象的运动做了如下的描述：

对象不仅表现为向自我［das Selbst］复归的东西（在黑格尔看来，这是对这一运动的片面的即只抓住了一个方面的理解）。设定人＝自我。但是，自我不过是被抽象地理解的和通过抽象产生出来的人。人是自我的［selbstisch］。人的眼睛、人的耳朵等等都是自我的；人的每一种本质力量在人身上都具有自我性［Selbstigkeit］这种特性。但是，正因为这样，说自我意识具有眼睛、耳朵、本质力量，就完全错了。毋宁说，自我意识是人的自然即人的眼睛等等的质，而并非人的自然是［XXIV］自我意识的质。

【论断】黑格尔对克服意识的对象的运动做了如下的描述，人等同于自我意识，而对象则表现为向自我意识复归的东西。

这段话阐述了黑格尔关于克服意识的现象的运动的描述，主要可以参考黑格尔《精神现象学》的"导言"和"绝对知识"章。黑格尔说过："只是说事物的存在，对于事物的'真实性'并无帮助。凡是存在的，必受时间的限制，转瞬可以变为不存在。"[①] 在黑格尔看来，事物的真实内容只能从思维之中获取，在思维之外没有真实性可言。这并不是说，思维以其先天形式逻辑地保证了事物的真实

---

① 〔德〕黑格尔：《小逻辑》，贺麟译，北京：商务印书馆2010年版，第124页。

内容，而是说，事物的本质内容即在思维自身之中。所以马克思这里说"自我意识具有眼睛、耳朵、本质力量，就完全错了。毋宁说，自我意识是人的自然即人的眼睛等等的质，而并非人的自然是自我意识的质"，就是说，自我意识是人的自然的本质，而非人的自然是自我意识的本质。意识只有凭其内在的逻辑法则造出对象世界，并成为对象世界的真实性内容，对象世界才能真正摆脱其盲目的必然性，而获得主体性。黑格尔此举表面上似乎是为了消解以往的形而上学对于事物世界的抽象，但其根本上是为了将自我意识的原则贯彻到对象中去，从而令意识拥有彻底的自由。对象世界只有完全成为"为意识"的存在，自我意识方能实现自身为绝对主体的自由，方能说思维统治世界。因为如果对象世界的真实内容不是自我意识的造物，这无疑意味着在自我意识之外有一个异己的、自在的他物与之相对立，因而自我意识的活动本身便必然地是有限的。

　　本身被抽象化和固定化的自我，是作为抽象的利己主义者的人，他被提升到自己的纯粹抽象、被提升到思维的利己主义。（下文还要谈到这一点。）
　　人的本质，人，在黑格尔看来＝自我意识。因此，人的本质的全部异化不过是自我意识的异化。自我意识的异化没有被看作人的本质的现实异化的表现，即在知识和思维中反映出来的这种异化的表现。相反，现实的即真实地出现的异化，就其潜藏在内部最深处的——并且只有哲学才能揭示出来的——本质来说，不过是现实的人的本质即自我意识的异化现象。因此，掌握了这一点的科学就叫作现象学。因此，对异化了的对象性本质的全部重新占有，都表现为把这种本质合并于自我意识；掌握了自己本质的人，仅仅是掌握了对象性本质的自我意识。因此，对象向自我的复归就是对对象的重新占有。——

【论断】既然人的本质是作为自我意识的自我实现的过程，那么在黑格尔看来，人的本质的异化就是作为自我意识的异化。

这段话的重点在于"自我意识的异化没有被看作人的本质的现实异化的表现，即在知识和思维中反映出来的这种异化的表现。……不过是现实的人的本质即自我意识的异化现象。因此，掌握了这一点的科学就叫作现象学"。这句话较为简单地阐述了马克思和黑格尔关于人的本质之异化的观点的差别，从形式上看仿佛只是主词和宾词的颠倒，结合马克思的前后文，我们在这里不妨做一些延伸理解。

在"异化劳动和私有财产"章和"私有财产和共产主义"章中，马克思已经将人的本质还原为了人的感性活动，并将抽象思维把握为人的感性活动的异化和抽象。而在黑格尔那里，抽象思维是绝对的主体，现实的即真实地出现的异化则是作为抽象思维异化（即外化）的现象。对于黑格尔而言，人的感性世界就其本质的那一面来说，是从属于抽象思维运动的内在法则的,是从属于逻辑的。因此,人的感性世界是抽象思维的造物,如果它不能作为对象化的思维而存在,那么它又具有什么真实性可言呢?这种观点无疑凝聚着现代世界的一个普遍原则,即现代世界的一切真理性存在由思维给出。而马克思则要追问的是,既然思维给出了现代世界的一切真理,那么思维自身的存在又从何说起呢?其次,既然人的感性世界是思维先验设定的产物,这无疑等于说人的感性世界是某种逻辑预成的东西。的确,人的世界中的诸多偶然性背后仿佛有其必然性根据,但这必然性根据是理性么?理性为什么可以有其必然性?黑格尔无疑无法回答这两个问题,他只能说"哲学作为有关世界的思想,要直到现实结束其形成过程并完成其自身之后,才会出现。概念所教导的也必然就是历史所显示的"[①],换言之,历史终将证明抽象思维所提示的真理。

现实的个人总是渴求真理的,这点毋庸置疑,因此人利用抽象思维在其逻辑形式上的无限性来保证现实世界的真理性,也并不令人诧异。但是人为什么渴求真理呢?这恰恰是因为现实的个人不是直接自在和现成的,恰恰是需要通过自己的劳动展开自身之属人的本质的。正是在这一活动过程中,尤其是在这一活动之异化中,人才生成出对

[①] 〔德〕黑格尔:《法哲学原理》,范扬、张企泰译,北京:商务印书馆2014年版,第13—14页。

于真理的渴求、对于确定性和无限性的渴求,才生成出以抽象理性的形式来保证确定性和无限性的需求。因此,历史的真正起点,是人的感性活动,即使是人的感性活动之异化,而抽象思维的来历则要在人的感性活动中被追溯。

补入(1)。所谓对象本身对意识来说是正在消逝的东西,就是上面提到的对象向自我的复归。

补入(2)。自我意识的外化设定物性。因为人=自我意识,所以人的外化的、对象性的本质即物性(对他来说是对象的那个东西,而且只有对他来说是本质的对象并因而是他的对象性的本质的那个东西,才是他的真正的对象。既然被当作主体的不是现实的人本身,因而也不是自然——人是人的自然——而只是人的抽象,即自我意识,所以物性只能是外化的自我意识)=外化的自我意识,而物性是由这种外化设定的。一个有生命的、自然的、具备并赋有对象性的即物质的本质力量的存在物,既拥有它的本质的现实的、自然的对象,而它的自我外化又设定一个现实的、却以外在性的形式表现出来因而不属于它的本质的、极其强大的对象世界,这是十分自然的。这里并没有什么不可捉摸的和神秘莫测的东西。相反的情况倒是神秘莫测的。但是,同样明显的是,自我意识通过自己的外化所能设定的只是物性,即只是抽象物、抽象的物,而不是现实的物。[XXVI] 此外还很明显的是:物性因此对自我意识来说决不是什么独立的、实质的东西，而只是纯粹的创造物，是自我意识所设定的东西，这个被设定的东西并不证实自己，而只是证实设定这一行动，这一行动在一瞬间把自己的能力作为产物固定下来，使它表面上具有独立的、现实的本质的作用——但仍然只是一瞬间。

【论断】"对象本身对意识来说是正在消逝的东西"和"自我意识的外化设定物性"结合起来表明了这样一个意思，即自我意识将自身的原则贯彻到对象中去，表面上是为了恢复对象世界的真实内容，但实际上是为了实现自我意识作为主体的绝对自由。如果说对象本身就是自我意识自我实现的一个环节，那不过意味着对象是自我意识的思想物，是完全"为意识"的存在。所谓"物性"即纯粹物质，或者说逻辑范畴的规定物。

前文说过黑格尔要求恢复自然界的真实内容，要求消解以往的形而上学对于自然界的抽象，而仅仅将自然界把握为"物性"的做法。但荒谬的是，黑格尔破除抽象形式的方式却是以一个绝对的、普遍的抽象来加深这一抽象。首先，"物性"作为对象化的自我意识对自我意识来说决不是"什么独立的、实质的东西"，它"并不证实自己，而只是证实设定这一行动"。物性的"真实存在"完全是自我意识为了实现自身而设定出来的，因此这种设定必然重新被扬弃，物性必然被否定。其次，在马克思看来，"被当作主体的不是现实的人本身，因而也不是自然——人是人的自然——而只是人的抽象，即自我意识"，就是说，自我意识本身就是一种抽象。既然自我意识本身就是一种抽象，那么将"物性"纳入自我意识自身，不过是以一种更高的抽象来肯定另一种抽象罢了。并且这种"物性"是需要被扬弃掉的，因此最终保留下来的只是自我意识作为绝对主体的形式运动。当然，对于这一指认，黑格尔应该不仅是自我认同，而且是深以为豪的，"认为思维的形式是最高的形式，认为思维的形式可以把握绝对真理的本来面目，是一般哲学通有的信念。要证明这信念，其意义首先在于指出认识的其他形式都是有限的形式"①，换言之，思维的形式（即纯粹概念）是把握真理的最高的形式。

可见，指认黑格尔的自我意识只是一种抽象形式并不能达成对黑格尔的批判，因为将人的本质把握为一种思维的形式运动在黑格尔看来是深以为豪的。这一点，恐怕现代的很多人都持相同观点。在马克思看来，如果可能达成对黑格尔的批判，其关键在于对现实的人的本质进行重新领会。马克思要追问的是，如果人的本质是某种纯粹理性，并且人的世界是由这一纯粹理性先验设定的话，那么在理性之外的"非理性"是什么？人的感性世界真的可以被还原进理性的先验构造中去么？对此，马克思发出了这样的

---

① 〔德〕黑格尔：《小逻辑》，贺麟译，北京：商务印书馆2010年版，第87页。

质疑,"一个有生命的、自然的、具备并赋有对象性的即物质的本质力量的存在物,既拥有它的本质的现实的、自然的对象,而它的自我外化又设定一个现实的、却以外在性的形式表现出来因而不属于它的本质的、极其强大的对象世界,这是十分自然的。这里并没有什么不可捉摸的和神秘莫测的东西。相反的情况倒是神秘莫测的"。就现实的人的感性世界来说,人在自身的活动中创造出来的对象性本质力量与人自身相脱离,甚至反过来成为一个"不属于人的本质的、极其强大的世界",而成为对人的感性生命的支配和褫夺,简而言之,"人被对象世界所设定",这是我们每天都在经验的经验世界,这没有什么不可捉摸的和神秘莫测的东西。如果按照黑格尔所说,纯粹思维是绝对的主体,并且它造出了对象世界的话,那么这无疑是"神秘莫测"的,因为这个世界是不可能被还原到理性的先验构造中去的,是不可能被还原为理性设定的抽象形式的。这点毋庸置疑,人如果利用理性的逻辑形式将自己包装为主体,并预设对象世界的非存在的话,那么人在感性世界中的全部受动性和有限性都将提示着这种预设的虚幻。

当现实的、肉体的、站在坚实的呈圆形的地球上呼出和吸入一切自然力的人通过自己的外化把自己现实的、对象性的本质力量设定为异己的对象时,设定并不是主体;它是对象性的本质力量的主体性,因此这些本质力量的活动也必定是对象性的活动。对象性的存在物进行对象性活动，如果它的本质规定中不包含对象性的东西，它就不进行对象性活动。它所以创造或设定对象，只是因为它是被对象设定的，因为它本来就是自然界。因此，并不是它在设定这一行动中从自己的"纯粹的活动"转而创造对象，而是它的对象性的产物仅仅证实了它的对象性活动，证实了它的活动是对象性的自然存在物的活动。

【论断】人是自我创造的，并且人的自我创造只能在人的对象性活动中才能实现。

这段话十分重要，它标志着马克思在批判性吸收费尔巴哈的感性对象性原则的基础上，将黑格尔的自我意识的纯粹活动还原为了人的"对象性的本质力量的主体性"，即对象性活动原则，从而实现了对黑格尔和费尔巴哈的有原则高度的批判。

前文说过，在黑格尔的哲学体系中，人的真实存在是思维，而思维一开始就将自身视作绝对的主体，并预设了对象世界的虚无性。但是，人如果没有在自身之外的真实对象，人自身的存在就成为了问题，因为他无从真实地确证自身的存在。对此，马克思说道："它所以创造或设定对象，只是因为它是被对象设定的，因为它本来就是自然界。"简而言之，人所以设定对象是因为他是被对象世界所设定的。在马克思看来，对象对人来说不是可以任意抽象掉的东西，而是活生生的真实存在，不仅如此，人的现实性却是离不开外部对象的真实性，否则，人自身则立即成为了虚幻的存在物。因此，人是不可能抽象掉自己的对象世界，并将其变成为我之物的。只有预设的主体才这样想象自己："我"是唯一的超越性的个体，"我"设立了对象又扬弃了对象回到了自身，这一过程是"我"作为绝对者的自我实现。而在现实的情境中，根本不存在抽象个体或者唯一者，只有有限的、感性的个人。所谓"有限"即意味着人为对象所设定，所谓感性即意味着人必须通过对象来实现自身。用马克思的话说，"因此，并不是它在设定这一行动中从自己的'纯粹的活动'转而创造对象，而是它的对象性的产物仅仅证实了它的对象性活动，证实了它的活动是对象性的自然存在物的活动"。这就是说，人的创造活动，并不是由于某种"纯粹的活动"，而只是因为"它是被对象设定的"。在这一过程中，一方面，人将自己的生命力量对象化于对象，使对象成为属己的一部分；另一方面，人同时也被对象所设定，成为他的对象的对象。因此，就人的活动来说，不仅是创造对象的存在者存在，被作为对象的存在者存在，并且，后者将前者同样看作了自己的对象，两者处于相互依存又彼此对立的对象性关系之中。

这就是说，创立对象，与被对象所设定，在人的活动中是同一回事，这一活动即人的对象性活动。这一活动否定了人之作为任何既定的主体（无论是理性主体还是感性主体）的先在性，人对这一活动的承当与自觉即马克思这里所说的"对象性本质力量的主体性"。人的活动只有拥有主体性,才有人之为人的本质和自由(就好比说,人从来没有一个既定的、先天的命运,人的命运和本质属性必须在人的活动中历史地生成)。在此前提下,我们不难发现,在马克思的视域中,所谓"主体"不过是人的抽象劳动之主体化,也就是说,人的对象性本质力量从人的感性活动中分离出来,并对人的活动取得主体的地位,即抽象劳动之主体化。既然人的本质是对象性活动的存在者,那么所谓抽象劳动的主体化或者说"主体"必然陷入一种观念想象,因为只有想象的主体才能真实地预设对象世界不存在。

人是自我创造的,并且人的自我创造只能在人的对象性活动中才能实现,这是马克思"对象性活动"原则的核心要义。这一原则从形式上看,仿佛只是将黑格尔的活动原则注入费尔巴哈的感性对象性原则,其实不然,它意味着马克思对现实的人的本质的重新领会,基于这一重新领会,马克思无疑可以决定性地超越费尔巴哈和黑格尔。费尔巴哈尽管恢复了人的感性对象性原则,但是却将这一原则视作人的既定的类本质,因此活动原则必然为他所忽视;黑格尔尽管将人看作一个自我创造的过程,但是这一过程却是纯粹思维作为绝对主体的自我实现过程,因而对于黑格尔而言,人的本质则是作为纯思的主体。马克思却以人的对象性活动原则指出,人的本质并不是先在的本质,而是人的活动的历史的产物。人不仅在根本上是有限的,而且是未完成的，人只有在其对象性的活动中方能实现其本质的生成（正像一个人没有谈过恋爱就不可能先验地明白什么是爱的本质一般）。因此，在人的活动中根本没有任何既定的、先在的主体，所谓"主体"不过是一种观念想象。如果人的劳动始终以某种抽象形式完成着对人的统治，如果"主体"的观念先行，那么人恐怕永远无法实现人与对象之间的本质连接，永远无法实现人的属人本质的生成。人怎么对待对象，就是怎么对待自身，因此类似于费尔巴哈和黑格尔这般，将人的对象性活动抽象掉，而将人的本质设定为某种先验主体，不过是一种自我玄想。

我们在这里看到，彻底的自然主义或人道主义，既不同于唯心主义，也不同于唯物主义，同时又是把这二者结合起来的真理。我们同时也看到，只有自然主义能够理解世界历史的行动。

【论断】只有在人的对象性活动中，才能回归彻底的自然主义或人道主义，并且这种自然主义与人道主义才能真正实现结合。

需要注意的是，马克思这里的自然主义或人道主义并不同于任何形而上学内部关于自然主义和人道主义的阐释。在形而上学内部，自然主义的自然是作为抽象物性；而人道主义的人则是作为抽象人格，二者处于僵硬的外部对立中。黑格尔将人与自然的这种统一建立在抽象思维的基础上，而费尔巴哈则是建立在人的先天感性之上。但是二者的这种统一在马克思看来仍然是虚假的统一，因为无论是建立在抽象思维的基础上，还是建立在先天感性的基础上，其本质都是"主体"的观念先行。只要"主体"的观念先行，那么人与自然之间的本质连接就已经预先地被抽象掉了，其所实现的统一也就必然是抽象的形式的统一。

马克思这里的自然主义和人道主义，用马克思"私有财产和共产主义"章的表达来讲，即"作为完成了的自然主义，等于人道主义，而作为完成了的人道主义，等于自然主义，它是人和自然界之间、人和人之间的矛盾的真正解决"。前文说过，马克思这里的自然并非任何形而上学内部的抽象自然，而是进入人的感性活动的自然，即感性地存在着的另一个人，因此人与自然的关系必然同时是人与人的关系。如果人与人之间的矛盾获得真正解决，那必然也同时意味着人与自然之间的矛盾获得真正解决。在马克思看来，只有彻底地褫夺"主体"，在自己的对象性活动中达成自我实现，方能实现人与自然、人与人之间的矛盾的真正解决。基于上文马克思对其"对象性活动"原则的阐发，马克思将"主体"把握为人的抽象劳动之主体化。在马克思看来，人的抽象劳动之主体化只是在资本主义生产中才得到了完全的发展。始于这种生产，抽象的劳动逐渐发展起来，而与之相应的则是抽象的自然界。因此，消解"主体"，绝不仅仅是消解形而上学内部的"主体"观念，更重要的是，消解人的抽象劳动之主体化，这一过程即现实的个人将对象性活动中异化出去的感性力量收回到自身而完成自我实现的过程。

　　//人直接地是自然存在物。人作为自然存在物，而且作为有生命的自然存在物，一方面具有自然力、生命力，是能动的自然存在物；这些力量作为天赋和才能、作为欲望存在于人身上；另一方面，人作为自然的、肉体的、感性的、对象性的存在物，同动植物一样，是受动的、受制约的和受限制的存在物，就是说，他的欲望的对象是作为不依赖于他的对象而存在于他之外的；但是，这些对象是他的需要的对象；是表现和确证他的本质力量所不可缺少的、重要的对象。说人是肉体的、有自然力的、有生命的、现实的、感性的、对象性的存在物，这就等于说，人有现实的、感性的对象作为自己本质的即自己生命表现的对象；或者说，人只有凭借现实的、感性的对象才能表现自己的生命。说一个东西是对象性的、自然的、感性的，又说，在这个东西自身之外有对象、自然界、感觉，或者说，它自身对于第三者来说是对象、自然界、感觉，这都是同一个意思。//饥饿是自然的需要，因此，为了使自身得到满足，使自身解除饥饿，它需要自身之外的自然界、自身之外的对象。饥饿是我的身体对某一对象的公认的需要，这个对象存在于我的身体之外，是使我的身体得以充实并使本质得以表现所不可缺少的。太阳是植物的对象,是植物所不可缺少的、确证它的生命的对象,正像植物是太阳的对象,是太阳的唤醒生命的力量的表现,是太阳的对象性的本质力量的表现一样。

【论断】人的存在必须以感性的自然界为前提,并且他的存在是能动和受动的统一。

这一段还是在承接上文,即马克思对其"对象性活动"原则的进一步阐明。这段话的重点在于揭示了人的对象性活动是自然生而为人的过程,也是人在自然中自我生成的过程,因此它否定了人作为任何既定的主体的先在性,而是"受动"和"能动"相统一的存在者。

对象性活动,作为人的存在方式,在马克思看来,首先表明:人只是作为直接的自然存在物而存在的,也就是说,人只是在与其他自然物之间的对象性关系中才存在的。这意味着,人以在他之外的事物作为自己的生命表现的对象,并且,人自身也是其他事物借以表现自己存在的对象。这就是对象性关系。但是,人与自然存在物之间的对象性关系,对于人而言,不仅是自在的,更重要的是"有生命的",即自为的。所谓"自在",意味着人的劳动必须以自然界为前提;所谓自为,意味着人创造了原初自然界所不包含的新的东西,这就是人的对象性本质力量。人的对象性本质力量,按照马克思的表达,一方面表明人是"自然力、生命力,是能动的自然存在物",这些力量作为"天赋、才能、欲望"存在于人身上,即人对在他之外的对象有着强烈的属人的需求,从而得以表现和确证他的本质力量;另一方面又表明人是"受动的、受制约的和受限制的存在物",即为人所需要的、得以表现和确证他的本质力量的对象又往往不依赖他,甚至反过来支配着他。因此,人的对象性活动是能动与受动的统一。"人有现实的、感性的对象作为自己本质的即自己生命表现的对象;或者说,人只有凭借现实的、感性的对象才能表现自己的生命",人将自然转化为人的生命表现的对象,但人也只有凭借这一对象才能表现自己的生命。无论是作为人的生物存在意义上,还是作为他的生命表现意义上,人的自我完成都必须以人的感性对象为前提。

既然人的对象性活动是能动和受动的统一,那么这必然意味着,人与对象之间的彼此需要。对此,马克思举了一个完全是费尔巴哈式的例子,"饥饿是自然的需要,因此,为了使自身得到满足,使自身解除饥饿,它需要自身之外的自然界、自身之外的对象",简而言之,饥饿的感觉提示着人与对象之间的彼此需要。这个例子仿佛提示着马克思重新陷入了费尔巴哈的桎梏之中,即用一种先天的感性直观来建立感性对象性。但其实不然,语词的重复并不意味着思想视域的保留,因为马克思接下来就说,"正像植物是太阳的对象,是太阳的唤醒生命的力量的表现,是太阳的对象性的本质力量的表现一样",如果感性对象性是一种人的先天的本质,那么又谈什么"唤醒生命"呢?"唤醒生命"只有在人的对象性活动中方能实现。就人的对象性活动来说,人与对象之间的彼此需要,不仅是需要对象,同时也在对象身上实现并确证自己的需要。与动物不同,人对对象的需要并不是单纯的依赖对象,而是使得自身的需要成为对象的存在形式,即将自己的对象性本质力量凝聚在对象身上,从而得以陶冶和塑造对象,使得对象成为自己的生命表现的形式,就是说,人对对象的这种塑造和陶冶同时也就是人的自我塑造和自我实现,人在对象身上确证自己的需要的同时就是自身的需要的满足。这一点,黑格尔在《精神现象学》中有一段经典的表达:"劳动是受到限制或节制的欲望,亦即延迟了的满足的消逝,换句话说,劳动陶冶事物。对于对象的否定关系成为对象的形式并且成为一种有持久性的东西,这正是因为对象对于那劳动者来说是有独立性的。"[1] 如果说动物需要对象的方式是直接消灭掉对象以实现生物性的满足,那么人则在对对象的塑造和陶冶中生成了对象的持久性的形式,就是说,对象仍在,并且因为它凝聚了人的对象性活动的本质力量,它甚至成为具有持久性的"活的"对象。诚如一个资本统治下的工人和一个艺术家对待石头的区别,前者只是消耗

---

[1] 〔德〕黑格尔:《精神现象学》上卷,贺麟、王玖兴译,北京:商务印书馆2015年版,第147页。

了石块，而后者则使得石块获得了持久而鲜活的形式。当然，工人消耗石块以满足直接的生物性的需要，并不是个人的选择或意愿，而是在资本的统治下的"非如此不可"。

一个存在物如果在自身之外没有自己的自然界，就不是自然存在物，就不能参加自然界的生活。一个存在物如果在自身之外没有对象，就不是对象性的存在物。一个存在物如果本身不是第三存在物的对象，就没有任何存在物作为自己的对象，就是说，它没有对象性的关系，它的存在就不是对象性的存在。[XXVII] 非对象性的存在物是非存在物 [Unwesen]。

【论断】任何一个存在物都是第三存在物，都是第三存在物的对象。

这段话的难点在于"第三存在物"，也就是马克思上文所说的"第三者"。马克思说"一个存在物如果在自身之外没有对象"，这个"如果"无疑是一种假设，因为根本不存在孤立的个人，人这样一个存在者一开始就处于对象性的关系之中。在这个意义上，人的对象性的存在必须是"第三存在物的对象"，因为"一个存在物如果本身不是第三存在物的对象，就没有任何存在物作为自己的对象"，就是说，如果一个存在者的对象是一个非对象性的存在者，那么这个存在者其实也就没有对象，因此，一个存在者必然是"第三存在物的对象"。直观来讲，人是对象性活动的产物，一个存在者与他的对象打交道，从根本上是与他的对象的对象性关系打交道；同样的，他的对象与他打交道，也必然是和他的对象性关系打交道。所以任何一个存在者都必然是"第三存在物的对象"。

假定一种存在物本身既不是对象，又没有对象。这样的存在物首先将是一个唯一的存在物，在它之外没有任何存在物存在，它孤零零地独自存在着。因为，只要有对象存在于我之外，只要我不是独自存在着，那么我就是和在我之外存在的对象不同的他物、另一个现实。因此，对这个第二对象来说，我是和它不同的另一个现实，也就是说，我是它的对象。这样，一个存在物如果不是另一个存在物的对象，那么就要以没有任何一个对象性的存在物存在为前提。只要我有一个对象，这个对象就以我作为对象。而非对象性的存在物是一种非现实的、非感性的、只是思想上的即只是想象出来的存在物，是抽象的东西。说一个东西是感性的即现实的，是说它是感觉的对象，是感性的对象，也就是说在自身之外有感性的对象，有自己的感性的对象。说一个东西是感性的，是说它是受动的。

因此，人作为对象性的、感性的存在物，是一个受动的存在物；因为它感到自己是受动的，所以是一个有激情的存在物。激情、热情是人强烈追求自己的对象的本质力量。

【论断】既然人是对象性活动的产物,那么非对象性的存在物就是一种非现实的、非感性的、只是思想上的即只是想象出来的存在物,是抽象的东西。

前文说过,黑格尔和费尔巴哈都悬设了人的本质是某种既定的主体(纯思主体和感性主体),而人的本质一旦被设定为某种既定的主体,那么人的对象性活动就必然会被设定为虚无,从而人就成为"非对象性的存在物"。这一观点其实十分普遍,就现今的世界来讲,许多人都认为人具有某种先天本质,而人的对象性活动则是这种本质在时间中的展开,仿佛人的活动是按照某种既定的"命运"来展开似的。对此,马克思说道:"非对象性的存在物是一种非现实的、非感性的、只是思想上的即只是想象出来的存在物,是抽象的东西。"人怎么可能把自己的对象性活动抽象掉,而完全按照某种先验的"主体"的设定来展开自己的活动呢?毕竟人不是动物,对自由的追求才是他的真实追求,尽管动物式的生活会短暂地形成对他的遮蔽。设定人的活动有一个先验的主体,从而将人设定为一种"非对象性的存在物"只能是一种观念想象,是一种抽象的理论表达。之所以"抽象",是因为在马克思看来,"主体"并非是先验存在的,而恰恰因为人在其对象性活动中的异化和"未完成",人才做出了关于"主体"的设定。因此,所谓"主体"不仅仅是一种观念想象,更重要的是对于人的对象性活动的真实的表现,尽管是抽象的表现。对此,马克思明确地告诉我们，人是不可能成为主体的，人更不可能像一个绝对的主体一般先验地设定好自己的活动，以一劳永逸地达成自我实现。

因此，"人作为对象性的、感性的存在物，是一个受动的存在物；因为它感到自己是受动的，所以是一个有激情的存在物。激情、热情是人强烈追求自己的对象的本质力量"。人的激情、热情是非概念、非逻辑的东西，它表明了人的感性存在是受动和能动的统一，也就表明了人是不可能按照某种先验主体的设定来展开自己的活动的。人如果按照某种既定本质来展开自己的活动，那怎么会生成出激情和热情呢？即使可能生成出来，也必然是虚幻的激情和热情。激情、热情的生成恰恰是人消解了自己的受动而能够能动地承担起自己的对象性活动时才会生发出来的东西。比如说，出于一种生物性的本能（先天的本质）而去追求某个对象谈不上什么真正的激情和热情，只有经历过生活的受动和痛苦，并且生发出承担这种受动的勇气时，才会有真正的激情和热情。毕竟人的决断，往往不是出于理性的沉思，也并非面对虚无时孤注一掷的勇气，而往往是出于"不得不"的受动。不要忘了马克思在"私有财产和共产主义"章的箴言，"自我异化和自我异化的积极扬弃走的是同一条道路"，异化劳动是人扬弃异化的最大的动力，同样的，"受动"是人能动地改变世界的最大的动力。

//但是,人不仅仅是自然存在物,而且是人的自然存在物,就是说,是自为地存在着的存在物,因而是类存在物。他必须既在自己的存在中也在自己的知识中确证并表现自身。// //因此,正像人的对象不是直接呈现出来的自然对象一样,直接地存在着的、客观地存在着的人的感觉,也不是人的感性、人的对象性。自然界,无论是客观的还是主观的,都不是直接同人的存在物相适合地存在着。//

【论断】人作为"类存在物"必须既在自己的存在中也在自己的知识中确证并表现自身。

首先,"人不仅仅是自然存在物,而且是人的自然存在物,就是说,是自为地存在着的存在物,因而是类存在物"。这里的"类存在物"尽管是一个费尔巴哈式的表达,但很显然,已经决定性地超越了费尔巴哈,因为人只有是"作为自为地存在着的存在物,因而是类存在物"。换言之,人的类本质不是人的先天的本质,不是直接自在的和现成的,而是人的对象性活动的产物。这一点,笔者在前文已经详述过,这里不再展开。

其次,人作为"类存在物,他必须既在自己的存在中也在自己的知识中确证并表现自身"。这就是说,人作为对象性的存在物,他在自己的对象性活动中展开着自己的存在,同时也生成着关于自身存在的理论表达(知识),即使是关于人的异化的理论表达。何为"知识"?关于这一问题往往体现为唯物主义和唯心主义认识论的对立。唯物主义认为，知识是自然界和人类社会背后的某种客观的、自在的本质，而思维则是对这一本质的反映；而唯心主义则认为，知识的确定性与客观性完全由思维自身给出。就以黑格尔为例，在黑格尔看来，纯粹思维是人的先天的本质，而人的世界则是这一本质在时间中的展开。因此，对象世界是由思维先验设定好的。既然对象世界是由思维先验设定好的，那么对于对象世界的认识就是思维的自我认识。思维自我认识的方式，就是知识，因而知识是思维自身的存在方式。

以上两种观点无疑代表着现代世界的两种普遍认识，但是这两种认识细细究来，无疑都必然陷入先验唯心主义（本体论上的唯心主义），即设定了人的活动具有某种先天本质（知识），而人的活动则是由这种先天本质规定的。当马克思将知识还原为人的对象性活动的理论表现时，这无疑包含着一个重大的本体论变革：其一，"知识本质"先验设定起来的对象世界，是逻辑预成的东西，因而从根本上讲，乃是"虚无"；其二，人的真实的对象性活动是不可能被还原到知识的先验构造中去的，不仅不能如此还原，它还是知识的来历和基础。就以唯物主义认识论为例，唯物主义认识论向来坚定地认为知识是关于自然界的客观规律，因而自然对他们来说是纯粹的自然存在物，但是难道纯粹的自然存在物不是思维范畴的规定物么，因为这样的自然界丧失了它的感性丰富性，而仅仅是作为某种抽象物质而存在，而抽象必然是来自于思维的抽象。因此，在这样的认识论中，人与自然之间的感性关联已经先验地被排除出去了，从根本上讲，除了抽象形式之外，剩下的只有虚无。而马克思将知识的来历和基础还原到人的对象性活动中，这无疑包含着这样的启发：所谓的知识或者说认识论来自于人的对象性活动之分裂，来自于人在对象性活动中所生成的人与自然关系的异化。正是因为人与自然在实际活动过程中的先行的异化，人才要求以理性的方式去认识并解构自然、要求消解人与自然在知识论上的鸿沟。因此，对于马克思而言，自然界从来不是一个知识论中的抽象的自然界，而始终是在人的对象性活动中的"感性的自然界"，是感性地存在着的另一个人。当然感性并非是直接的、现成的感性，而是在人的活动中生成的感性，"正像人的对象不是直接呈现出来的自然对象一样，直接地存在着的、客观地存在着的人的感觉，也不是人的感性、人的对象性"。

正像一切自然物必须形成一样，人也有自己的形成过程即历史，但历史对人来说是被认识到的历史，因而它作为形成过程是一种有意识地扬弃自身的形成过程。历史是人的真正的自然史。——（关于这一点以后还要回过来谈。）

【论断】既然人的本质是人的对象性活动的结果，那么这必然意味着，人的历史不是某种先天本质的展开史，而是人在自然中通过自己的活动而自我生成的结果。

这段话无疑是马克思对其"对象性活动"原则的小结。在马克思看来,如果人的活动是由某种既定的本质先验设定的,那么就人这种存在物而言,谈不上什么历史可言。因为他的历史并不由他自己写就,而完全受制于种种外部力量。即使如黑格尔一般,将这些外部力量都还原为思维的外化,但当他将思维设定为人的先天本质时,这无疑也从根本上否定了人的历史。如果人的活动是由某种既定的本质先验设定的,那么就他在时间中的历史而言,并无任何"主体性"可言,因为时间并不构成他的内在本质,他所经历的时间是由某种既定的本质从外部施与他的。如果人的活动丧失了他的主体性和时间性,如果他的活动只是某种既定的本质在时间中的展开的话,那么他有什么"历史"可言呢?他的活动无疑与其他一切自然存在物一般亦步亦趋,不过是这个既定的本质手中的玩物罢了。就以动物为例,我们常听闻动物学家考察一种动物的发展史,从形式上看仿佛动物具有自己的历史。但我们仔细考究就会发现,动物尽管也经历时间中的变化,但是它的变化完全是由某种复杂的力量从外部赋予它的,它受制于这种力量且根本没有任何主体性可言,因而时间并不是它的内在本质,所以,它的历史其实并不属于它。

当马克思确定了人的对象性活动是受动和能动的统一,是人的"类本质"的自我创造时,实际上已经蕴含着"对象性"之"历史性"的维度在其中了。马克思明确地告诉我们,"正像一切自然物必须形成一样,人也有自己的形成过程即历史",人有自己的历史,但与其他一切自然存在物不同的是,人必须自己创造自己的历史,自己形成自己的本质属性。这种本质属性从来不是某种既定的、先在的本质,而是"有意识地扬弃自身的形成过程"。马克思告诉我们,对某种既定的本质的追问和设定不仅仅是一种纯粹理论的建构,更重要的是关于人的活动的"异化"性质的真实表现。正是由于人的活动的先行的异化,由于人对自身有限性的恐惧,人才要求追问并设定一个"本质"以保证一切,不仅保证人对于自然界的认识,更重要的是保证人的社会存在的绝对真理。因此,"本质"的追问和设定是真实的,因为它根源于人的异化;但它也是虚幻的,因为人的异化不可能通过跟在某种既定的本质之后亦步亦趋而得到真正的扬弃。人必须自我实现、自我扬弃,这样的过程才能真正算得上是历史。因此,马克思说,历史是人的真正的自然史,在人自我实现、自我扬弃的过程之中,自然、历史、人三者才能根本性地统一起来。

补入(3)、(4)、(5)、(6)。(3)意识的这种外化不仅有否定的意义,而且也有肯定的意义。(4)它不仅对我们有这种肯定的意义或者说自在地有这种肯定的意义,而且对它即意识本身也有这种肯定的意义。(5)对象的否定,或对象的自我扬弃,对意识所以有肯定的意义,或者说,它所以知道对象的这种虚无性,是由于它把自身外化了,因为意识在这种外化中知道自身是对象,或者说,由于自为存在的不可分割的统一性而知道对象是它自身。(6)另一方面,这里同时包含着另一个环节,即意识扬弃这种外化和对象性,同样也把它们收回到自身,因此,它在自己的异在本身中就是在自身。

【论断】这段话是对前文(3)、(4)、(5)、(6)的重复,即对黑格尔《精神现象学》"绝对知识"章节的摘抄。

前文说过,在黑格尔那里,人的本质即自我意识,并且自我意识的外化设定的只是物性,只是抽象物质。这一点,马克思在(1)、(2)部分已经阐述过。那么外化设定物性这一环节究竟有什么意义呢?按照马克思这里的摘录,"不仅有否定的意义,而且也有肯定的意义",这是在(3)、(4)、(5)、(6)及其补入中详细阐述的问题。对此,笔者主要结合以下两个段落集中进行解读。

我们已经看到,对于被异化的对象性本质的占有,或在异化——它必然从漠不关心的异己性发展到现实的、敌对的异化——这个规定内对于对象性的扬弃,在黑格尔看来,同时或甚至主要地具有扬弃对象性的意义,因为并不是对象的一定的性质,而是它的对象性的性质本身,对自我意识来说是一种障碍和异化。因此,对象是一种否定的东西、自我扬弃的东西，是一种虚无性。对象的这种虚无性对意识来说不仅有否定的意义，而且有肯定的意义，因为对象的这种虚无性正是它自身的非对象性的即[XXVIII]抽象的自我确证。对于意识本身来说，对象的虚无性所以有肯定的意义，是因为意识知道这种虚无性、这种对象性本质是它自己的自我外化，知道这种虚无性只是由于它的自我外化才存在……意识的存在方式，以及对意识来说某个东西的存在方式，就是知识。知识是意识的唯一的行动。因此，只要意识知道某个东西，那么这个东西对意识来说就生成了。知识是意识的唯一的对象性的关系。——意识所以知道对象的虚无性，就是说，意识所以知道对象同它之间的差别的非存在，对象对它来说是非存在，是因为意识知道对象是它的自我外化，就是说，意识所以知道自己——作为对象的知识——，是因为对象只是对象的外观、障眼的云雾，而就它的本质来说不过是知识本身，知识把自己同自身对立起来，从而把某种虚无性，即在知识之外没有任何对象性的某种东西同自身对立起来；或者说，知识知道，当它与某个对象发生关系时，它只是在自身之外，使自身外化；它知道它本身只表现为对象，或者说，对它来说表现为对象的那个东西仅仅是它本身。

【论断】对于黑格尔的自我意识来说，对象本身是一种障碍和异化，因而它是一种需要被否定的东西，是一种虚无性。

在前文中马克思说过，对于黑格尔而言，自我意识的外化设定物性，并且"这个被设定的东西并不证实自己，而只是证实这一行动"，就是说，物性的设定是自我意识为了实现自身而先验设定出来的，因而对象必须向自我意识复归，从而必然被扬弃。可见，对于自我意识来说，它不是把异化了的对象性，而是把对象性本身看成是自己自我实现的障碍。所以在这里马克思评价说，扬弃的"并不是对象的一定的性质，而是它的对象性的性质本身"。

但是，尽管对象性本身是需要被扬弃的东西，是一种虚无性，但是对象性的存在对于自我意识来说无疑也有肯定的意义。"因为意识知道这种虚无性、这种对象性本质是它自己的自我外化，知道这种虚无性只是由于它的自我外化才存在"，就是说，意识知道对象的虚无性，是因为对象的"真实存在"完全是自我意识为了实现自身而设定出来的。只有自我意识外化，将自己实现在对象世界中，并且通过扬弃这种外化而回归自身，意识才不仅是自在的，而且具有了自为的原则。只有具有了自为原则，意识才能拥有真正的自由。就以康德哲学为例，康德赋予了人的思维以真正的活动原则，即将人的思维视作事物存在的先天形式理由。这样一来，形式虽然在思维内部得到了发展，但作为与主体相对峙的外部事物，则完全丧失了其真实性。外部事物一旦丧失了真实性，那么思维自身的真实性存在就无法得到说明。思维自身的真实性存在无法说明，就只能被设定为既定的、先天的本质。思维被设定为既定的、先天的本质，这无疑否定了思维自身的自为性。在黑格尔看来，只有思维展开自身为对象世界，并在对象世界中完成自身，思维才能真正获得其自为性。因此尽管对象世界需要被扬弃，但是对于思维来说，却是其自我完成的一个必要的环节，如果思维没有展开自身为对象世界的真实内容，那么思维自身的存在则必然会沦为空洞的、虚无的存在。就康德和黑格尔这里的区别，不妨以人与"神"的关系为例，如果"神"的精神只是作为人的活动的先天形式理由，那么人与"神"仍然处于外在的关系中；但如果"神"的精神成为人的活动的真实内容，那么"神"的存在才能真正具有自为性，人与神的关系才能实现内在的本真的关联。

然而，由于自我意识一开始就预设了自己是主体，因此进入对象世界一开始就是为了实现自身设定出来的。如果对象世界的存在仅仅是作为自我意识自我实现的"中介"，那么这无疑意味着对象世界并没有自身的存在。对象的虚无性无疑提示了自我意识活动过程的一个巨大的困境：前文说过，对于黑格尔而言，知识是意识的存在方式，是意识唯一的对象性关系。也就是说，意识的活动就其本质的一面来说，是从属于逻辑、知识和概念的。"只有逻辑的必然性才是合理的东西，才是有机整体的节奏；它是内容的知识,正如内容是概念和本质一样。"① 因而其中矛盾的是,知识作为意识的存在方式,已经先行地设定了在知识之外的对象的存在,"只要知道某个东西,那么这个东西对意识来说就生成了";然而对于自我意识来说,对象作为自我意识活动的中介却没有自身的存在。因此,按照自我意识哲学,必须指出这个在知识之外的对象是虚假的,只是"外观"和"障眼的烟云","就它的本质来说不过是知识本身,知识把自己同自身对立起来,从而把某种虚无性,……它知道它本身只表现为对象,或者说,对它来说表现为对象的那个东西仅仅是它本身"。就是说,知识的对象只是虚假的对象,它的本质不过是知识本身。这句话听起来仿佛很有道理,仿佛是在说,逻辑地描述对象,不过是逻辑自身的展开过程。但是,如果知识的对象只是虚假的对象,而知识又是意识唯一的对象性关系,那么这不过意味着意识的存在是纯粹逻辑、纯粹概念和纯粹知识的存在。如果意识的存在只是纯粹逻辑、纯粹概念和纯粹知识的存在,那么无论是意识自身还是作为意识之外化的对象世界,又有什么真实内容可言呢?如果人的世界没有真实内容可言,那么纯粹知识的真实性又如何确证呢?

---

① 〔德〕黑格尔:《精神现象学》上卷,贺麟、王玖兴译,北京:商务印书馆2015年版,第43页。

另一方面，黑格尔说，这里同时包含着另一个环节，即意识扬弃这种外化和对象性，同样也把它们收回到自身，因此，它在自己的异在本身中就是在自身。

这段议论汇集了思辨的一切幻想。

第一，意识、自我意识在自己的异在本身中就是在自身。因此，自我意识——或者，如果我们在这里撇开黑格尔的抽象而设定人的自我意识来代替自我意识——在自己的异在本身中就是在自身。

这里首先包含着：意识——作为知识的知识——作为思维的思维——直接地冒充为它自身的他物，冒充为感性、现实、生命，——在思维中超越自身的思维。（费尔巴哈。）这里所以包含着这一方面，是因为仅仅作为意识的意识所碰到的障碍不是异化了的对象性，而是对象性本身。

【论断】自我意识在自己的异在本身中就是在自身，这一表达汇集了思辨的一切幻想。

"这里同时包含着另一个环节，即意识扬弃这种外化和对象性，同样也把它们收回到自身，因此，它在自己的异在本身中就是在自身。"这句话原文摘抄自黑格尔《精神现象学》的"绝对知识"章，也是前文（6）部分的重复。这部分内容主要是马克思对于这句话的评述。

前文说过，对于黑格尔来说，人的本质即自我意识，而对象则是外化的自我意识，"意识、自我意识在自己的异在本身中就是在自身"。这句话从形式上来看仿佛恢复了对象的真实存在，即对象作为外化的自我意识仿佛具有了主体性。但由于自我意识一开始就知道自己是主体，并且一直是主体，它的外化不过是自身的自我实现过程。因此自我意识从一开始就知道对象的"虚无性"，就知道对象（外化的自我意识）是自身自我实现的中介，换言之，对象世界是自我意识为了实现自身而制作出来的。

因此，对于黑格尔而言，自我意识的纯粹活动被看作人的真正的感性、现实和生命。纯粹思维一旦被看作人的真正的生命，那不过意味着纯粹思维是真正的主体，而感性的、活生生的人的世界则是由这一主体所设定的客体。人往往以为成为纯粹思维的化身就可以获得作为主体的自由，但实际上，人不过是纯粹思维手中的"玩物"，他的感性生命没有任何真实性和主体性可言。诚如费尔巴哈在《未来哲学原理》中对黑格尔的评价，"黑格尔是一位在思维中超越自身的思想家"，如果人的感性生命没有任何真实性和主体性可言，那就只能借用思维在其逻辑形式上的无限性将人伪造成主体了。预先抽象掉人的感性生命、抽象掉人的对象性活动，而将人的世界还原进纯粹思维内部，即设想通过纯粹思维的自我超越和自我完成来构建一个完满的人的世界，这无疑是一个巨大的理论幻想。

第二，这里包含着：因为有自我意识的人认为精神世界——或人的世界在精神上的普遍存在——是自我外化并加以扬弃，所以他仍然重新通过这个外化的形态确证精神世界，把这个世界冒充为自己的真正的存在，恢复这个世界，假称在自己的异在本身中就是在自身。因此，在扬弃例如宗教之后，在承认宗教是自我外化的产物之后，他仍然在作为宗教的宗教中找到自身的确证。黑格尔的虚假的实证主义或他那只是虚有其表的批判主义的根源就在于此，这也就是费尔巴哈所说的宗教或神学的设定、否定和恢复，然而这应当以更一般的形式来表述。因此，理性在作为非理性的非理性中就是在自身。一个认识到自己在法、政治等等中过着外化生活的人，就是在这种外化生活本身中过着自己的真正的人的生活。因此，与自身相矛盾的，既与知识又与对象的本质相矛盾的自我肯定、自我确证，是真正的知识和真正的生活。

因此，现在不用再谈关于黑格尔对宗教、国家等等的适应了，因为这种谎言是他的原则的谎言。

【论断】黑格尔的虚假的实证主义或虚有其表的批判主义的根源就在于他将自我意识的原则贯彻到对象世界中去，不过是为了确证意识自身的主体地位。

这段话仍然是在承接上文，即马克思对黑格尔所谓"自我意识在自己的异在本身中就是在自身"的批判。前文说过，黑格尔之所以将对象世界还原进自我意识内部，是为了使得自我意识成为对象世界的真实性理由。因为如果意识只是对象世界的先天形式理由，那么意识就还只是自在的东西。只有自我意识展开自身为对象世界,自我意识才是自为的,而对象世界作为外化的自我意识也可以恢复其真实存在。但由于自我意识一开始就知道自己是主体,一开始就预设了对象世界的虚无性,因此对象世界从根本上对自我意识来说不过是障碍,它是需要被扬弃的东西。所以自我意识外化为对象世界对于自我意识这个"主体"来说只是一种形式上的过渡。所以马克思评价说,"把这个世界冒充为自己的真正的存在,恢复这个世界,假称在自己的异在本身中就是在自身"。这个"假称"就说明了黑格尔对于对象世界真实性的恢复只是虚假的、形式的恢复。

例如,"在扬弃例如宗教之后,在承认宗教是自我外化的产物之后,他仍然在作为宗教的宗教中找到自身的确证。黑格尔的虚假的实证主义或他那只是虚有其表的批判主义的根源就在于此"。当黑格尔把宗教视作纯粹思维的自我外化的产物,既然"自我意识在自己的异在本身中就是在自身",那么宗教作为外化了的思维其真实性存在理应得到肯定。但黑格尔却说,"精神的第三现实性就是在前两者的统一形式内;精神具有自在和自为存在的形态,而且既然它被表现为像它是自在自为的那样,那么,它就是天启的宗教。虽说精神在这里诚然达到了它的真实的状态,不过这个形态本身和它的表象形式还是一个没有被克服的方面,精神还须从这一方面过渡到概念,以便在概念中完全消除对象性的形式"①。这段话直观地表现了黑格尔虚有其表的批判主义：虽说精神在它的对象比如天启宗教中达到了它的真实的状态，但是它还没有完全消除对象性的形式，还必须过渡到概念。这意味着，黑格尔对于对象世界之真实性的恢复是徒有其表的，尽管思维必须在对象世界确证并实现自身的真实内容，但由于这一过程本身就是为了思维主体的自我实现服务的，且对象世界无法摆脱其表象和外在化的形式，因此它必须被否定，因此只有纯粹思维、纯粹概念才有资格成为人的世界的绝对的、独一无二的主宰。正如费尔巴哈所批判的：对于黑格尔来说，纯粹思维的本质不是别的东西，只是理性化了的、现实化了的上帝的本质。

因此，"理性在作为非理性的非理性中就是在自身"，黑格尔与其虚有其表地说思维在自己的异在本身中就是在自身，不如直接地说，这一过程是思维圆圈似的自我完成的过程。思维外化进入对象，又扬弃对象回归自身，这一运动过程不过是抽象的形式运动，因为它最终确定的不过是纯粹思维作为人的世界的绝对主体和先天本质。诚如马克思后来在《哲学的贫困》中评价黑格尔的"信徒"蒲鲁东时所描述的："因为无人身的理性在自身之外既没有可以设定自身的场所，又没有可以与之相对立的客体，也没有

---

① 〔德〕黑格尔：《精神现象学》上卷，贺麟、王玖兴译，北京：商务印书馆2015年版，第292页。

可以与之相结合的主体，所以它只得把自己颠来倒去：设定自己，把自己与自己相对立，自相结合——设定、对立、结合。"① 当人的世界都被还原成思维自我完成的环节，这就好比说"一个认识到自己在法、政治等等中过着外化生活的人，就是在这种外化生活本身中过着自己的真正的人的生活。因此，与自身相矛盾的，既与知识又与对象的本质相矛盾的自我肯定、自我确证，是真正的知识和真正的生活"。这就是说，人在纯粹思维、在知识和概念中所过的生活才是真正的生活，而人的感性的、活生生的生活则是这一生活的派生物，是虚假的生活。这一说法的荒谬性，就好比是说人作为人工智能所过的生活才是真正的生活（人工智能所要扬弃的就是人的感性生命，而将人的纯粹思维保留下来），而人的非理性的感性生活则是虚假的生活。

[XXIX] 如果我知道宗教是外化的人的自我意识，那么我也就知道，在作为宗教的宗教中得到确证的不是我的自我意识，而是我的外化的自我意识。这就是说，我知道我的属于自身的、属于我的本质的自我意识，不是在宗教中，倒是在被消灭、被扬弃的宗教中得到确证的。

因此，在黑格尔那里，否定的否定不是通过否定假本质来确证真本质，而是通过否定假本质来确证假本质或同

---

① 《马克思恩格斯文集》第1卷，北京：人民出版社2009年版，第599页。

自身相异化的本质，换句话说，否定的否定是否定作为在人之外的、不依赖于人的对象性本质的这种假本质，并使它转化为主体。

因此，把否定和保存即肯定结合起来的扬弃起着一种独特的作用。

【论断】既然对象世界是思维为了自我实现而先行设定出来的，是思维自我实现的中介和手段，那么思维自身的活动原则"否定之否定"就不过是思维自身的纯粹活动。

首先，关于第一段话，其基本意思是，如果思维先行地知道对象（比如宗教）是外化了的自我意识，那么对于对象（宗教）的确证从根本上不过是对于思维自身的确证。因而思维确证自身的本质不是在对象中，而是扬弃了对象性的思维的自我确证。反而是在"我知道我的属于自身的、属于我的本质的自我意识，不是在宗教中，倒是在被消灭、被扬弃的宗教中得到确证的"。

其次，关于第二段话，"否定的否定是否定作为在人之外的、不依赖于人的对象性本质的这种假本质，并使它转化为主体"，对于黑格尔而言，思维自身的活动原则"否定之否定"，并不是完全的否定，即通过否定假本质来肯定真本质，通过否定感性的对象世界来肯定超感性的思维世界；也非直接的肯定，即直接肯定思维之为绝对的主体。"否定之否定"作为思维自身的活动原则，是思维通过外化，将自己实现在对象世界中，并且通过扬弃这种外化回到自身，从而证实了自己的真实性的过程。也就是说，思维主体展开自身之为对象世界，而当对象世界成为思维活动的障碍时，思维便会要求克服这一障碍，而回归自身。在这一过程中，对象世界的存在仅仅是中介和环节，思维主体的自我活动才是起点和终点，用马克思这里的说法，即将"在人之外的、不依赖于人的对象性本质的这种假本质"还原进思维主体自身的过程，从而实现思维自身的不停歇的运转。所谓"在人之外的、不依赖于人的对象性本质的这种假本质"，简单来讲，即"对象世界"。

最后，关于第三段话，思维自身的活动原则"否定之否定"即"扬弃"。

> 例如，在黑格尔法哲学中，扬弃了的私法=道德，扬弃了的道德=家庭，扬弃了的家庭=市民社会；扬弃了的市民社会等于国家，扬弃了的国家=世界历史。在现实中，私法、道德、家庭、市民社会、国家等等依然存在着，它们只是变成环节，变成人的存在和存在方式。这些存在方式不能孤立地发挥作用，而是互相消融，互相产生等等。运动的环节。

【论断】既然黑格尔将纯粹思维理解为人的世界的本质基础，那么这无疑意味着人的世界的一切现实的、感性的存在都不过是作为纯粹思维的派生物。

马克思这里主要以黑格尔的"法哲学"为例。对于黑格尔而言,"整个法哲学不过是对逻辑学的补充",即纯粹思维、纯粹逻辑外化进入社会历史的领域,表现为法权、道德、伦理和国家制度等。这些东西都是纯粹思维的外在表现,是逻辑的外显,也就是所谓的"客观精神"。前文说过,黑格尔之所以将思维的原则贯彻到对象中去,为的是使思维获得彻底的自由,因此客观精神的发展过程即思维的"自由意志"的发展过程。在黑格尔看来,客观精神的发展需要经历三个阶段:抽象的法权、道德和社会伦理。而社会伦理的发展也经历了三个阶段:家庭、市民社会和国家,其中国家是作为客观精神发展的最后环节,而世界历史则是国家精神的不断发展的过程。这些环节和阶段都是作为精神的自由意志发展的不同阶段的表现。

首先,在"抽象的法权"阶段,自由意志借助外物以实现自身,体现为人对外物的占有的权利。在黑格尔看来,"抽象的法权"因为是每个人都自在的、一般的享有的权利,就如生物本能一般,因而在这一阶段,意志还不具有自为性。"在抽象法中,意志的定在是在外在的东西中,但在下一阶段,意志的定在是在意志本身即某种内在的东西中。这就是说,意志对它自身来说必须是主观性,必须以本身为其自己的对象。"① 就是说,在这个阶段,意志自由

---

① 〔德〕黑格尔:《法哲学原理》,范扬、张企泰译,北京:商务印书馆2014年版,第109页。

还只是形式的自由,因为意志还需要通过外在的被占有物来确定自身,还需要受到外在力量的支配,意志必须"自己为自己立法",于是意志需要发展到"道德"阶段。在"道德"阶段,意志已经不需要通过外在的事物来确定自身了,而只需要在内在状态中确定自身,"道德的观点是这样一种意志的观点,这种意志不仅是自在地而且是自为地无限的"①,就是说,在"道德阶段",意志已经具有了自为性,因为意志自由已经可以在内心中实现,意志已经可以确定为对自己的支配。

但要紧的是,人是社会性的人,人需要和他人打交道,人和他人的关系还需要有"规则"。这个规则怎么给出?简而言之,人如何为他人立法?如果道德法则对人来说只是一种"应当",那么这一法则无疑无法真正成为人的活动的真实性理由,这就涉及伦理问题,内心的道德法则如果不与客观的社会生活相结合,就会沦为空洞和虚无。"无论法的东西和道德的东西都不能自为地实存,而必须以伦理的东西为其承担者和基础,因为法欠缺主观性的环节,而道德仅仅具有主观性的环节,所以法和道德本身都缺乏现实性。"② 就是说,抽象法和道德都必须在伦理生活中展开,

---

① 〔德〕黑格尔:《法哲学原理》,范扬、张企泰译,北京:商务印书馆2014年版,第110页。
② 〔德〕黑格尔:《法哲学原理》,范扬、张企泰译,北京:商务印书馆2014年版,第163页。

才能获得其现实性和真实内容。这里无疑包含着对康德道德哲学的批判，如果道德法则只是作为人的世界的先天形式理由（比如康德的绝对命令），那么道德法则必然会流于空洞和虚无，只有它进入人的世界，并展开为人的世界的真实性理由，那么它才真正具有现实性。

在黑格尔看来，既然意志的主观性必须进入外在的伦理生活，因而就必然面临着"主客对立"，而对于"主客对立"则必须根据伦理的"概念"来进行调和。现代社会中人的伦理生活主要分为三个环节：家庭、市民社会和国家，其中每个环节中的对立都必须由各个环节的概念来进行调节，并且最初环节的概念有待于发展到更高的阶段，由更高阶段的概念来进行调节。"家庭"笔者这里不展开，主要以市民社会和国家关系这一现代世界的主要关系来展开论述。黑格尔认为，市民社会和国家的决定性分离，是现代社会和前现代社会的根本区别，这点得到了马克思的极大肯定；黑格尔同时也看到了，市民社会单靠其内部的机制无法获得自我持存。因为市民社会的精神一方面是特殊性的环节，每个人都以自身为目的，其他一切在他看来都是虚无；另一方面，如果他不与别人发生关系，就不能达到他的全部目的。这就是说，在市民社会中，每个人都以个人利益为其目的，但个人利益的实现又必须依靠与他人的交换才能实现，所以特殊性又不能成为他的生活的唯一原则，而必须以普遍性为特殊性的手段。特殊性和普遍性的矛盾,导致了市民社会不可能自我持存。在此基础上,黑格尔认为,必须有一个以普遍性为目的的更高的环节决定和统领市民社会。这就是国家,或者更明确地说,即国家概念或国家精神。因为黑格尔意义上的国家不是国家制度或国家权力,而是国家精神。国家"是作为显示出来的、自知的实体性意志的伦理精神,这种伦理精神思考自身和知道自身,并完成一切它所知道的,而且只是完成它所知道的"①。只有国家精神才能克服市民社会的矛盾,而实现特殊性和普遍性的真正统一。这是因为国家是在概念中的自在的理性的东西,不论它是否被单个人所认识或为其偏好所希求;并且个人意志可以在政治情绪或真正的"爱国心"中,扬弃其个体的特殊性,自觉地以普遍性为其行动根据。这里涉及到的问题是:国家概念如何成为人的活动的真实内容?在黑格尔看来,人如果在思想中实现了对国家概念的自觉,那么国家概念就成为人的活动的真实内容,而国家概念一旦成为人的活动的真实内容,意志就可以扬弃其主观性,而实现主客统一,从而获得真正的自由。

既然国家是客观精神的最高的环节,既然现实生活的一切矛盾和分裂都可以在国家精神中得到扬弃,那么这无疑意味着概念和精神才是真正真实的东西,而人的真正的

---

① 〔德〕黑格尔:《法哲学原理》,范扬、张企泰译,北京:商务印书馆2014年版,第253页。

感性生活则是概念和精神的派生物，尽管这一概念在黑格尔看来不仅是自在的，而且具有自为的原则。诚如马克思在这段话中的评价，"在现实中，私法、道德、家庭、市民社会、国家等等依然存在着，它们只是变成环节，变成人的存在和存在方式，这些存在方式不能孤立地发挥作用，而是互相消融，互相产生等等。运动的环节"。

在它们的现实存在中它们的运动的本质是隐蔽的。这种本质只是在思维中、在哲学中才表露、显示出来；因此，我的真正的宗教存在是我的宗教哲学的存在，我的真正的政治存在是我的法哲学的存在，我的真正的自然存在是自然哲学的存在，我的真正的艺术存在是艺术哲学的存在，我的真正的人的存在是我的哲学的存在。同样，宗教、国家、自然界、艺术的真正存在＝宗教哲学、自然哲学、国家哲学、艺术哲学。但是，如果只有宗教哲学等等对我来说才是真正的宗教存在，那么我也就只有作为宗教哲学家才算是真正信教的，而这样一来，我就否定了现实的宗教信仰和现实的信教的人。但是，我同时确证了它们：一方面，是在我自己的存在中或在我使之与它们相对立的那个异己的存在中，因为异己的存在仅仅是它们的哲学的表现；另一方面，则是在它们自己的最初形式中，因为在我看来它们不过是虚假的异在、比喻，是隐蔽在感性外壳下面的它们自己的真正存在即我的哲学的存在的形式。

【论断】既然纯粹思维是绝对的主体,而人的世界则是思维在时间中的展开,那么这无疑意味着只有纯粹思维以及作为纯粹思维之存在方式的知识、逻辑和概念才是真实的存在,而人的世界作为知识、逻辑和概念的派生物则是虚假的异在。

诚如马克思这里所说,"我的真正的宗教存在是我的宗教哲学的存在,我的真正的政治存在是我的法哲学的存在,我的真正的自然存在是自然哲学的存在,我的真正的艺术存在是艺术哲学的存在,我的真正的人的存在是我的哲学的存在。同样,宗教、国家、自然界、艺术的真正存在=宗教哲学、自然哲学、国家哲学、艺术哲学",这就是说,我在国家中的存在是国家精神派生的存在,我在自然生活中的存在是自然科学规定的存在,我在家庭中的存在是家庭概念派生的存在,等等,人的一切感性生活都被还原到思维的知识构造中去了,连艺术生活都不得不服从于知识法则的支配。不管纯粹思维是作为人的活动的先天形式理由,还是作为人的活动的真实性理由,无疑都将人的感性生活纳入思维的先验构造中去了。

对此,马克思说道:"一方面,是在我自己的存在中或在我使之与它们相对立的那个异己的存在中,因为异己的存在仅仅是它们的哲学的表现;另一方面,则是在它们自己的最初形式中,因为在我看来它们不过是虚假的异在、比喻,是隐蔽在感性外壳下面的它们自己的真正存在即我的哲学的存在的形式。"这段话,用马克思在《德意志意识形态》中的表达"不是意识决定生活,而是生活决定意识",如果纯粹思维本身就来自于人的感性生活,尤其是来自于人的感性生活之异化,这思维还能是决定和改变人的感性生活的理论前见么?在马克思看来,纯粹思维向来在人的感性生活中,并且是作为人的感性生活之抽象的观念表达,只是由于人的感性生活之异化,尤其是有了体力劳动和脑力劳动的分工以后,"从这时候起,意识才能现实地想象:它是和现存实践的意识不同的某种东西;它不用想象某种现实的东西就能现实地想象某种东西。从这时候起,意识才能摆脱世界而去构造'纯粹的'理论、神学、哲学、道德等等"。就是说,从这时候起,纯粹思维的生产才成为了专门的理论家的活动。由于有了理论家的专门活动,纯粹思维才被设定成了人的世界的先天的本质,其向来在人的感性生活中的真相才愈加被遮蔽了。

同样地,扬弃了的质=量,扬弃了的量=度,扬弃了的度=本质,扬弃了的本质=现象,扬弃了的现象=现实,扬弃了的现实=概念,扬弃了的概念=客观性,扬弃了的客观性=绝对观念,扬弃了的绝对观念=自然界,扬弃了的自然界=主观精神,扬弃了的主观精神=伦理的客观精神,扬弃了的伦理精神=艺术,扬弃了的艺术=宗教,扬弃了的宗教=绝对知识。

【论断】 这部分内容是黑格尔哲学体系的核心内容，描述了绝对精神自我活动的整个过程。

前文说过，黑格尔的哲学体系主要分为三个环节，《逻辑学》、《自然哲学》和《精神哲学》，这三个环节即绝对精神外化进入自然界和人类社会，又扬弃这种外化而回归自身的过程。黑格尔将后两者并称为"应用逻辑学"，认为自然哲学和精神哲学，似乎就是居于应用逻辑学的地位。

其中，《逻辑学》是绝对精神自我活动和自我认识的第一阶段，它描述的是绝对精神作为纯粹概念的运动发展过程。在黑格尔看来，纯粹概念是对象世界的本质基础，因而无论自然界或者人类社会都必须以纯粹概念为其可能的前提。纯粹概念主要需要经历三个阶段：存在、本质和概念。就是说，概念最初是作为自在的、潜在的存在，只具有一些自在的规定性；接着，概念是作为自为的存在，即开始追问表象背后的本质；最后，概念实现了存在和本质的统一，从而成为自在且自为的概念。首先，在"存在"阶段，纯粹概念主要经历了质、量、度三个阶段。黑格尔认为，绝对精神一开始是以最抽象、没有任何规定性的"纯有"的形式出现的，即对于一个东西，我们一开始只知道它是"有"，但对它的广延、颜色、体积、形状等具体性质是一无所知的。但因为"这种纯有是纯粹的抽象，因此也是绝对的否定,这种否定,直接来说,也就是无"①。由于"无"也只是一个毫无规定的、完全空虚的东西,因此有和无的区别只是单纯的称谓上的区别,因为一个没有任何规定、任何性质的存在者,的确可以说是"无"。有即是无,无即是有,从有过渡到无,就是消灭,从无过渡到有,就是生成,这一过程就是"变易"。生命的过程是变易,但变易的概念却不能穷尽生命的意义,所以变易必须要有一个限定,这个限定就是"定在",定在使得原本毫无规定性的生命有了一定的规定性。"定在或先有是具有一种规定性的存在,而这种规定性作为直接的或规定者的存在就是质。"② 生命具有了确定的规定性,也就具有了质,也就具有了与他物的区别。简而言之,定在的规定性即质。质的限制又迫使定在不断地超出自己,而达到自在自为的特定存在,如此,就一定要过渡到量,而量的不断发展,又会不断地丰富质的内容、加深对质的规定。举例来说,在纯质的阶段,我们只是知道"某物是某物",而只有经历过量变,才能说某物有别于某物,尽管它还是某物。质和量的统一就是度,度是"质量统一体"。如果某一质量统一体的量超出了某种界限,则和它相对应的质也就随之被扬弃了。

---

① 〔德〕黑格尔:《小逻辑》,贺麟译,北京:商务印书馆2010年版,第192页。
② 〔德〕黑格尔:《小逻辑》,贺麟译,北京:商务印书馆2010年版,第202页。

当定在已经拥有了自己的度,拥有了有质有量的规定性,也就进入了本质的环节,即开始追问某物的本质是什么?"本质映现在自身内,或者说本质是纯粹的反思。"① 所以,在本质阶段,概念具有自为性,即从事物的外在的、直接的认识过渡到对事物的内在的"反思"。所谓"反思",在黑格尔看来即以对象为镜并反射回来的一道折光,尽管目光投向它,但还是要折返回自身。概念作为本质也需要经历三个阶段:本质自身、现象和现实,这一过程是本质潜在地在自身之中而逐步地反映到外部事物成为现象,进而扬弃了现象的偶然性而具有了现实性的过程。所谓现实性即可能性(潜在的"现实")和偶然性("现实"在外的表现)的统一,当事物自身的潜在现实和外在的偶然条件相互结合,就必然将自己的存在表现为"必然性",而现实性正是在自己的展开过程中表现为必然性的东西。当存在和本质实现了统一,概念就生成为自在自为的存在。但概念成为自在自为的存在,还需要一个自己推演自己的过程,这个过程就是主观概念、客观概念进而发展到理念的过程,即概念本身外化为客观性,或者说外化为客观存在的真实内容,进而扬弃这种外化而回归自身从而达到主观概念和客观概念的统一即理念的过程。理念经过"生

---

① 〔德〕黑格尔:《小逻辑》,贺麟译,北京:商务印书馆2010年版,第247页。

命""认识"的阶段，就成为绝对观念。在绝对观念阶段，纯粹概念达成了最终的、最完满的自我认识，因而纯粹概念是黑格尔《逻辑学》的最后环节，就此《逻辑学》全部结束。

在黑格尔看来，概念不是完全空洞的、抽象的东西，因为概念是一切生命的本质原则，所以概念才是真正具体的东西。概念既然是一切生命的原则，那么概念就必须展开自身进入对象世界。首先进入的即是自然界，即精神以自然的、物质的形式展开出来，这就是《自然哲学》。但是，在黑格尔看来，精神在自然中呈现的不过只是它自己的外在形式，而这个外在形式因为必然受到表象和时空的限制，所以从根本上与它自身不相适应，因此精神必须扬弃这个外在形式，而回归自身。精神实现这种返回，正是《精神哲学》的任务。在《精神哲学》中，精神的发展经过了三个阶段：主观精神、客观精神和绝对精神。在主观精神阶段，精神还处于概念之中，尚未使得它的概念成为客观性的东西；在客观精神阶段，精神将自己外化在人类社会之中，以抽象法权、道德、伦理、国家精神等等的形式显现，也就是前文中黑格尔法哲学的主要内容；在绝对精神阶段，精神经过了之前的一系列的发展阶段，已经达到完全认识自己和实现自己的阶段，这一阶段主要包括艺术、宗教和哲学。其中，艺术主要是以感性的形式来展现绝对精神，宗教则是以表象的形式来展现绝对精神，而哲学则高于艺术和宗教，因为它扬弃了一切感性和表象的形式，仅仅以概念的形式表现出来。只有哲学才能以概念本身为内容，才能达到对概念本身的真正的自觉。"哲学的最高目的就在于确认思想和经验的一致，并达到自觉的理性与存在于事物之中的理性的和解，亦即达到理性与现实的和解"，就是说，哲学的目的不仅仅是确证概念的真理性，即确证概念和经验的一致，更重要的是，哲学本身是对概念的真正的自觉，因此哲学可以被看作精神最后和最完满的自我认识，在这个意义上，哲学可以被称作"绝对知识"。

可见，纯粹概念是黑格尔哲学体系的起点和终点，作为起点，它的发展过程包括其外化进入对象世界都是对其主体地位的一种确证；作为终点，表现为纯粹概念一直是主体，它要求将一切存在者之存在，不论是其自身还是其对象世界的真实性内容都纳入自身的纯粹活动之中。

一方面，这种扬弃是对思想上的本质的扬弃，就是说，思想上的私有财产在道德的思想中进行自我扬弃。而且因为思维自以为直接就是和自身不同的另一个东西，即感性的现实，从而认为自己的活动也是感性的现实的活动，所以这种思想上的扬弃，在现实中没有触动自己的对象，却以为实际上克服了自己的对象；另一方面，因为对象对于思维来说现在已成为一个思维环节，所以对象在自己的现实中也被思维看作思维本身的即自我意识的、抽象的自我确证。

【论断】 既然人的感性生活被还原为纯粹概念的一个又一个的环节,即一个概念发展到另一个概念,进而发展到最完满的概念的过程。那么黑格尔对于人的感性生活中的一切对立和矛盾的扬弃,都不过是对其概念的扬弃。

黑格尔天真地认为,人如果可以达到对于概念的自觉,那么便可以扬弃其感性生活的对立。对此,马克思如此评价黑格尔,"所以这种思想上的扬弃,在现实中没有触动自己的对象,却以为实际上克服了自己的对象",通过概念的自觉来扬弃人的感性生活的对立,就可以真正触动人的现实生活了么?譬如说人在家庭生活中面临的异化,仅仅是通过对家庭概念的自觉就可以得到扬弃了么?如果现有的家庭概念不起作用,难道构建一个更加完满的家庭概念就可以起作用了么?这无疑是黑格尔哲学的天真之处。因为对于概念的自觉从来不是人的活动的真实动力,人在感性生活中的异化和受动才是。

此外,"对象对于思维来说现在已成为一个思维环节,所以对象在自己的现实中也被思维看作思维本身的即自我意识的、抽象的自我确证",正是因为人的感性生活被视作纯粹思维自我活动的一个环节,那么人在感性生活中的一切变化,仿佛都是由于概念的缘故,仿佛都是作为概念形式的变化。

[XXX] 因此，从一方面来说，黑格尔在哲学中扬弃的存在，并不是现实的宗教、国家、自然界，而是已经成为知识的对象的宗教本身，即教义学，法学、国家学、自然科学也是如此。因此，从一方面来说，黑格尔既同现实的本质相对立，也同直接的、非哲学的科学或这种本质的非哲学的概念相对立。因此，黑格尔是同它们的通用的概念相矛盾的。

另一方面，信奉宗教等等的人可以在黑格尔那里找到自己的最后的确证。

【论断】因此，对于黑格尔来说，既然概念才是绝对的主体，因而扬弃人的感性生活中的一切异化和对立不过是以概念来扬弃概念。

比如说对于人在宗教、国家、自然界中的对立的扬弃，都是对其概念的扬弃，即对宗教概念、国家概念和自然概念的扬弃。从另一方面来说，既然黑格尔要求以概念来扬弃概念，而哲学概念在黑格尔看来是最完满的概念，因而哲学概念无疑是与其他概念相对立的。这一点，黑格尔也是承认的，他的确认为，哲学概念超出了其他概念，而是以科学的以及其他通用的概念为前提，并对它们进行扬弃最终发展成为的最完满的概念。

既然黑格尔预设了纯粹概念是绝对的主体，是理性化了的上帝，而人的感性生活则是概念在时间中的展开，这在马克思看来，无疑和宗教与信奉宗教的人的关系别无二致。

现在应该考察——在异化这个规定之内——黑格尔辩证法的积极的环节。

// (a) 扬弃是把外化收回到自身的、对象性的运动。——这是在异化之内表现出来的关于通过扬弃对象性本质的异化来占有对象性本质的见解;这是异化的见解,它主张人的现实的对象化,主张人通过消灭对象世界的异化的规定、通过在对象世界的异化存在中扬弃对象世界而现实地占有自己的对象性本质,//正像无神论作为神的扬弃就是理论的人道主义的生成,而共产主义作为私有财产的扬弃就是要求归还真正人的生命即人的财产,就是实践的人道主义的生成一样;或者说,无神论是以扬弃宗教作为自己的中介的人道主义,共产主义则是以扬弃私有财产作为自己的中介的人道主义。只有通过对这种中介的扬弃——但这种中介是一个必要的前提——积极地从自身开始的即积极的人道主义才能产生。

【论断】黑格尔的辩证法不仅是作为纯粹意识的自我活动,更重要的是关于人的感性世界之异化的真实表达。

这段话很明显地表明了黑格尔与马克思关于"异化"的不同见解,前者将异化理解为思维主体之外化,因为是主体的异化,所以异化从根本上是积极性质的;而后者则将异化理解为人的感性活动之异化,是人的感性活动之自我矛盾和自我分裂，因而是否定性质的。马克思认为，正是因为人的感性生活之异化，才产生了纯思主体对于真理领域的褫夺。

前文说过，黑格尔将纯粹思维视作绝对的主体，并将人的世界还原为纯粹思维的造物，因而他只是在抽象的范围内把握了人的自我生成的历史。在马克思看来，黑格尔之所以陷入这种抽象，是因为作为其辩证法之原初起点的不是潜在的概念，而是人的感性生活之异化。"这是在异化之内表现出来的关于通过扬弃对象性本质的异化来占有对象性本质的见解；这是异化的见解"，纯粹思维外化（异化）为对象从根本上是对其主体地位的一种确证，尽管这种确证在黑格尔看来也赋予了外化的对象以真实性。在马克思看来，这种见解是异化的见解，因为如果纯粹思维一开始就是主体，并且一直是主体，它又如何赋予对象以真实性呢？此外，更为根本的是，在马克思看来，正是在人的感性生活之异化中才产生出了纯粹思维与人的感性生活的对峙，以及前者对后者的真实内容的褫夺。

只有自以为是的主体才要求消灭对象性本身，因为如此它方能彻底地霸占真理的领域。但马克思告诉我们，非对象性的存在物是非存在物，人设定对象的前提是为对象所设定，任何一种主体，无论是抽象劳动之主体，还是作为纯粹意识之主体，其存在的前提是其为对象世界所设定。然而马克思的这一思想在今天却被遮蔽在重重迷雾中，现实的个人普遍地渴望主体，沉迷主体，对此，马克思指出，遮蔽我们双眼，使我们看不清人的本质是对象性的存在物的正是"主体"。

因此，人如果可能扬弃感性生活中的异化，不在于依据概念而展开自身的活动，因为概念作为现代世界的"主体"恰恰是遮蔽这一异化的东西，甚至是为这一异化做出合理解释的东西。只有彻底地扬弃主体，人才能扬弃其感性生活中的异化，才能恢复主体性和对象性之间的本质关联。因此，人的共产主义之实现，必须扬弃现代世界的种种主体，"正像无神论作为神的扬弃就是理论的人道主义的生成，而共产主义作为私有财产的扬弃就是要求归还真正人的生命即人的财产，就是实践的人道主义的生成一样"，私有财产或者说资本作为人的感性活动之异化的产物无疑是现代世界最大的主体，只有扬弃这一最大的主体，作为这一主体之观念表达的纯思主体才能一并得到扬弃。

然而，无神论、共产主义决不是人所创造的对象世界的消逝、舍弃和丧失，决不是人的采取对象形式的本质力量的消逝、舍弃和丧失，决不是返回到非自然的、不发达的简单状态去的贫困。恰恰相反，无神论、共产主义才是人的本质的现实的生成，是人的本质对人来说的真正的实现，或者说，是人的本质作为某种现实的东西的实现。

【论断】共产主义绝不是与现存世界的非此即彼的对

立，不是另外一种悬设的主体，而是人的本质现实的生成，是人的本质的真正的实现。

不同于自以为是的主体，即将对象世界还原为自己的造物，并要求彻底地否定对象世界以实现自身作为主体的确证，共产主义"决不是人所创造的对象世界的消逝、舍弃和丧失，决不是人的采取对象形式的本质力量的消逝、舍弃和丧失"。就是说，尽管共产主义要求否定主体，但并不是要以另外一种主体来取代现有的主体，而是在把握主体的现实基础和存在意义的基础上，扬弃主体作为人的对象性活动之异化的异化性质，而不是彻底地否定主体，进而否定人的对象性活动本身。

也就是说，共产主义绝不是对于"私有财产"这一形式上的主体，其实质是人的对象性活动的产物的彻底的否定，尽管它是作为人的对象性活动之异化的产物。真正的共产主义并不是彻底地否定对象性本身，而只是扬弃对象性本身的异化性质，并且这一扬弃是人的对象性活动的必然趋势，用马克思的话说，"决不是返回到非自然的、不发达的简单状态去的贫困……是人的本质的现实的生成，是人的本质对人来说的真正的实现"。这就是说，共产主义既不是对于某种原初状态的回归，也不是任何一种未来的保证，更不是当下的"应当"，共产主义是人的活动的必然趋势，是人扬弃异化而真正占有人的对象性本质力量的过程。因而共产主义才是真正现实的东西，而设定对象世界虚无性的主体才是虚幻的东西。马克思的这段话提示我们，人的自由只有在扬弃对象性活动之异化的过程中方能实现，而设想脱离对象性本身的主体的自由只是虚幻的自由。

这样，因为黑格尔理解到——尽管又是通过异化的方式——有关自身的否定具有的积极意义，所以同时也把人的自我异化、人的本质的外化、人的非对象化和非现实化理解为自我获得、本质的表现、对象化、现实化。//简单地说，他——在抽象的范围内——把劳动理解为人的自我产生的行动，把人对自身的关系理解为对异己存在物的关系，把作为异己存在物的自身的实现理解为生成着的类意识和类生活。//

【论断】所以尽管黑格尔辩证法体系的起点是人的异化，但是其辩证法体系所揭示的纯思的自我活动的过程仍然具有积极的意义，即把劳动理解为人的自我产生的行动。

其积极意义就在于，把自身的否定，同时也把人的自我异化、人的本质的外化理解为自身本质的表现。也就是，人必须自我完成，他必须展开自身为对象世界的真实内容才能生成自身的本质，确证自身的真实性。如果人不是自我完成，而只是跟在某种外部力量之后亦步亦趋，那么他永远不会具有人之为人的本质。所以，尽管对象性本身对黑格尔来说是需要被扬弃的东西，尽管对象性本身被视作纯思主体自我活动的中介和手段，但是黑格尔把人看作一个自我活动、自我创造的过程，把人的类本质看作人的自我创造的结果，并看到了人的异己的存在物——对象性本身于人的活动的类意义（尽管只是一瞬间，马克思语），这无疑已经是一个非常伟大的发现了，尤其是在充斥着各种形而上学观念的现代世界。

所以马克思评价他"把劳动理解为人的自我产生的行动，把人对自身的关系理解为对异己存在物的关系，把作为异己存在物的自身的实现理解为生成着的类意识和类生活"，尽管黑格尔对人的活动的理解是在抽象的范围内，但是当黑格尔将人看作一个自我创造的过程，可以说，他结束了以往一切的形而上学把人的本质视作某种既定的、先天的东西的看法，人的本质至少已经被他从自在的东西提升为了自为的东西，从而具有了人之为人的自由的本质。

（b）但是，撇开上述的颠倒说法不谈，或者更正确地说，作为上述颠倒说法的结果，在黑格尔那里，这种行动，第一，仅仅是形式的，因为它是抽象的，因为人的本质本身仅仅被看作抽象的、思维着的本质，即自我意识；而

【论断】黑格尔的辩证法仅仅是形式的、抽象的，因为人的本质仅仅被看作抽象的、思维着的本质。

马克思的这段话并未完成，需要结合下文的"关于第

一"部分进行理解。笔者在这里不妨做个小结：就黑格尔把人的本质看作一个自我活动、自我创造的过程而言，他无疑达到了一切形而上学家都未能达到的高度；但就其将这一过程表达为纯粹思维作为主体的活动过程而言，它又是抽象的、形式的，甚至是神秘主义的。

第二，因为这种观点是形式的和抽象的，所以外化的扬弃成为外化的确证，或者说，在黑格尔看来，自我产生、自我对象化的运动，作为自我外化和自我异化的运动，是绝对的因而也是最后的、以自身为目的的、安于自身的、达到自己本质的人的生命表现。因此，这个运动在其抽象［XXXI］形式上，作为辩证法，被看成真正人的生命；而因为它毕竟是人的生命的抽象、异化，所以它被看成神性的过程，然而是人的神性的过程，——人的与自身有区别的、抽象的、纯粹的、绝对的本质本身所经历的过程。

【论断】因为黑格尔的辩证法是形式的和抽象的，纯粹思维才是其辩证法体系中一以贯之的主体，所以纯粹思维外化和扬弃外化的过程对于纯思主体来说不过是对其主体地位的确证。

既然在黑格尔的辩证法体系中，人的自我创造的过程被还原成思维主体的自我活动的过程，是一个概念扬弃另一个概念，进而发展到最完满的概念的过程，因而黑格尔仍然是将纯粹思维、纯粹概念理解成了人的先天的本质，尽管是自我创造着的、自在且自为的本质。所以，马克思评价说，纯粹思维作为主体的自我活动过程（辩证法）被黑格尔看作人的真正的生命，但需要注意的是，"因为它毕竟是人的生命的抽象、异化，所以它被看成神性的过程，然而是人的神性的过程"，就是说，纯粹思维毕竟是人的感性生活的抽象和异化的产物，因此尽管它是以主体的形式呈现，甚至是以活动着的主体的形式呈现，从根本上讲都不过是人在感性生活中"造神"的过程。

第三，这个过程必须有一个承担者、主体；但主体只作为结果出现，因此，这个结果，即知道自己是绝对自我意识的主体，就是神，绝对精神，就是知道自己并且实现自己的观念。现实的人和现实的自然界不过是成为这个隐蔽的非现实的人和这个非现实的自然界的谓语、象征。因此，主语和谓语之间的关系被绝对地相互颠倒了：这就是神秘的主体—客体，或笼罩在客体上的主体性，作为过程的绝对主体，作为使自身外化并且从这种外化返回到自身的、但同时又把外化收回到自身的主体，以及作为这一过程的主体；这就是在自身内部的纯粹的、不停息的旋转。

【论断】既然在黑格尔看来，纯粹思维、纯粹概念才是真正真实的东西，而人的感性生活则是概念先行设定的产物，这就等于说："现实的人和现实的自然界不过是成为这个隐蔽的非现实的人和这个非现实的自然界的谓语、象征。"

这就是说，抽象的人格概念是真的，抽象的自然概念是真的；而现实的感性的人和感性的自然界则是概念的派生物，是作为人格概念和自然概念的谓语和象征。举例来说，就黑格尔的观点来看，家庭概念是真实的，而人的感性的家庭生活则是家庭概念的谓语和象征；国家概念是真实的，而人的感性的国家生活则是国家概念的谓语和象征。

既然一切存在者都是作为纯粹思维、纯粹概念自我活动的一个环节，那么纯粹思维、纯粹概念外化进入对象世界并扬弃外化回归自身的发展过程，从根本上不过是以概念扬弃概念，进而发展到最完满的概念的过程。就以前文中黑格尔的法哲学为例，国家对于市民社会自我矛盾的扬弃，从根本上不过是对于市民社会概念的扬弃。因为如果市民社会的概念无法成为市民社会中人的活动的真实性理由，并扬弃市民社会的自我矛盾的话，那么一定是因为市民社会的概念还不够完美，它有待于发展到更加完美的概念，也就是国家概念。这一过程即概念的螺旋式上升过程，马克思将其描述为"在自身内部的纯粹的、不停息的旋转"。

关于第一：对人的自我产生的行动或自我对象化的行动的形式的和抽象的理解。

因为黑格尔设定人=自我意识，所以人的异化了的对象、人的异化了的本质现实性,无非就是意识,就是异化的思想,就是异化的抽象的因而无内容的和非现实的表现,即否定。因此,外化的扬弃也不外是对这种无内容的抽象进行抽象的、无内容的扬弃,即否定的否定。因此,自我对象化的内容丰富的、活生生的、感性的、具体的活动,就成为这种活动的纯粹抽象,成为绝对的否定性,而这种抽象又作为抽象固定下来,并且被想象为独立的活动,或者干脆被想象为活动。因为这种所谓否定性无非是上述现实的、活生生的行动的抽象的无内容的形式,所以它的内容也只能是形式的、抽去一切内容而产生的内容。因此,这就是普遍的、抽象的、适合于任何内容的,从而既超脱任何内容同时又恰恰对任何内容都有效的,脱离现实精神和现实自然界的抽象形式、思维形式、逻辑范畴。(下文我们将阐明绝对的否定性的逻辑内容。)

【论断】既然人的本质是自我意识,而人的感性世界则是自我意识在时间中的展开,那么人的世界必然是形式的,无内容的,或者说"形式才是人的世界的唯一内容"。

既然黑格尔认为,人的本质即自我创造着的自我意识,而自我意识则构成了对象世界的真实内容,这无非意味着,"人的异化了的对象、人的异化了的本质现实性,无非就是意识,就是异化的思想,就是异化的抽象的因而无内容的和非现实的表现,即否定",如果对象世界的真实内容由自我意识设定,那么对象世界不过是无内容的抽象,因为它根本不具有真实的感性内容，抽象概念才是它的真实存在。

因此，人的感性生活，人的内容丰富的、活生生的、感性的、具体的活动，就成为抽象概念预先设定的产物，成为纯粹思维确证自身真实性的一个环节，因为纯粹思维预先就知道了它必须在对象世界这一自身的否定和对立形式中，才能实现并确证自身的真实性。换言之，纯粹思维在经历全部的历史活动之前，就已经预先知道对象世界是为了实现并确证自身真实性而制作出来的，纯思的种子作为"先知"已经预先地知道了对象世界即将发生的一切，并且这一切的发生终将确证纯思所预见的真理。

但是，马克思指出，作为纯粹思维之对立和否定形式的对象世界，"无非是上述现实的、活生生的行动的抽象的无内容的形式，所以它的内容也只能是形式的、抽去一切内容而产生的内容"，既然对象世界的真实内容由纯思预先给出，或者说概念才是对象世界的真实存在的话，那无疑意味着这一世界从根本上不过是人的感性生活的抽象形式，只有在人的感性生活中，尤其是在人的感性生活之异化中，才产生了纯粹思维脱离人的感性生活而成为形式上的主体，进而反过来支配人的感性生活的对立。因为纯粹思维的原初根据从来不是作为潜在的思维形式（黑格尔），而向来是在人的感性生活中，纯粹思维不可能脱离感性世界而独立存在，哪怕是一瞬间也不可以。

总而言之，马克思这段话的核心意思是，作为人的感性生活之抽象表达的纯粹思维却反过来褫夺了人的感性生活的真实内容，甚至以自身的抽象形式冒充为人的真正的现实、感性和生命。抽象本身是人的感性生活中的抽象，却被纯粹思维视作自我活动、自我创造的起点，并一以贯之地贯穿于思维自我活动的整体之中，"这就是普遍的，抽象的，适合于任何内容的，从而既超脱任何内容同时又恰恰对任何内容都有效的，脱离现实精神和现实自然界的抽象形式、思维形式、逻辑范畴"。纯粹思维以及纯粹思维的存在方式——概念、知识和范畴本身是作为人的感性生活的抽象，却冒充为了人的感性生活的真实内容，仿佛成为超脱任何感性内容，又对任何内容都客观有效的真理。纯粹思维对真理领域的霸占无疑是现代世界自身一个基本原则。

黑格尔在这里——在他的思辨的逻辑学里——所完成的积极的东西在于：独立于自然界和精神的特定概念、普遍的固定的思维形式，是人的本质普遍异化的必然结果，因而也是人的思维普遍异化的必然结果；因此，黑格尔把它们描绘成抽象过程的各个环节并且把它们联贯起来了。例如，扬弃了的存在是本质，扬弃了的本质是概念，扬弃了的概念……是绝对观念。然而，绝对观念究竟是什么呢？如果绝对观念不想再去从头经历全部抽象行动，不想再满足于充当种种抽象的总体或充当理解自我的抽象，那么绝对观念也要再一次扬弃自身。但是,把自我理解为抽象的抽象,知道自己是无;它必须放弃自身,放弃抽象,从而达到那恰恰是它的对立面的本质,达到自然界。因此,全部逻辑学都证明,抽象思维本身是无,绝对观念本身是无,只有自然界才是某物。[XXXII] 绝对观念、抽象观念,

【论断】黑格尔在这里所完成的积极的东西在于,不是把纯粹思维当作对象世界存在的先天形式理由,而是当作对象存在的真实性理由,从而试图赋予思维以真正的主体性,并保证外部世界的真实存在。

马克思在这段话中首先评价了黑格尔辩证法的积极意义,其积极之处就在于:将自然界和精神的抽象形式描绘成抽象过程的各个环节并且把它们联贯起来了。黑格尔首先注意到,在以往的形而上学中,无论是个体意识,还是自然界,形式才是它们的本质,一面是纯粹主观性之内的个体意识,一面是个体意识的思想物。他要求赋予个体意识和自然界以真实内容,他的做法是通过其宏大的辩证法体系,将个体意识和自然界都纳入纯粹思维的自我活动的过程之中:人和自然是纯粹思维在自身内和外在性中的样式,两者间的关联就是思维思辨逻辑的展开过程。这一过程即纯粹思维展开自身为对象世界,又扬弃了外化回归自身的过程。这样一来,纯粹思维通过进入对象世界而得以确证自身的真实性,而对象世界作为外化了的纯粹思维也具有了真实内容。黑格尔告诉我们,只有当纯粹思维成为

对象世界的真实性理由时，纯粹思维才真正具有自为性，而对象世界的"活的"存在才能得到保证。然而，诚如笔者前文多处说到，黑格尔只是在抽象的范围内完成的这种统一，纯粹思维本就是一种抽象形式，以抽象形式为其真实内容的对象世界也必然沦为抽象形式。所以纯粹思维的活动过程，不过是在思维内部的纯粹的、不停息的圆圈，"例如，扬弃了的存在是本质，扬弃了的本质是概念，扬弃了的概念……是绝对观念"。

对此，马克思提出了这样的疑问，"绝对观念究竟是什么呢?"前文说过，黑格尔认为，绝对观念是纯粹概念在自身之内发展的最高阶段。在马克思看来，"如果绝对观念不想再去从头经历全部抽象行动，不想再满足于充当种种抽象的总体或充当理解自我的抽象，那么绝对观念也要再一次扬弃自身"。绝对观念既然是作为纯粹概念自我完成的最高阶段，这意味着它不同于作为开端的以潜在的种子的形式存在的纯粹概念，前者经历了纯粹概念所有的活动过程，而后者是最缺乏规定性的、最抽象的概念规定，所以绝对观念作为完成了的纯粹概念，它不仅仅是向起点的返回，更重要的是对起点的超越。然而完成了的纯粹概念如何可能实现并确证自身之真实性呢？如果它只是囿于自身之中，而只是充当外部世界的先天形式理由的话，那么它的发展不过是形式在自身内部的发展，因而它要么得从头开始经历全部抽象行动，要么只能满足于充当种种僵死的、抽象的观念的总体。

如果绝对观念不想囿于形式内部的发展，就必须展开自身为对象世界，并成为对象世界的真实内容，如此它既能实现并确证自身的真实性，又能实现自身的自我扬弃、自我超越，这样的发展才是真正的有内容的发展。因此绝对观念必须进入自己的反面，即外在化为自然界并成为自然界的真实内容，因为它"知道自己是无；它必须放弃自身，放弃抽象，从而达到那恰恰是它的对立面的本质，达到自然界"。因此，马克思评价说，全部逻辑学都证明，抽象思维本身是无，绝对观念本身是无，只有自然界才是某物。对于纯粹思维来说，只有展开自身为对象世界（自然界），才能获得自身真正的有内容的发展，尽管自然界是纯粹概念为了实现自身而先行制作出来的，但它的存在却是纯粹概念自我实现、自我确证的重要媒介。所以整个《逻辑学》不过证明了纯粹概念只是抽象形式，而只有展开自身为对象世界（自然界）才能获得其现实性，即获得有内容的发展。

举止如此奇妙而怪诞、使黑格尔分子伤透了脑筋的这整个观念，无非始终是抽象，即抽象思维者，这种抽象由于经验而变得聪明起来，并且弄清了它的真相，于是在某些——虚假的甚至还是抽象的——条件下决心放弃自身，而用自己的异在，即特殊的东西、特定的东西，来代替自己的在自身的存在（非存在），代替自己的普遍性和不确定性；决心把那只是作为抽象、作为思想物而隐藏在它里面的自然界从自身释放出去，就是说，决心抛弃抽象而去观察一番摆脱了它的自然界。直接成为直观的抽象观念，无非始终是那种放弃自身并且决心成为直观的抽象思维。从逻辑学到自然哲学的这整个过渡，无非是对抽象思维者来说如此难以实现、因而由他做了如此离奇的描述的从抽象到直观的过渡。有一种神秘的感觉驱使哲学家从抽象思维转向直观，那就是厌烦，就是对内容的渴望。

【论断】黑格尔这样的哲学家从抽象思维转向直观，是对内容的渴望。

前文已经说过，纯粹思维在自身内部的发展只是形式的发展，只有展开自身为对象世界的真实内容，才能获得其现实性、获得有内容的发展。在黑格尔看来，主体（本质）不能是直接现成的、既定的东西，主体若是现成的、既定的东西，那么作为主体之对象的对象世界便必然是僵死的东西。若是对象世界成为僵死的东西，那么主体就必然沦为与内容无关的抽象形式，如此一来，主体和对象世界则必然处于僵硬的外部之中。此外，如果主体仅仅是作为形式的存在，而这一形式又是作为某种既定的、先天的本质，即由某种神秘的外部力量建构起来的话，那么主体又有什么真实性和主体性可言呢？（譬如说如果纯粹思维是上帝天赋观念给人的话，那么这不过意味着上帝才是真正的主体，而人的思维不过是客体）。因此主体必须具有内容，主体若是没有内容，那必然同时意味着主体没有发展、没有主体性，而主体若是想要获得内容、获得主体性，就必须展开自身进入对象世界，使得异己的他物成为"为我之物"，"不应该把本质只理解和表述为本质，为直接的实体，或为上帝的纯粹自身直观，而同样应该把本质理解和表述为形式，具有着展开了的形式的全部丰富内容。只有这样，本质才真正被理解和表述为现实的东西"①。只有这样，主体才能被理解和表述为现实的东西，才能真正获得内容、获得发展。

出于对于内容的渴望，所以纯粹思维"决心把那只是作为抽象、作为思想物而隐藏在它里面的自然界从自身释放出去，就是说，决心抛弃抽象而去观察一番摆脱了它的自然界"，前文说过，黑格尔注意到在以往的形而上学中，无论是个体意识，还是自然存在物，形式才是它们的本质，一面是纯粹主观性之内的个体意识，一面是个体意识的思想物。个体意识与自然界的关系要么是个体意识是自然界的先天形式理由，要么是个体意识是对自然界的抽象形式的被动反映。无论哪种，思维与自然界都不具有真实内容，且彼此处于僵硬的外部之中。思维主体若是可能拥有真实

---

① 〔德〕黑格尔：《精神现象学》上卷，贺麟、王玖兴译，北京：商务印书馆2015年版，第13页。

内容，思维必须外化进入对象世界，并构成对象世界之存在的真实性理由，只有这样，思维"主体"才能获得主体性、获得有内容的发展，而对象世界作为外化的思维也就恢复了真实性存在。所以，思维之所以抛弃抽象而去观察一番自然界，其根本原因就在于思维只有成为对象世界的真实内容才能获得主体性，且获得有内容的发展，如果它只是作为对象世界的先天形式根据，那么它的发展也只是形式的发展。

（同自身相异化的人，也是同自己的本质即同自己的自然的和人的本质相异化的思维者。因此，他的那些思想是居于自然界和人之外的僵化的精灵。黑格尔把这一切僵化的精灵统统禁锢在他的逻辑学里，先是把它们每一个都看成否定，即人的思维的外化，然后又把它们看成否定的否定，即看成这种外化的扬弃，看成人的思维的现实表现；但是，这种否定的否定——尽管仍然被束缚在异化中——，一部分是使原来那些僵化的精灵在它们的异化中恢复；一部分是停留于最后的行动中，也就是在作为这些僵化的精灵的真实存在的外化中自身同自身相联系｜（这就是说，黑格尔用那在自身内部旋转的抽象行动来代替这些僵化的抽象概念；于是，他就有了这样的贡献：他指明了就其起源来说属于各个哲学家的一切不适当的概念的诞生地，把它们综合起来，并且创造出一个在自己整个范围内穷尽一切的抽象作为批判的对象，以代替某种特定的抽象。)

【论断】黑格尔的哲学体系在于创造出一个在自己整个范围内穷尽一切的抽象作为批判的对象，以代替某种特定的抽象。

如果说原先纯粹思维的自我完成，不过是形式在自身内部的发展，黑格尔则将纯粹思维的先天形式同样看作世界的真实内容，对象世界不过是形式在世界内的展开，这就使得自我意识具有了主体性，实现了有内容的发展。然而这一世界却是纯粹思维为了实现自身而先行制作出来的，因此它的存在只是自我意识为了完成自身的主体地位并确证自身真实性的中介，因此它是需要被否定掉的"虚无"。

因此纯粹思维从一开始就知道自己是主体，并且一直是主体，它外化为对象世界的真实内容不过是为了完成自身的自我实现。在这一过程中，以往形而上学关于个体意识和对象世界的抽象对立被看作纯粹思维辩证运动的一个环节而得到统一。在这个角度上，可以说，黑格尔并没有破除以往形而上学对于个体意识和自然界的抽象，而只是将它们的抽象纳入纯粹思维自身的辩证运动之中。如果个体意识和自然界的抽象形式都被还原进纯粹思维自身之中，这必然意味着纯粹思维成为了双重意义的抽象，即由原先的片面的、特定的抽象转化为了绝对的、普遍的抽象。并且在以往的形而上学中，无论是以个体意识为基础的唯心主义，抑或是以自然的、物质的存在为基础的唯物主义，尽管形式才是它们的本质，但是二者都无法彻底地否定感性内容，并且在形式上保留了感性内容的位置（比如康德哲学中的"感觉材料"），并且尽管它们无法证实感性世界的真实存在，但至少承认这一世界的存在。而黑格尔则认为，对感性的保留是不必要的，感性世界的存在意味着对于思维形式而言，总有一种在它之外的、不依赖于它的东西与它相对立，因而思维便必然地是有限的。思维若是能够成为真正的主体，思维的抽象形式必须成为感性世界的真实内容，这仿佛从形式上是为了消解以往的形而上学对于个体意识和自然界的抽象，但实际上却彻底否定了一切感性内容的真实存在。感性原则的彻底淹没，意味着黑格尔的辩证法体系是对以往一切形而上学体系的巨大综合，是绝对的、普遍的抽象。

所以黑格尔并没有消解以往的形而上学对于个体意识和自然界的抽象，反倒是加深了这一抽象。对此，马克思评价说，黑格尔创造出了一个在自己整个范围内穷尽一切的抽象以代替某种特定的抽象。

（我们在下面将会看到，黑格尔为什么把思维同主体分隔开来；但就是现在也已经很清楚：如果没有人，那么人的本质表现也不可能是人的，因此思维也不能被看作是人的本质表现，即在社会、世界和自然界生活的有眼睛、耳朵等等的人的和自然的主体的本质表现。)}；一部分则由于这种抽象理解了自身并且对自身感到无限的厌烦，所以，在黑格尔那里放弃抽象的、只在思维中运动的思维，即无眼、无牙、无耳、无一切的思维，便表现为决心承认自然界是本质并且转而致力于直观。)

【论断】 因此，可以看出，黑格尔之所以将思维同主体（这里的主体明确来说是指以往形而上学中的既定的主体）分割开来，是为了赋予思维主体以真正的主体性。但由于对象世界的真实内容只是作为思维的抽象形式，因而试图超越以往形而上学主体的自我意识也就成了纯粹的普遍意识，成了"无眼、无牙、无耳、无一切的思维"。

如果思维作为人的本质，是一种先天的、既定的规定的话，那么人的本质表现不可能是属人的，思维活动也不能被看作是人的本质表现。马克思这里的表达较为思辨（当然也可能是由于文本的"手稿性质"，所以表达较为参差），用笔者前文的话说，即如果人的本质（比如思维本质）是一种既定的、先天的东西，而人的世界则是这一本质在时间中的亦步亦趋的展开，那么人的表现无疑不是属人的，因为他没有主体性，而完全趋向于物的法则，因而思维本质的发展只能是形式的发展。所以在黑格尔看来，人的本质（思维）不能是一种既定的东西，他必须自我创造，必须进入人的世界，并将这一世界转化为他的对象世界，如此方能获得主体性、获得有内容的发展。用马克思这里的话说,"在社会、世界和自然界生活的有眼睛、耳朵等等的人的和自然的主体的本质表现",思维形式只有成为社会、世界和自然界的真实表现,思维方能获得主体性、思维作为人的本质表现才是属人的。

然而思维的抽象形式成为人的世界的本质内容,这不过意味着人的世界的一切感性的东西都被淹没在思维的形式规定中了。所以,"在黑格尔那里放弃抽象的、只在思维中运动的思维,即无眼、无牙、无耳、无一切的思维"。

[XXXIII] 但是,被抽象地理解的、自为的、被确定为与人分隔开来的自然界,对人来说也是无。不言而喻,这位决心转向直观的抽象思维者是抽象地直观自然界的。正像自然界曾经被思维者禁锢于他的这种对他本身来说也是隐秘的和不可思议的形式即绝对观念、思想物中一样,现在,当他把自然界从自身释放出去时,他实际上从自身释放出去的只是这个抽象的自然界——不过现在具有这样一种意义,即这个自然界是思想的异在,是现实的、被直观的、有别于抽象思维的自然界——,只是自然界的思想物。或者用人的语言来说,抽象思维者在它直观自然界时了解到,他在神性的辩证法中以为是从无、从纯抽象中创造出来的那些本质——在自身中转动的并且在任何地方都不向现实看一看的思维劳动的纯粹产物——无非是自然界诸规定的抽象概念。因此,对他来说整个自然界不过是在感性

的、外在的形式下重复逻辑的抽象概念而已。他重新把自然界分解为这些抽象概念。因此，他对自然界的直观不过是他把对自然界的直观加以抽象化的确证行动，不过是他有意识地重复的他的抽象概念的产生过程……按照《逻辑学》，这种对立物一方面是以自身为根据的肯定的东西，而另一方面又是以自身为根据的否定的东西。地球是作为对立物的否定性统一的逻辑根据的自然形式，等等。

【论断】对于黑格尔纯粹思维的辩证活动而言，整个自然界不过是在感性的、外在的形式下重复逻辑的抽象概念而已。

既然思维的抽象形式是自然界的真实内容，这不过意味着自然界的真实性存在是作为自然"概念"的存在，只是关于自然界的思想物。前文已经说过，对于黑格尔来说，感性事物的存在与否并不重要，重要的是它的真实性。他明确指出，假如世界中的事物只是在时间中存在，那么这些事物转瞬就可以变成不存在，只有事物具有了真实性，那么才有可能消解时间的限制。也就是说，感性的东西因为受到时间的限制必然沦为非存在，而只有超时间的东西才是真实性的存在。而事物的真实性对于黑格尔来说，必须从思维自身之中获取，只有思维的抽象形式成为事物的本质内容，事物才能具有真实性。也就是说，思维不是使事物展开自身的形式上的根据，而是事物获得真实性内容的本质根据。

既然对于自然界来说，只有思维的抽象形式才是它的真实内容，那么这不过意味着自然概念才是真实的存在，而自然界的感性内容则是非存在，"对他来说整个自然界不过是在感性的、外在的形式下重复逻辑的抽象概念而已"。对此，马克思指出，"被抽象地理解的、自为的、被确定为与人分隔开来的自然界，对人来说也是无"，这就是说，如果自然界丧失了一切感性内容，而只是作为纯粹思维、纯粹概念而存在，那么这样的自然界对人来说也是"非存在"。这无疑是需要思考的地方：难道作为概念的自然界就是无、就是非存在了么？这里不禁让笔者想起古希腊的先哲巴门尼德的名言：存在者存在，非存在者不存在。也就是说，只有超时间、超感性的东西才是存在的，而感性的事物因为受到时间的限制必然沦为非存在。从这个角度上说，作为概念的自然界因为形式上消解了一切感性内容对它的限制，而应当是作为"存在者"才是。不仅如此，就我们的现代世界来说，仿佛概念才是本质的东西，而人的世界正是以概念这样的"理论前见"为其前提的，正是概念在时间中的展开。因此，概念作为人的世界的本质根据才应当是"存在者"。但马克思却"反其道而行之"，明确指出作为概念的自然界是无，是非存在。

其中的原因就在于，首先，如果自然界、如果人的世界被抽象掉了一切感性的内容，而只是作为纯粹概念的存在，那么其必然陷入虚无，因为它的生命意义被完全地抽象掉了（譬如说如果家庭概念是人的家庭生活的本质，那么这同时意味着人的感性的家庭生活不具有任何意义）；其次，感性内容是不能被抽象掉的东西，不仅不能如此抽象，它反而是一切概念的前提。概念的原初根据从来不是原初的、潜在的作为种子的概念，而恰恰是人的感性生活。在马克思看来，现实的个人，尤其是现实的个人的感性生活之异化才是一切概念的真正来源。人在时间中的感性存在，从来不是由一个超验的无限者给出；相反，恰恰是因为人在感性存在之中，在被规定之中，所以往往预设了一个超验的无限者给出保证，这是一切形而上学的真实来源。

作为自然界的自然界，这是说，就它还在感性上不同于它自身所隐藏的神秘的意义而言，与这些抽象概念分隔开来并与这些抽象概念不同的自然界，就是无，是证明自己为无的无，是无意义的，或者只具有应被扬弃的外在性的意义。

在这里不应把外在性理解为显露在外的并且对光、对感性的人敞开的感性；在这里应该把外在性理解为外化，理解为不应有的偏差、缺陷。因为真实的东西毕竟是观念。自然界不过是观念的异在的形式。而既然抽象思维是本质，那么外在于它的东西，就其本质来说，不过是某种外在的东西。抽象思维者同时承认感性、同在自身中转动的思维相对立的外在性，是自然界的本质。但是，他同时又把这种对立说成这样,即自然界的这种外在性,自然界同思维的对立,是自然界的缺陷;就自然界不同于抽象而言,自然界是个有缺陷的存在物。[XXXIV] 一个不仅对我来说、在我的眼中有缺陷而且本身就有缺陷的存在物,在它自身之外有一种为它所缺少的东西。这就是说,它的本质是不同于它自身的另一种东西。因此,对抽象思维者来说,自然界必须扬弃自身,因为他已经把自然界设定为潜在地被扬弃的本质。

【论断】作为思维之外在性的自然界对于思维来说是有缺陷的存在物,因而是需要被扬弃的东西。

前文说过,对于黑格尔的思维主体来说,"意识、自我意识在自己的异在本身中就是在自身",也就是说,对象不再是外在于思维的对象,而是作为外化了的思维,即作为思维的纯粹的外在性,并且除了思维的纯粹的外在性之外并没有任何其他的规定。

思维主体设定了这样一种外在性,有意义的是将外在性归还给了思维自身,从而恢复了内在的意识与外在的对象于自身之内的同一性,并且这种同一性的恢复赋予了思维以真正的主体性原则。因为只有思维的先天形式成为对象世界的真实内容,才能一方面消解了一个异己的他物世界与思维相对立,因为被限定的存在只是消极的存在;一方面将思维从单纯空洞的形式运动中解放出来,而获得了有内容的发展,因为真正的主体性绝对不能是形式运动,而必须具有内容的规定。然而诚如笔者前文所说,外在性对于思维主体来说是不相适应的东西,是需要被扬弃的东西,因而思维必须扬弃它而回归自身。这是因为,"外在性理解为外化,理解为不应有的偏差、缺陷。因为真实的东西毕竟是观念。自然界不过是观念的异在的形式。而既然抽象思维是本质,那么外在于它的东西,就其本质来说,不过是某种外在的东西","就自然界不同于抽象而言,自然界是个有缺陷的存在物"。也就是说,对象世界本身就是思维为了实现自身而制作出来的,它的实存不过是实现思维主体地位,并确证思维真实性的媒介。除此之外,外在性相较于思维主体自身来说,不过是异在,因为它包含着思维主体自身所不能包含的"偏差和缺陷"。这种"偏差和缺陷"体现在:作为思维之外在性的对象必须建立在表象之上,而表象又受到时间的限制,因而建立在表象之上的思维只能是片面的、不完满的思维。因此思维必须扬弃外在性,从而复归自身,"但就精神相反于或仅是相异于它的这些特定存在形式和它的各个对象而言,复要求回归它自己的最高的内在性……因为思维才是它的原则、它的真纯的自身"[①]。在黑格尔看来,真正的、纯粹的思维必须志在于弥补这种缺陷,而自己满足自己、自己返回自己,他必

---

① 〔德〕黑格尔:《小逻辑》,贺麟译,北京:商务印书馆2010年版,第51页。

须是"独立自为的,因为自己创造自己的对象,自己提供自己的对象"①。

  黑格尔告诉我们,"凡是合乎理性的东西都是现实的",理性在经历全部的历史运动之前,就已经以种子的形式包含了历史的整体,并且随着一切历史过程的充分展开,最终会证实理性所教导的真理。这就是说,一切即将展开的历史进程都将符合理性给出的预测和规定,理性先验设定和保证了一切。然而,如果我们跟在黑格尔后面,相信人的世界的先天本质是理性,而人的活动则是这一本质在时间中的展开,那么我们的活动过程本身又有什么意义呢?我们又能从自己的活动过程中学到什么呢?并且我们的感性生活明白无误地告诉我们,理性声称自己可以做出先在的预测和规定,但往往只是事后的解释和总结。

---

① 〔德〕黑格尔:《小逻辑》,贺麟译,北京:商务印书馆2010年版,第59页。

后 记

　　几年前出于一些生存的问题，引发了我关于人的有限性问题的思考，由此我走入了哲学的领地。这是一个我从未亲近过的新的天地，它带给我的欢愉、安心、迷茫甚至忧愁，我很难用寥寥数语来说明。我只能说，我与哲学大抵是有缘的，缘分源于何处，我需要继续追问；缘分将落于何处，我也将继续找寻。这一路上，磕磕绊绊，还好有哲学的陪伴，它为我点燃的思想之光，使我始终不敢忘记人之为人的根本任务，也提示着我对生命意义和生命力量的不断追寻。能够终身以思想为业，并且为他人带来一点点的亮光，是我由衷渴望的。

　　曾经，我将哲学视作家园，在先哲们的率先探路中，我感受到自己并不孤独，因为我看到了那些困扰着自己的问题也同样地困扰着那些伟大的灵魂；而如今，伴随着自己的成长，尤其是入职两年以来的一些经历，哲学于我已从家园变成了道路。是的，它只是道路！这条道路偶尔鲜花盛开，偶尔荆棘丛生，偶尔风和日丽，偶尔阴云密布，但我必须亲自走过，而那些先哲们不过用他们的生命实践告诉我，必须澄明且勇敢地走这一回。马克思正是这条道路上的一个路标，他虽然早已老去，却总是像个年轻人。他的年轻不在于他论证了某种真理，或是完成了某种超越，而恰恰在于他始终在路上不断开拓，甚至重新铸路，凭借着和我们同样的一副有限而渺小的身躯。因此，如今的我，再读马克思，再读《手稿》，终于读到了一个活生生的马克思，一个犀利、热情、诚挚的马克思，一个与我一般徘徊在形而上学边缘处的马克思，一个始终在追问着人的存在之根的马克思。是马克思告诉我，恰恰因为人是未完成的，人才能收获其诚挚和精彩；也是马克思告诉我，脱离定在的自由只是想象的自由，人作为人只能在定在中发光。因此，与马克思的相遇，我是幸运的。若非马克思的引领，恐怕我将混混沌沌、亦步亦趋地终此一生。

写这本书的时候我已经过了而立之年，也已经站在讲台上讲授"马克思主义基本原理"将近三年。"青椒"的生活是辛劳且欢愉的，日复一日的操心和繁忙尽管已使我逐渐丧失了作为学生时的炽热与浪漫，但欣慰的是，我的科研和教学工作从未分割开来，科研使我的教学更加充实，而教学又使我的科研更加明晰，二者的相互融合使我感受到了前所未有的真实和意义感。因此，这本书的写就和出版，我是感谢我的学生们的，如果不是与他们的教学相长，恐怕很多以前困扰我的问题并不会得到解决，写这本书的过程也不会那么流畅。

书是写出来了。但是由于时间的限制，以及个人能力的局限，它仍然有很多遗憾的地方。但遗憾始终是生活的底色，所以也就听之任之罢。此书出版后也希望得到同行的学者或是来自学生方面的批评和指教，这对我来说是一种鞭策，以使我更加努力地提升自己。

感谢一路以来支持我、提携我的各位师长，他们或给予了我温暖，或丰富了我的学识，或锻造了我的品格，此书的出版离不开他们的谆谆教诲和潜移默化的影响。

感谢一路以来同行的各位革命伙伴，在我时常因为现有的生活尺度而陷入焦灼和挣扎时，还好有他们的陪伴和支持。

感谢我的狗儿子，他是我的"卡列宁"，他总是安静地陪伴着我，只是见到小零食就活泼得过分。

尤其要庄重地感谢我的奶奶，如今她已经过了耄耋之年，但在我心中却像个孩子。这些年我的成长离不开她的支持，我惧怕她的死亡，但是我也明白我必须生成出面对生活固有课题的那种勇气。

> 料峭春风吹酒醒，微冷，山头斜照却相迎。
> 回首向来萧瑟处，归去，也无风雨也无晴。

2021年11月10日记于上海嘉定新城